U0458309

黎　航

　　著名畅销书作家。曾在大学任教，擅长图书策划。自1990年以来，经他策划、主编的图书绝大部分成了市场上炙手可热的畅销书，单本销量超过30万册的有10多个品种。《新民晚报》曾撰文称他为"畅销书怪杰"。

　　黎航先生知识渊博，对股市深有研究，他1986年就涉足股市，是新中国股市的最早投资者之一。由他策划、主编的《股市操练大全》系列丛书因"紧扣实战、悬念不断、方法实用、效果显著"而深受投资者青睐。现在该丛书各册累计重印数已超过400多次，总印数突破350万册，创造了国内证券图书市场的销售奇迹。

《股市操练大全》销量惊人，屡创佳绩
若将销售的书一本一本叠起来，高度超过8个珠穆朗玛峰

读者好评如潮：如获至宝、拍案叫绝、茅塞顿开、相见恨晚（有大量读者反馈原件为证）

《股市操练大全》屡获殊荣
市场口碑甚佳　深受投资者青睐

贴近市场　学练结合　新颖实用

被广大读者交口称赞的股票实战工具书

《股市操练大全》丛书一览

基础知识系列

第一册　　第二册　　第三册　　第四册　　第五册

实战指导系列

第六册　　第七册　　第八册　　第九册　　第十册　　特辑

习题集系列

习题集①　　习题集②

说明：截至2019年末，《股市操练大全》已连续重印400多次，印数突破350万册，市场销售遥遥领先。（注：市场上大多数股票书只能印上几千册，印数超万册的很少，能印上几次，印数超5万册的更为罕见。）

股市操练大全

第一册（修订版）

K线、技术图形识别和练习专辑

（本书第一版已连续重印 97 次，总印数达 89.3 万册）

主　编　黎　航
执行主编　理　应　任　惠

上海三联书店

本 书 特 点

·独创性

    开创股市操作强化训练之先河，运用一课一练、综合练习、AB 卷测验等方式对投资者进行全方位强化训练。

·翔实性

    资料翔实，信息密集。书中所有资料、图例都来源于沪深股市，真实可靠。书中的案例之多为同类书之最。

·实用性

    书中每一项内容、每一道题都是针对实战需要设计的，它是一本专为广大中小投资者编写的实用性极强的操盘工具书。

·科学性

    应用现代科学教学方法，将系统学习和操盘训练有机结合，通过循序渐进，反复练习，让投资者真正掌握股市的操盘技巧，达到学以致用的目的。

在新世纪来临之际，谨以此书献给全国广大证券投资者。

说明：上面一段话是本书 1999 年 11 月初版时的卷首语。果然，本书出版后不负众望，年年重印，仍供不应求。至这次修订时，本书已连续重印了 97 次，总印数达到 89.3 万册，创造了同时期股票书重印数与总印数的奇迹。现在，本书已成为国内证券图书市场中深受广大读者青睐的股票书。

内 容 提 要

你知道吗？许多投资者炒股失利，并不是因为股票书看得太少，也不是对股市盘面研究不够，其真正的原因是缺乏一个必要的强化训练过程。这个道理很简单，股市如战场，不经练兵直接上战场，失利也就在预料之中了。

针对这一情况，我们组织有关专家和操盘手，为投资者精心设计、编写了一种专门用于股市强化训练的《股市操练大全》系列丛书。本书是该丛书的第一册。它主要内容是介绍 K 线、技术图形的知识与实战练习。作为学习，它强调了在学中练、练中学。每章开头都有股票知识要点介绍，以及像 K 线、技术图形一览表等，可供读者速学、速查之用，而且本书的练习和参考答案放在一起，读者做练习碰到困难时，即可直接把它作为炒股技巧的知识介绍来阅读。作为练习，它为股市中每一个操作技巧都设计了单项练习题，每一种操作方式都安排了系统的强化训练方案，每一章结束都附有测验题供读者自我考核检查之用。本书设计的思路、内容、方法具有独创性，书中所举的实例都来源于沪深股市，因而对投资者具有极大的启发性和指导性。

本书资料翔实可靠，语言通俗易懂，方法简便实用，它既可作为新股民学习股市操作技巧的入门向导，又可帮助老股民通过强化训练来提高操盘水平，是一本不可多得的股票操练实用工具书。

修 订 版 序 言

《股市操练大全》丛书是上海三联书店出版的重点品牌书。《股市操练大全》条理清晰、重点突出，分析问题深入浅出，易学易记，与同类书相比，有其独到之处。该书自问世以来（截至 2019 年 12 月），创下了骄人的成绩，单册重印总数达 422 次，总计 355 万册，市场销量遥遥领先（注：据了解，在证券图书市场，一本股票书能重印几次，印上几万册的已很少，总印数在 5 万册以上的则寥寥无几）。

《股市操练大全》丛书出版已近 20 年，在这 20 年期间，它在图书市场上创造了诸多奇迹。

奇迹一：初出茅庐，一鸣惊人。众所周知，图书市场竞争十分激烈，这在证券图书销售上表现尤为突出。《股市操练大全》第一册、第二册问世时，市场上的股票书已多如牛毛，全国几百家出版社都在争抢出版股票书，几乎每天都有股票书面世。当时很多股票书的作者都大有来头，如券商老总、基金公司经理、财经节目主持人、股评家、经济学教授等等都不甘寂寞，纷纷撰写股票书，向投资者传道授业。但是因为市场容量有限，一个书店柜面上放不下多少股票书（当时主要还是书店销售，电商销售尚不成气候），大部分股票书面世后都很难在市场上站住脚，有的股票书出版后根本进不了大书店，有的即使进了大书店，但上架后销售情况不佳，马上就会被下架，打入冷宫。

不过，令人意想不到的是，一家并非是专业从事证券图书出版的上海三联书店，却一鸣惊人，在其推出《股市操练大全》后，竟能在市场上一路领跑，把原本一些在市场上比较热销的股票书都挤到了台下，使它成为当时最畅销的股票书。《新民晚报》2002 年 2 月 26 日以"《股市操练大全》去年销量全国第一"为题，报道了一个消息："在全国2001年证券图书销量排行榜中，《股市操练大全》第二册获得第一名，《股市操练大全》第一册获得第二名"。据了解，当时参加评比的出版社有数百家、涉及的证券图书有数千种，《股市操练大全》初出茅庐，竟包揽了2001年证券图书销售的冠亚军，确实让众人啧啧称奇。

奇迹二：反响热烈，好评如潮。一本图书出版后能得到读者普遍好评是很难的，如果这样的好评不是短期的，而是一种长期的现象，这就更难了。如果再进一步，这种好评不是被读者简单地说一声好而已，而是因为该书真正打动了读书人的心灵，从而使读者用发自肺腑的声音，用包含深情的语言，用激昂高亢、振聋发聩、甚至是很夸张的文字来赞美一本书，那就更是难上加难了。现在这样的事情竟然发生在一本普通的股票书——《股市操练大全》上，这在市场上极为罕见。

下面我们摘录一些读者阅读《股市操练大全》后的信息反馈，看看读者是如何评价它的。

1) "《股市操练大全》内容翔实、丰富、通俗易懂，是一本不可多得的股票操作实用工具书。""我如获至宝，极为珍爱。"

2) "读《股市操练大全》犹如进了重点中学，有了高级教师的面对面指导，股市操作水平顿觉进步明显。"

3) "我买了股市方面的书籍近百本。有比较才有鉴别。《股市操练大全》内容丰富详实，没有空虚浮华的花架子。该书完全是根据读者的需要编写的，是国内罕见的质量上乘的精品股票书。可以说，《股市操练大全》是我见到的最好、最实用的一本炒股书籍，可惜我买到它的时候已晚了。"

4) "我是一个新股民，以前在股市里四处碰壁。直到看了《股市操练大全》后才有改变，买卖顺手了，操作水平有了很大提高。""我对《股市操练大全》爱不释手，它就像是股海中一座长明的灯塔，为广大股民指明了走向成功的航线。"

5)"这几个月时间,我一直在认真阅读《股市操练大全》。《股市操练大全》是我入市几年以来,我所看过的有关股市的最好的书籍,我相信它也是中国最出色的股票书籍。我惋惜自己没有早点接触到这套书,不然就会在股市中少走几年的弯路。""我对《股市操练大全》作者佩服得五体投地。"

6)"今年初,我购得《股市操练大全》这套书,认真阅读后受益匪浅,我自己感到,就像唐僧西天取经一样,这次确实取到真经了。可以毫不夸张地说,《股市操练大全》的编辑出版,是我国千万股民的福音,是发展我国股市的精神食粮。"

7)"我是《股市操练大全》的忠实读者,这套书写得太好了。《股市操练大全》的面世是我们中小投资者的福音,把所有的赞美之词用在它身上都不为过。"

8)"我是一位老股民,回忆起这几年在股市中的摸爬滚打真是悲哀、沮丧,悔恨交加。自从阅读了《股市操练大全》丛书后,如同沙漠中遇到了绿洲,航海中看到了灯塔一样,心中豁然开朗,感激之情难以用汉语表达——Thank you very much!"(英语:非常感激)

9)"上海三联书店出版社编辑先生,首先衷心地感谢你们呕心沥血为广大股民编辑出《股市操练大全》这样一套实用书籍。应该说,这套书对我个人而言,其价值在一套商品房之上。"

10)"《股市操练大全》从股市运行规律入手,总结经验,剖析失败,讲解投资大道,传授正确的投资理念,创意新颖而实用,是空前绝后之作。"

11)"《股市操练大全》可谓盖世之作。买点、卖点、上升趋势、下降趋势,介绍的既全面又清楚,易学易懂。我把其它所有股票书都封了,只留《股市操练大全》在身边。"

12)"《股市操练大全》是一套好书,内容极其丰富,既系统又实用。可以说它剖析了股市中方方面面的疑难问题,是其它股票书无可比拟的。去年我跑了几个新华书店,前后3次才买齐这套书。之后,我奋力攻读，真是越读越感兴趣，越读越眼明心亮。"

13) "我怀着无比感激和喜悦的心情给你们写这封信。感激作者能写出这样一套难得的好书；喜悦的是看完此书后，让我在股市投资中受益匪浅。之所以说《股市操练大全》是一本难得的好书，是因为它的内容翔实，通俗易懂，图文并茂，意义深远。尤其此书以习题的形式，有问必答，实实在在帮助广大股民指点迷津、把握方向、理顺思路，既掌握了基础知识，又提高了股市操作技巧，实为一本难得的上品佳作。"

14) "《股市操练大全》堪称经典，精炼又高度集中，令人拍案叫绝，读后有种茅塞顿开之感。" "尽管本人在报社编辑部工作，但觉得此书的编写方式无可挑剔。"

15) "特别好！不是一般的好！本人研究股市 5 年多了，深感《股市操练大全》读得进去，百看不厌，非常实用。它已成为我天天读的书了。"

16) "《股市操练大全》是一套难得的好书。《股市操练大全》的每册书我至少读了 5 遍并做了笔记。如饥似渴，心情难以言表，它已成为我天天必读的精神食粮。如果没有这套书，我将退出股市。"

17) "《股市操练大全》让我越看越上瘾。许多操作中的失误、认识上的偏差，许多百思不解的疑难问题，《股市操练大全》都指点了迷津，作了详细解答。该书始终放在我的枕头旁和办公桌上，那怕出差、开会也带在身边，一有闲时便随手翻阅，现在《股市操练大全》已成为我不能离开的良师益友。"

18) "我是一名法律工作者，业余时间喜欢研究股市。《股市操练大全》每册书我必看，而且每册书至少看 3 ~ 5 遍，真的是受益匪浅。我对《股市操练大全》的评价是'严谨、认真、负责'。通过对《股市操练大全》系统学习，我觉得所有股市中的重要内容，该系列书籍都涉猎到了，而且深入浅出地讲得很明了。现在通过对它深入研读，我已基本上建立了自己的股市理论与操作体系，真的要好好谢谢作者。"

19）"我与家人以万分感谢的心情说，如果不是看到《股市操练大全》这本书绝对不能扭亏为盈（注：本人曾亏损45%），《股市操练大全》是我们股民心中的航灯，是我们中小股民的救命大恩人。"

20）"我在股市中输得很厉害，真是没有勇气活下去了。读了《股市操练大全》后，感动万分。本来自己已经在股海中快被淹没了，现在找到了一盏指路明灯，看到了曙光。《股市操练大全》对我帮助很大，受益匪浅，大有相见恨晚之感！"

21）"《股市操练大全》就像一个救身圈，救起了一个快要沉到股海海底人的生命；《股市操练大全》就像一座灯塔，告诉我前面什么地方有激流险滩；《股市操练大全》就像一只指南针，指引我在股海里正确的前进方向！《股市操练大全》是我们散户真正的良师益友！"

22）"证券类的图书我看过不少，感觉就像吃了一锅大杂烩。这些书内容重复矛盾，让我无所适从。但《股市操练大全》不落俗套，通俗易懂清晰实用，结束了我的迷茫与疑惑。""《股市操练大全》是我所见过的同类书籍中最权威、最系统、最实用、最易记易学的宝书。我衷心感谢《股市操练大全》所有的编写人员。"

……

以上对《股市操练大全》的评价，只是读者信息反馈中的极小一部分（注：读者信息反馈的原件已保留存档）。若不是亲眼所见这些信息反馈，是很难相信读者会用如此饱含深情、振聋发聩的语言、文字，来评价《股市操练大全》的。但这些都是铁的事实，是无法更改的。

奇迹三：穿越牛熊，长销不衰。 当下，若要在中国图书市场里找出一本10年前出版未经修订仍在热销的图书，是一件很难的事，即使有也属于百里挑一了。这样的情况如果换成是股票书，那就更难了。因为股票书主要靠天吃饭，只要熊市来了，股票书就鲜有人问津，而中国股市是牛短熊长。通常，一轮牛市的时间不超过二年，而熊市的时间则很长，一轮熊市少则三四年，多则要六七年。正因为如此，市场上很难找到已出版 10 年以上，仍在热销的股票书。换言之，一本股票书能连续热销 10 年几乎是不可能的事。但上海三联书店出版的《股市操练大全》却是一个例外，它们挑战了这个不可能。据了解，至今（截止 2019 年末）《股市操练大全》第一册、第二册、第三册、第四册、第五册出版时间都超过了 10 年，并且都没有修订过，现仍在热销，最少的一本重印数达到 35 次，印数达到 32 万册。其中，《股市操练大全》第一册出版时间是 1999 年 11 月，至今已有 20 年了，它年年都在重印，至今已重印了 94 次，印数达到 88 万册，成了一本名副其实穿越牛熊，长销不衰的畅销书。这在全国股票书市场中是极为罕见的。

　　《股市操练大全》创造了这么多的奇迹，受到了广大读者的青睐，说明《股市操练大全》在图书市场上绝对是一部经典之作。如今，要对这样的经典之作进行修订，就是一个很棘手的问题。

　　据了解，就普通图书而言，为了扩大市场影响力与销售额，在修订时，一般都要动大手术，进行脱胎换骨，以利它用崭新的面貌重现市场，这样就能吸引广大读者的眼球，提高市场销售份额。但作为经典之作的图书修订，最不适宜的恰恰就是进行大手术的修订。因为历史证明，经典作品的魅力，从来不会因为时间的推移而减弱。经典作品在修订时，若进行大改动，效果往往适得其反，从畅销书沦落为滞销书的现象并不鲜见，在这方面已经有过很多经验教训的。那么，这次《股市操练大全》究竟应该怎样修订呢？大家众说纷纭，一时很难抉择。

　　其实，《股市操练大全》作为经典之作，它能得到广大读者的青睐，最主要的原因是它的编写方式新颖、内容通俗易懂、简明实用。《股市操练大全》的风格与图书市场上绝大多数的股票书都不一样，作者运用现代教学的理论，在编写该书时，紧扣市场，并将股市知识学习与股市实战训练紧密地结合在一起。全书以问题为导向，在向读者介绍股市知识与炒股技巧时，更加注重的是对投资者的投资观念和实战技能的训练与提升。书中设计了很多实战场景、题题相联、案中有案、悬念不断。很多读者反映，平时阅读其它股票书，往往有一种枯燥乏味的感觉，而阅读《股市操练大全》就像阅读一本侦探小说，十分引人入胜。因为读者是带着问题学，学练结合，所以阅读后印象特别深刻，学习效果显著。正因为如此，《股市操练大全》在市场上才能独树一帜，受到广大读者的特别关注与厚爱。

既然，《股市操练大全》已经是股市中的经典之作，该书的基本内容与编排格式都已得到了广大读者的认可，修订时就不能对它进行大手术。如果修订时擅自进行大改，很可能就会把该书的原有体系打破，或者是改得不伦不类，或者是将该书的特色给磨平了，这样就会直接影响到该书的声誉和读者对它的满意度，最后反而会被市场所唾弃，如此就得不偿失了。

在对《股市操练大全》怎样修订的讨论中，有人提出《股市操练大全》每册书中都有大量的实例，修订时应该用新的实例代替书中旧的实例，因为这些旧的实例时间太长了。经过充分讨论研究后，大家一致认为，《股市操练大全》被定性为是一本思想深刻、内容丰富、系统完整的炒股工具书，书中的实例，无论新旧都不应该随便进行更换。理由是：首先，作为工具书，就根本不用改案例，因为工具书中的例子只要能把问题说清楚就行，无所谓新旧。关键要看书中介绍的方法与案例对投资者是否有启示作用，它对股市操作是否有参考价值。现在《股市操练大全》作为工具书的实际效果已得到市场验证，很多投资者已通过深入学习与研究《股市操练大全》走上了赢家之路。因此，如将书中的案例以新换旧，实属多此一举，大可不必。其次，因为《股市操练大全》的作用不仅仅是在向读者介绍炒股技巧、炒股训练方法，它还起到向广大投资者普及中国股市发展历史知识的重任。普及股市历史知识，就要尊重历史，书中老的案例就是股市历史的见证人。若把老的案例改为新的案例，股市历史知识就无法解释了。这样修改对读者了解股市历史知识是很不利的，甚至是一个伤害。

否定了修订时对《股市操练大全》进行大手术的方案，出版方与作者达成了共识，对《股市操练大全》的修订，必须将该书的原有风格与特色予以充分保留（也就是说，对该书的原有编排格式、基本内容都保持不变），修订该书只是对该书中过时的观点、书中表述不清楚或文字运用欠妥的地方进行修改，最重要的是对书中不清晰的图形进行更换（注：过去图形制作技术相对落后，所以原书中当时截下的图形质量相对较差）。现在需要更换成更清晰的图形，这个工作量很大。

总之，这次对《股市操练大全》的修订没有进行大手术，只是作一些局部的改动，它不会对原书造成重大冲击，它可以最大限度地将原书的精华保留下来，并让新版《股市操练大全》更加清晰、耐看，让人赏心悦目。这对维护《股市操练大全》的整体形象和其在市场上的声誉，将起到非常积极的作用。当然，《股市操练大全》修订后最终的效果如何，这一切都要由广大读者来作出评判。我们期待读者的信息反馈与回应。

最后，我们在此衷心祝愿每一位阅读《股市操练大全》修订版的读者都能交上好运，早日实现在股市中致富的梦想！

《股市操练大全》修订委员会
2020 年 5 月 30 日

示　例

说明　本书根据实战需要，为读者精心设计了一百多道股市操作练习题。买卖股票为什么要做练习题？做练习对投资者有多大帮助？我们不想在这里讲什么大道理，因为练习本身对此已经作了最好的回答。如果你是一位入市已有几年的老股民，那么，在你做完这道示例题，并将自己的操作方法与之对照后，就一定会有很深的感触和体会。如果你是一位刚入市的新股民，在你做完这道示例题后，也一定会深切地感受到，事前参加一些股市实战练习，真正到实际操作时就能派上大用场，可以显著提高买卖的成功率。

示例题　下面一张图画了一大一小的两个圆圈。请问：画圆圈处的 K 线叫什么名称？它们的特征和技术含义是什么？投资者见此 K 线图形应如何操作？

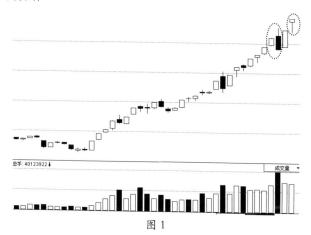

图 1

参考答案　图 1 中画大圆圈处的 K 线组合叫"穿头破脚"，画小圆圈处的 K 线叫"吊颈线"。穿头破脚图形的特征是：它由一大一小、阴阳相对的两根 K 线组成，后面一根较长的阴线完全包容了前面一根相对较短的阳线。吊颈线图形的特征是：在股价连续上升时，出现一根实体很小，但下影线很长的 K 线（可阴可阳）。穿头破脚和吊颈线都是见顶信号，预示股价近期会出现下跌。

对图 1 的 K 线走势仔细观察后就会发现，大盘在出现穿头破脚时，下面的成交量放出了天量。这一现象表明上涨动能有耗尽之疑，天量后就是天价（即大盘见顶时的最高价），大盘已处于变盘的临界点，股价随时可能掉头向下。之后股价虽再次被拉起，收出了一根长阳线，但成交量出现明显的萎缩，这说明多方成了强弩之末，形势已朝有利于空头的方向发展。随后高位出现的吊颈线，再次对前面的穿头破脚这个见顶信号作了确认。此时，形势已经变得十分严峻。更使人感到不安的是：穿头破脚和吊颈线都是在股价连续跳空高开，加速上扬时出现的。这就更增加了市场对下跌的预期。从 K 线理论上分析，在股价上升时，出现快速拉升的走势，这往往是股价上涨走到尽头的一种表现。因此，综合上述分析，我们认为面对这样的盘面形势，投资者应做好积极退场的准备。

接下来具体可以这样操作：先在第二天开盘之际卖出一些筹码（至少卖出一半），多余的筹码再看盘面的走势而定。不管第二天是平开、高开、低开，只要股价在盘中不能保持强势，放量上涨，对多方来说都是十分危险的。如平开低走，就会和前面一根吊颈线形成一个"平顶"走势；如低开低走，就会出现"倾盆大雨"[注]的严峻局面；如高开低走，很有可能再一次出现"穿头破脚"的杀跌场面。通常，在高位出现的平顶、倾盆大雨、穿头破脚等图形，都是股价暴跌的信号。因而投资者如看到第二天盘面走势转弱，就要毫不犹豫地抛空离场。唯有如此，才能躲过在高位被深套的风险。

〔注〕 倾盆大雨，以及本文前面提到的平顶、穿头破脚、吊颈线等都是 K 线中的重要名词、概念，其特征与技术含义是什么，这里就不展开了。详见本书后面的正文介绍。

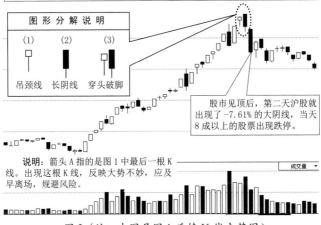

1999 年 6 月 29 日，上海股市在高位出现一根吊颈线后，第二天股指高开低走，拉出了一根长阴线，它与前面的吊颈线构成了穿头破脚的 K 线组合。吊颈线、长阴线、穿头破脚都是见顶信号。在这三种见顶信号的合力作用下，1999 年 7 月 1 日，上海股市发生了历史上罕见的大暴跌。

图 形 分 解 说 明

(1)　(2)　(3)

吊颈线　长阴线　穿头破脚

股市见顶后，第二天沪股就出现了 -7.61% 的大阴线，当天 8 成以上的股票出现跌停。

说明：箭头 A 指的是图 1 中最后一根 K 线。出现这根 K 线，反映大势不妙，应及早离场，规避风险。

成交量

图 2（注：本图是图 1 后续 K 线走势图）

　　示例题图片说明：图 1 是上海股市 1999 年 5 月 4 日—1999 年 6 月 29 日的日 K 线走势图。从图中看，中间出现了一波单边上涨行情。这轮行情的起涨时间是 1999 年 5 月 19 日，历史上称为 "5·19" 行情。"5·19" 行情的特点是：①行情在长时间低迷后突然启动。②启动后就连续逼空，一路上扬。③短时间内出现巨大涨幅（仅仅一个多月，大盘指数就暴涨了 68%）。④行情结束也很突然，高位追进的投资者深度被套。正因为 "5·19" 行情有这些与众不同的特点，所以它在中国 A 股历史上，受到了众人的特别关注。图 2 是图 1 的后续图形。从图中看，大盘见顶后，仅过了两天上海股市就发生了暴跌。1999 年 7 月 1 日暴跌当天，竟有 80% 以上的股票跌停，实为历史所罕见。而那些运用 K 线理论对盘面形势作出准确分析，并及时在高位进行离场操作的投资者都躲过了这场暴跌，成了大赢家。

修订者絮语之一

阅读该示例后不禁感慨万千。虽然示例中讲述的事情已经过去了 20 年，但中国 A 股市场在这之后出现的几次历史大顶，其头部迹象几乎与示例中阐述的头部迹象如出一辙。

比如，2007 年 10 月出现的 6124 点头部，2015 年 6 月出现的 5178 点头部。这两次牛市终结，股市见顶的情景，重演了示例中大盘见顶时的各种现象：① 股指涨幅已很大；② 天量后见天价；③ 高位出现"吊颈线"、"大阴线"……投资者看到这些现象似曾相识，当时只要按照示例中介绍的方法，对其 K 线走势进行识别与操作，就能从容应对，在高位或次高位顺利卖出，成为股市赢家。这样的话，顶部被套，铁锁加身的悲剧就不会落在自己身上。

由此可见，该示例的设计独具匠心，意义非同寻常。这是本书的点睛之笔。另外，本书选择 1999 年"5·19"行情这个典型案例，并以其在"一片欢乐中见顶"作为示例以警示后人，说明作者是很有远见的，这点也让人感到敬佩。

目　　录

说明：本书是兼有学习与训练双重用途的火线工具书。全书分为两章，每章的上半部分是知识介绍，下半部分是练习和测验（后面附有参考答案）。

目　　录

第一章　K线的识别与练习

第二章　技术图形的识别与练习

本书附录

第一章 K线的识别与练习

在股市实战和操盘技巧中,K线分析无疑是最重要的一环。从K线图中,投资者可以捕捉到买卖双方力量对比的变化。根据K线图,可以分析预测股价的未来走势,把握买进卖出的最佳时机。经过海内外投资者长时期的研究,K线理论已成为一种具有完整形式和相当扎实理论基础的股票分析技术。K线的种类很多,也较复杂,一般的股市技术分析书籍对此论述不多,又较抽象,股民很难识得其"庐山真面目",更不用说如何熟练掌握运用了。本章K线练习摒弃了以往股票书中先概念后例子的K线介绍方法,而是让读者直接面对K线走势图进行辨别,然后以参考答案的形式,对各种K线的特征和作用作深入浅出的阐述。这样通过反复的比较和练习,势必比泛泛而谈K线知识的印象要深刻得多。本章K线的识别与练习包括了常用的和比较常用的K线图形70余种,并归纳了各种K线图形的特征和技术含义,将其列成一览表,供读者学习和做练习时核对、速查之用。如对K线知识已有一定了解,可先不看此表,直接做练习效果会更好些。我们相信,读者只要认真地做好练习,一定会大有所获,一定会使自己的K线分析水平和操盘水平上一个新台阶,并能在实践中加以正确运用,从而为在股市中争取主动,把握胜机,打下扎实的基础。

第一节 K线概述

K线是谁发明的已无从考证。人们只知道它是日本古代的大米市场计算米价每日涨跌所使用的图示方法,后经人引用到股票市场,效果明显,就逐渐在世界股市中流行起来。现在它已成为世界上最权威、最古老、最通用的技术分析工具。

K线又称阴阳线或阴阳烛。它能将每一个交易期间的开盘与收盘的涨跌以实体的阴阳线表示出来，并将交易中曾经出现的最高价及最低价用上影线和下影线的形式直观地反映出来（见图3），从而使人们对变化多端的股市行情有一种一目了然的直观感受。K线最大的优点是简单易懂而且运用起来十分灵活，最大的特点在于忽略了股价在变动过程中的各种纷繁复杂的因素，而将其基本特征展现在人们面前。

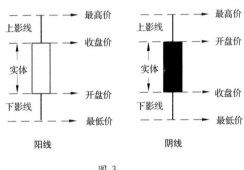

图 3

K线从形态上分，可分为阳线、阴线和同价线3种类型。阳线是指收盘价高于开盘价的K线，阳线按其实体大小可分为大阳线、中阳线和小阳线。阴线是指收盘价低于开盘价的K线，阴线按其实体大小也可分为大阴线、中阴线和小阴线。同价线是指收盘价等于开盘价，两者处于同一个价位的一种特殊形式的K线，同价线常以"十"字形和"T"字形表现出来，故又称十字线、T字线。同价线按上、下影线的长短、有无，又可分为长十字线、十字线和T字线、倒T字线、一字线等。（见图4）。

K线从时间上分，可分为日K线、周K线、月K线、季K线、年K线，以及将一日内交易时间分成若干等分，如1分钟K线、5分钟K线、15分钟K线、30分钟K线、60分钟K线等。这些K线都有不同的作用。例如，日K线（即我们经常在电脑屏幕与手机上看到的一种K线），它反映的是股价短期走势。周K线、月K线、季K线、年K线反映的是股价中期与长期走势。1分钟K线、5分钟K线、15分钟K线、30分钟K线、

60 分钟 K 线反映的是股价超短期走势。至于周 K 线、月 K 线、季 K 线、年 K 线，以及 1 分钟 K 线、5 分钟 K 线、15 分钟 K 线、30 分钟 K 线、60 分钟 K 线的绘制方法，都和日 K 线绘制方法相同，即取某一时段的开盘价、收盘价、最高价、最低价进行绘制。例如周 K 线，只要找到周一的开盘价、周五的收盘价，一周中的最高价和最低价，就能把它绘制出来。现在电脑与智能手机已很普及，无论绘制什么样的 K 线都很方便，这已不需要人工绘制。但作为股市中人，对绘制 K 线的原理和方法是必须懂得的，这对研判股市走势，买卖股票都很有好处。这跟计算器已能很方便地代替人工计算，但作为一个现代人必须懂得一般的数字计算原理和方法的道理是一样的。

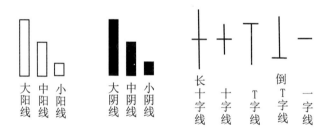

图 4

K 线所包含的信息是极为丰富的。就以单根 K 线而言，通常上影线和阴线的实体表示股价的下压力量，下影线和阳线的实体则表示股价的上升力量；上影线和阴线实体比较长就说明股价的下跌动力比较大，下影线和阳线实体比较长则说明股价的上升动力比较大。如果将多根 K 线按不同规则组合在一起，又会形成不同的 K 线组合。这样的 K 线形态所包含的信息就更丰富。例如，在涨势中出现乌云盖顶 K 线组合，说明可能升势已尽，投资者应尽早离场；在跌势中出现曙光初现 K 线组合，说明股价可能见底回升，投资者应不失时机地逢低建仓。可见，各种 K 线形态正以它所包含的信息，不断地向人们发出买进和卖出的信号，为投资者看清大势，正确的买卖股票提供了很大的帮助，从而使它成为投资者手中极为实用的操盘工具。

第二节 K线一览表

本表中所列的K线、K线组合共73种，分成三大类。第一类为上升形态和见底形态，即当这种K线或K线组合出现，或是表示股价要上涨，或是表示股价已经见底[注]。第二类为下跌形态和滞涨形态，即当这种K线或K线组合出现，或是表示股价要下跌，或是表示股价上涨已经遇到强大阻力，短期内走势会转弱。第三类既是上升形态，又是下跌形态，即这种K线或K线组合在某种场合出现，它表示股价要上涨，而在另一种场合出现，则表示股价要下跌。

一、上升形态和见底形态的K线、K线组合

序号	名　称	图　形	特　征	技术含义	备　注
1	早晨十字星，又称希望十字星		（1）出现在下跌途中。 （2）由3根K线组成，第一根是阴线，第二根是十字线，第三根是阳线。第三根K线实体深入到第一根K线实体之内。	见底信号，后市看涨。	
2	早晨之星，又称希望之星		和早晨十字星相似，区别在于早晨十字星的第二根K线是十字线，而早晨之星的第二根K线是小阴线或小阳线。	见底信号，后市看涨。	信号不如早晨十字星强。
3	好友反攻		（1）出现在下跌行情中。 （2）由一阴一阳2根K线组成。 （3）先是1根大阴线，接着跳低开盘，结果收了1根中阳线或大阳线，并且收在前1根K线收盘价相同或相近的位置上。	见底信号，后市看涨。	转势信号不如曙光初现强。

［注］　见底不一定上涨，它只说明股价跌不下去了，股价有可能经过一段时间筑底后才能回升。

序号	名 称	图 形	特 征	技术含义	备 注
4	曙光初现		（1）出现在下跌趋势中。 （2）由一阴一阳2根K线组成。 （3）先是出现1根大阴线或中阴线，接着出现1根大阳线或中阳线。阳线实体深入到阴线实体的二分之一以上处。	见底信号，后市看涨。	阳线实体深入阴线实体的部分越多，转势信号就越强。
5	旭日东升		（1）出现在下跌趋势中。 （2）由一阴一阳2根K线组成。 （3）先是1根大阴线或中阴线，接着出现1根高开的大阳线或中阳线，阳线的收盘价已高于前1根阴线的开盘价。	见底信号，后市看涨。	（1）见底信号，强于好友反攻、曙光初现。 （2）阳线实体高出阴线实体部分越多，转势信号就越强。
6	倒锤头线		（1）出现在下跌途中。 （2）阳线（也可以是阴线）实体很小，上影线大于或等于实体的两倍。 （3）一般无下影线，少数会略有一点下影线。	见底信号，后市看涨。	K线实体与上影线比例越悬殊，信号越有参考价值。如倒锤头线与早晨之星同时出现，见底信号就更加可靠。
7	锤头线		（1）出现在下跌途中。 （2）阳线（也可以是阴线）实体很小，下影线大于或等于实体的两倍。 （3）一般无上影线，少数会略有一点上影线。	见底信号，后市看涨。	K线实体与下影线比例越悬殊，信号越有参考价值。如锤头线与早晨之星同时出现，见底信号就更加可靠。

序号	名称	图形	特征	技术含义	备注
8	平底，又称钳子底		（1）出现在下跌趋势中。 （2）由2根或2根以上的K线组成。 （3）最低价处在同一水平位置上。	见底信号，后市看涨。	
9	塔型底		（1）出现在下跌趋势中。 （2）先是1根大阴线或中阴线，后为一连串的小阴小阳线，最后出现1根大阳线或中阳线。	见底信号，后市看涨。	
10	低位并排阳线		（1）出现在下跌趋势中。 （2）由2根阳线组成。 （3）第一根阳线跳空低开，其收盘时在前一根K线下方留下一个缺口，后面一根阳线与第一根阳线并肩而立。	见底信号，后市看涨。	
11	低档五阳线		（1）出现在下跌趋势中。 （2）通常，先是出现1根大阴线或中阴线，接着就连续拉出5根阳线，多为小阳线。	见底信号，后市看涨。	低档五阳线不一定都是5根阳线，有时也有可能是6根、7根阳线。
12	连续跳空三连阴		（1）出现在下跌途中。 （2）连续出现3根向下跳空低开的阴线。	见底信号，后市看涨。	如果在股价已有大幅下挫的情况下出现，见底的可能性就更大。
13	红三兵		（1）出现在上涨行情初期。 （2）由3根连续创新高的小阳线组成。	买进信号，后市看涨。	当3根小阳线收于最高点或接近最高点，称为3个白色武士，其信号强于普通的红三兵。

序号	名称	图形	特征	技术含义	备注
14	冉冉上升形		（1）在盘整后期出现。 （2）由若干根小K线组成（一般不少于8根），其中以小阳线居多，中间也可夹着小阴线、十字线。 （3）整个K线排列呈略微向上倾斜状。	买进信号，后市看涨。	该K线组合犹如冉冉升起的旭日，升幅虽然不大，但它往往是股价上涨的前兆，如成交量能同步放大，这种可能性就很大。
15	徐缓上升形		（1）多数出现在涨势初期。 （2）先接连出现几根小阳线，然后才拉出中大阳线。	买进信号，后市看涨。	
16	稳步上涨形		（1）出现在上涨行情中。 （2）众多阳线中夹着较少的小阴线，整个K线排列呈向上倾斜状。	买进信号，后市看涨。	后面的阳线对插入的阴线覆盖的速度越快越有力，上升的潜力就越大。
17	上升抵抗形		（1）出现在上涨途中。 （2）由若干根K线组成。 （3）连续跳高开盘，即使中间收出阴线，但收盘价也要比前1根K线的收盘价高。	买进信号，后市看涨。	
18	弧形线		（1）出现在涨势初期。 （2）由若干根K线组成。 （3）股价走势呈现一个向上的抛物线状态。	买进信号，后市看涨。	一旦弧形线被市场认可，上涨周期就可能很长。

序号	名称	图形	特征	技术含义	备注
19	下探上涨形		在上涨途中，突然跳低开盘（甚至以跌停板开盘），当日以涨势收盘拉出一根大阳线（甚至以涨停板收盘）。	买进信号，后市看涨。	多数为控盘庄家利用消息洗盘，通常后市将有一段较大升势。
20	上涨二颗星		（1）出现在涨势初期、中期。 （2）由一大二小3根K线组成。 （3）在上涨时，先出现1根大阳线或中阳线，随后就在这根线的上方出现2根小K线（既可以是小十字星，也可以是实体很小的阳线、阴线）。	继续看涨。	少数情况下会在1根大阳线上方出现3根小K线，就称为上涨三颗星。上涨三颗星的技术含义与上涨二颗星相同。
21	跳空上扬形，又称升势鹤鸦缺口		（1）出现在涨势中。 （2）由一阴一阳的2根K线组成。 （3）先拉出1根跳空上扬的阳线，留下一个缺口，第二天又出现1根低收的阴线，但它收在前1根阳线缺口上方附近。	继续看涨。	
22	高位并排阳线，又称升势恋人肩并肩缺口		（1）出现在涨势中。 （2）由2根阳线组成。 （3）第一根阳线跳空向上，其收盘时在前一根K线上方留下一个缺口。第二根阳线与之并排，开盘价与第一根阳线的开盘价基本相同。	继续看涨。	这个向上跳空的缺口对日后股价走势有较强的支撑作用。但如发现这个缺口被跌破，股价走势就会转弱。

序号	名　称	图　形	特　征	技术含义	备　注
23	跳空下跌三颗星		（1）出现在连续下跌途中。 （2）由3根小阴线组成。 （3）3根小阴线与上面一根K线有一个明显的空白区域，也即通常说的缺口。	见底信号。	如果在3根小阴线后出现一根大阳线，上涨的可能性就更大。
24	上升三部曲，又称升势三鸦		（1）出现在上涨途中。 （2）由大小不等的5根K线组成。 （3）先拉出一根大阳线或中阳线，接着连续出现3根小阴线，但都没有跌破前面阳线的开盘价，随后出现了一根大阳线或中阳线，其走势有点类似英文字母"N"。	继续看涨。	
25	多方尖兵		（1）出现在上涨行情中。 （2）由若干根K线组成。 （3）在拉出一根中阳线或大阳线时，留下了一根较长的上影线，然后股价回落，但不久股价又涨至上影线的上方。	继续看涨。	走势图上出现这种K线形态，实际上是多方主力发动全面进攻的一次试盘。
26	两红夹一黑		（1）既可出现在涨势中，也可出现在跌势中。 （2）由2根较长的阳线和一根较短的阴线组成，阴线夹在阳线之中。	在涨势中出现，继续看涨；在跌势中出现，是见底信号。	

二、下跌形态和滞涨形态的 K 线、K 线组合

序号	名　称	图　形	特　征	技术含义	备　注
27	黄昏十字星		（1）出现在涨势中。 （2）由 3 根 K 线组成，第一根为阳线，第二根为十字线，第三根为阴线。第三根 K 线实体深入到第一根 K 线实体之内。	见顶信号，后市看跌。	
28	黄昏之星		和黄昏十字星相似，区别在于黄昏十字星的第二根 K 线是十字线，而黄昏之星的第二根 K 线是小阴线或小阳线。	见顶信号，后市看跌。	信号不如黄昏十字星强。
29	淡友反攻		（1）出现在涨势中。 （2）由一阴一阳的 2 根 K 线组成。 （3）先是出现一根大阳线，接着跳高开盘，结果拉出一根中阴线或大阴线，收在前一根 K 线收盘价相同或相近的位置上。	见顶信号，后市看跌。	转势信号不如乌云盖顶。
30	乌云盖顶		（1）出现在涨势中。 （2）由一根中阳线或大阳线和一根中阴线或大阴线组成。 （3）阴线实体已深入到阳线实体的二分之一以下处。	见顶信号，后市看跌。	阴线实体深入阳线实体部分越多，转势信号就越强。
31	倾盆大雨		（1）出现在涨势中。 （2）由一阴一阳的 2 根 K 线组成。 （3）先是出现一根大阳线，接着出现一根低开的大阴线或中阴线，阴线的收盘价已低于前一根阳线的开盘价。	见顶信号，后市看跌。	见顶信号强于乌云盖顶等；阴线实体低于阳线实体部分越多，转势信号越强。
32	射击之星，又称流星、扫帚星		（1）出现在上涨趋势中。 （2）阳线（也可以是阴线）实体很小，上影线大于或等于实体的两倍。 （3）一般无下影线，少数会略有一点下影线。	见顶信号，后市看跌。	实体与上影线比例越悬殊，信号有参考价值。

序号	名 称	图 形	特 征	技术含义	备 注
33	吊颈线，又称绞刑线		（1）出现在上涨趋势中。（2）阳线（也可以是阴线）实体很小，下影线实体大于或等于实体的两倍。（3）一般无上影线，少数会略有一点上影线。	见顶信号，后市看跌。	实体与下影线比例越悬殊，信号越有参考价值。
34	平顶，又称钳子线		（1）出现在上涨趋势中。（2）由2根或2根以上的K线组成。（3）最高价处在同一水平位置上。	见顶信号，后市看跌。	
35	塔型顶		（1）出现在上涨趋势中。（2）先是一根大阳线或中阳线，后为一连串的小阳小阴线，最后出现一根大阴线或中阴线。	见顶信号，后市看跌。	
36	双飞乌鸦		（1）出现在上涨趋势中。（2）由一大一小的2根阴线组成。（3）第一根阴线的收盘价高于前一根阳线的收盘价，且第二根阴线完全包容了第一根阴线。	见顶信号，后市看跌。	
37	三只乌鸦，又称暴跌三杰		（1）出现在上涨趋势中。（2）由3根阴线组成，阴线多为大阴线或中阴线。（3）每次均以跳高开盘，最后以下跌收盘。	见顶信号，后市看跌。	
38	高档五阴线		（1）出现在上涨趋势中。（2）由5根阴线组成，但多为小阴线。（3）先拉出一根较有力度的阳线，接着连续出现5根并排阴线。	见顶信号，后市看跌。	高档五阴线不一定都是5根阴线，有时可能是6根、7根阴线。

序号	名称	图形	特征	技术含义	备注
39	下降覆盖线		（1）出现在上涨行情中。（2）由4根K线组成。前2根K线构成一个穿头破脚形态，第三根K线一般是一根中阳线，但阳线的实体通常比前1根阴线要短，随后又会出现1根中阴线，阴线实体已深入到前1根阳线实体之中。	见顶信号，后市看跌。	见顶信号要强于穿头破脚。
40	低档盘旋形		（1）出现在下跌途中。（2）由若干根小阴小阳线组成。（3）先是小阴小阳线的横盘，后来出现1根跳空向下的阴线。	卖出信号，后市看跌。	
41	黑三兵		（1）既可出现在涨势中，也可出现在跌势中。（2）由3根小阴线组成，最低价一根比一根低。	卖出信号，后市看跌。	
42	绵绵阴跌形		（1）在盘整后期出现。（2）由若干根小K线组成（一般不少于8根），其以小阴线居多，中间也可夹着一些小阳线、十字线。（3）整个K线排列呈略微向下倾斜状。	卖出信号，后市看跌。	绵绵阴跌，跌幅虽然不大，但犹如黄梅天的阴雨下个不停，从而延长了下跌的时间和拓展了下跌的空间，股价很可能长期走弱。
43	徐缓下跌形		（1）多数出现在跌势初期。（2）先接连出现几根小阴线，然后拉出1根中大阴线。	卖出信号，后市看跌。	

序号	名 称	图 形	特 征	技术含义	备 注
44	下跌不止形		（1）出现在下跌途中。 （2）众多阴线中夹着较少的小阳线，整个K线排列呈向下倾斜状。	卖出信号，后市看跌。	
45	下跌抵抗形		（1）出现在下跌途中。 （2）由若干根阴线和阳线组成，但阴线大大多于阳线。 （3）连续跳低开盘，即使中间收出阳线，但收盘价一般也要比前一根K线的收盘价低。	卖出信号，后市看跌。	
46	高开出逃形		突然跳高开盘（甚至以涨停板开盘），然后一路下跌，最后收出一根大阴线（甚至以跌停板收盘）。	卖出信号，后市看跌。	多数为被套庄家利用朦胧消息拉高出货所致。通常，后市将有一段较大跌势。
47	下跌三颗星		（1）出现在下跌行情初期、中期。 （2）由一大三小的4根K线组成。 （3）在下跌时，先出现一根大阴线或中阴线，随后就在这根阴线的下方出现了3根小K线（既可以是小十字线，也可以是实体很小的阳线、阴线）。	卖出信号，后市看跌。	在下跌途中出现下跌三颗星，表明市场买卖意愿不强，市场将以盘跌为主。
48	下降三部曲，又称降势三鹤		（1）出现在下降趋势中。 （2）由5根大小不等的K线组成。 （3）先出现一根大阴线或中阴线，接着出现3根向上爬升的小阳线，但这3根小阳线都没有冲破第一根阴线的开盘价，最后一根大阴线或中阴线又一下子吞吃了前面的3根小阳线。	卖出信号，后市看跌。	

序号	名 称	图 形	特 征	技术含义	备 注
49	空方尖兵		（1）出现在下跌行情中。 （2）由若干根 K 线组成。 （3）在拉出一根中阴线或大阴线时，留下了一根较长的下影线，然后股价反弹，但不久股价又跌至下影线下方。	卖出信号，后市看跌。	走势图上出现这种 K 线形态，实际上是空方主力向多方进行全面扫荡前的一次试盘。
50	倒三阳		（1）出现在下跌初期。 （2）由 3 根阳线组成。 （3）每日都是低开高走，第一根 K 线以跌势收盘，后 2 根 K 线的收盘价低于或接近前一天的阳线开盘价，因此虽然连收 3 根阳线，但图形上却出现了类似连续 3 根阴线的跌势。	卖出信号，后市看跌。	此种情况多数发生在庄家股上，投资者要趁早果断斩仓离场。
51	连续跳空三阳线		（1）出现在上涨行情中。 （2）连续出现 3 根向上跳空高开的阳线。 （3）跳空三阳线，一般都是大阳线或中阳线。	滞涨信号，后市看淡。	股价大涨后出现这种 K 线，意味着在加速赶顶。
52	升势受阻		（1）出现在涨势中。 （2）由 3 根阳线组成。 （3）3 根阳线实体越来越小，最后一根阳线的上影线很长。	滞涨信号，后市看淡。	
53	升势停顿		（1）出现在涨势中。 （2）由 3 根阳线组成。 （3）上升时先拉出 2 根大阳线或中阳线，第三根阳线实体很小，反映升势可能停顿。	滞涨信号，后市看淡。	
54	阳线跛脚形		（1）出现在涨势中。 （2）由 3 根以上（含 3 根）的阳线组成。 （3）最后 2 根阳线都是低开，且最后 1 根阳线收盘价比前面 1 根阳线收盘价要低。	滞涨信号，后市看淡。	

序号	名 称	图 形	特 征	技术含义	备 注
55	两黑夹一红		（1）既可出现在涨势中，也可出现在跌势中。 （2）由2根较长的阴线和一根较短的阳线组成，阳线夹在阴线之中。	在涨势中出现，是见顶信号；在跌势中出现，继续看跌。	

三、既是上升形态，又是下跌形态的 K 线、K 线组合

序号	名 称	图 形	特 征	技术含义	备 注
56	大阳线		（1）可出现在任何情况下。 （2）阳线实体较长，可略带上、下影线。	在上涨刚开始时，出现大阳线后市看涨；在上涨途中出现大阳线，继续看涨；在连续加速上涨行情中出现大阳线，是见顶信号；在连续下跌的行情中出现大阳线，有见底回升的意义。	阳线实体越长，信号就越可靠。
57	大阴线		（1）可出现在任何情况下。 （2）阴线实体较长，可略带上、下影线。	在涨势中出现大阴线，是见顶信号；在下跌刚开始时，出现大阴线，后市看跌；在下跌途中出现大阴线，继续看跌；在连续加速下跌行情中出现大阴线，有空头陷阱之嫌疑。	阴线实体越长，信号就越可靠。

序号	名 称	图 形	特 征	技术含义	备 注
58	小阳线		（1）在盘整行情中出现较多，也可在下跌和上涨行情中出现。 （2）K线实体很小，可略带上、下影线。	说明行情不明朗，多空双方小心接触，但多方略占上风。	单根小阳线研判意义不大，应结合其他K线形态一起研判。
59	小阴线		（1）在盘整行情中出现较多，也可在下跌和上涨行情中出现。 （2）K线实体很小，可略带上、下影线。	说明行情不明朗，多空双方小心接触，但空方略占上风。	单根小阴线研判意义不大，应结合其他K线形态一起研判。
60	十字线		（1）既可出现在涨势中，也可出现在跌势中。 （2）开盘价、收盘价相同，成为"一"字，但上、下影线较短。	在上涨趋势末端出现，是见顶信号；在下跌趋势末端出现，是见底信号。在上涨途中出现，继续看涨；在下跌途中出现，继续看跌。	信号可靠性不强，应结合其他K线一起研判。
61	长十字线		（1）既可出现在涨势中，也可出现在跌势中。 （2）开盘价、收盘价相同，成为"一"字，但最高价与最低价拉得很开，因此上、下影线都很长。	在上涨趋势末端出现，是见顶信号；在下跌趋势末端出现，是见底信号。在上涨途中出现，继续看涨；在下跌途中出现，继续看跌。	虽然长十字线的技术含义与一般十字线的含义相同，但其信号可靠程度远比小十字线高。因此，投资者可将它作为"逃顶"与"抄底"的重要参考指标。

序号	名　称	图　形	特　征	技术含义	备　注
62	螺旋桨		（1）既可出现在涨势中，也可出现在跌势中。 （2）开盘价、收盘价相近，K线实体（可阴可阳）很小，但最高价与最低价拉得很开，因此上、下影线都很长。	在涨势中出现，后市看跌；在下跌途中出现，继续看跌；在连续加速下跌行情中出现，有见底回升的意义。	转势信号比长十字线更强。
63	一字线		（1）既可出现在涨势中，也可出现在跌势中。 （2）开盘价、收盘价、最高价、最低价，几乎相同，成为"一"字形状。	在上涨趋势中出现，是买进信号；在下跌趋势中出现，是卖出信号。	在涨跌停制度下，一字线有特别意义。涨势中出现一字线，表示股价封在涨停价上，说明多头气盛，日后该股往往会变成强势股；跌势中出现一字线，表示股价封杀在跌停价上，说明空头力量极其强大，日后该股往往会变成弱势股。
64	T字线		开盘价、收盘价、最高价粘连在一起，成为"一"字状，但最低价与之有相当距离，因而在K线上留下一根很长的下影线，构成"T"字状图形。	在上涨趋势末端出现，为卖出信号；在下跌趋势末端出现，为买进信号。在上涨途中出现，继续看涨；在下跌途中出现，继续看跌。	T字线中的下影线越长，信号就越可靠。

序号	名　称	图　形	特　征	技术含义	备　注
65	倒 T 字线		开盘价、收盘价、最低价粘连在一起，成为"一"字状，但最高价与之有相当距离，因而在 K 线上留下一根很长的上影线，构成倒"T"字状图形。	在上涨趋势末端出现，为卖出信号；在下跌趋势末端出现，为买进信号。在上涨途中出现，继续看涨；在下跌途中出现，继续看跌。	倒 T 字线中的上影线越长，信号就越可靠。在上升趋势中出现的倒 T 字线，称为上档倒 T 字线，又称下跌转折线。
66	搓揉线		（1）多数出现在涨势中。（2）由一正一反的两根 T 字线组成。	在上涨途中出现，继续看涨；在上涨末端出现，是见顶信号。	在上涨途中出现的搓揉线以小 T 字线居多；在上涨末端出现的搓揉线以大 T 字线居多。
67	尽头线		（1）既可出现在涨势中，也可出现在跌势中。（2）由一大一小的 2 根 K 线组成。（3）出现在涨势中，第一根 K 线为大阳线或中阳线，并留有一根上影线，第二根 K 线为小十字线或小阳、小阴线，依附在第一根 K 线的上影线之内。（4）出现在跌势中，第一根 K 线为大阴线或中阴线，并留有一根下影线，第二根 K 线为小十字线或小阳、小阴线，依附在第一根 K 线的下影线之内。	出现在涨势中，是见顶信号；出现在跌势中，是见底信号。	尽头线的上影线或下影线的右方，带着的 K 线越小（如小十字星），则信号就越强。
68	穿头破脚		（1）既可在上涨趋势中出现，也可在下跌趋势中出现。（2）由大小不等，阴、阳相反的 2 根 K 线组成。（3）在涨势中出现，K 线前阳后阴，在跌势中出现，K 线前阴后阳。（4）后者 K 线将前者 K 线实体全部覆盖（不包括上下影线）。	在上涨趋势中出现，是卖出信号；在下跌趋势中出现，为买进信号。	2 根 K 线的长短越悬殊，或一根长的 K 线覆盖前面的 K 线越多，信号的参考价值就越大。

序号	名 称	图 形	特 征	技术含义	备 注
69	身怀六甲		（1）既可出现在上涨趋势中，也可出现在下跌趋势中。 （2）由大小不等的2根K线组成，两根K线可一阴一阳，也可同是两阳或两阴。 （3）第一根K线的实体必须完全包容第二根K线的实体（不包括上下影线）。 （4）第二根K线可以是小阴、小阳线，也可以是十字线。	在上涨趋势中出现，是卖出信号；在下跌趋势中出现，是买进信号。	若第二根K线为十字线，俗称十字胎。在身怀六甲中，十字胎是能量力度最大的K线形态之一。
70	镊子线		（1）既可出现在涨势中，也可出现在跌势中。 （2）由二大一小的3根K线组成。 （3）3根K线的最高价或最低价几乎处在同一水平位置上（从图中看，就像有人拿着镊子夹着一块小东西）。	在上涨时出现为头部信号；在下跌时出现为底部信号。	
71	上档盘旋形		（1）出现在上涨途中。 （2）由若干根或十几根K线组成。 （3）在上涨时拉出一根较有力度的阳线后，就出现了阴阳交错、上下波动范围很小的横盘走势。	上档盘旋时间在5至14天内，多数看涨，超过14天多数看跌。	盘旋时间太久，说明多方上攻愿望不强，因而后面下跌的可能性很大。
72	加速度线		（1）既可出现在涨势中，也可出现在跌势中。 （2）上涨时出现加速度线，表现为开始缓缓爬升，后来攀升速度越来越快，接着连续拉出中阳线或大阳线。 （3）下跌时出现加速度线，表现为开始缓慢下跌，后来下跌速度越来越快，接着连续拉出中阴线或大阴线。	在上涨时出现为头部信号；在下跌时出现为底部信号。	大涨后出现加速线是在赶顶；大跌后出现加速线是在赶底。

| 73 | 下跌三连阴 | | （1）出现在跌势中。
（2）由3根阴线组成，阴线多为大阴线或中阴线。
（3）每根阴线都以最低价或次低价报收，最后一根阴线往往是大阴线。 | 在下跌初期出现，后市看跌；在下跌中期出现，继续看跌；在下跌后期出现，是见底信号。 | 在连续阴跌不止情况下，特别是在股价已有较大跌幅后出现下跌三连阴，表明空方力量可能已经用尽。形势随时可能反转。因此，投资者此时不宜再割肉卖出，相反，应积极逢低吸纳。 |

修订者絮语之二

在现代社会里表格化管理是提高管理水平，尤其是管理效率的一个重要手段。本书作者在向读者介绍K线知识时，通过表格，将原本多而杂，让很多人犯晕的K线图形、K线概念作了有条不紊的梳理，列出了一张让所有人都能看懂的K线一览表。这张K线一览表，使读者对K线概念、K线图形、K线特征、K线技术含义有一个全面的了解，它发挥了表格的优点，真正做到了让读者对K线"事有所知、层次清晰、一目了然、应知尽知"。K线一览表是本书作者的一个"专利"。它是本书作者在20多年前的首创，其著作权是神圣不可侵犯的。我们希望这个"专利"能不断发扬光大，为广大读者学习K线带来便利与帮助。

第三节 大阳线与大阴线的识别和运用

习题 1 指出下面图中箭头 A 所指的 K 线名称、特征和作用，并说明投资者见到这种 K 线应如何操作？

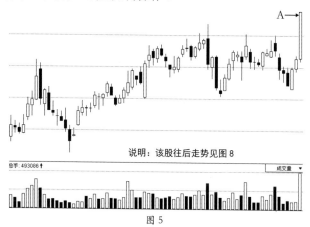

说明：该股往后走势见图8

图 5

参考答案 图 5 中箭头 A 所指的 K 线叫"大阳线"（见图 6）。一根大阳线，由于它低开高收的格局，所以其本身就有向好的意味。如果阳线实体很长，并且无上影线或上影线很短，它表明买方气势旺盛，力量强大。所以，光头光脚大阳线是所有大阳线中信号最强的。

大阳线 K 线形状示意图

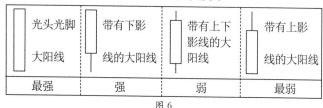

图 6

目前我国股市在实行涨跌停板制度下，最大的日阳线实体可达当日开盘价的 20%，即以跌停板开盘，涨停板收盘。大阳线的力度大小，与其实体长短成正比。也就是说，阳线的实体越长则力量越强，反之，则力量越弱。不过也不能认为，只要图上出现大阳线，后市就看涨。

根据实战经验，如在连续下跌情况下出现大阳线，则反映了多方不甘心失败，聚集力量，发起反攻，此时股价很可能见底回升（见图7）。

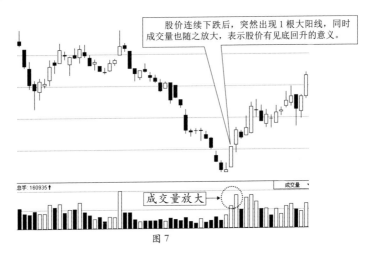

股价连续下跌后，突然出现1根大阳线，同时成交量也随之放大，表示股价有见底回升的意义。

总手:160935↑

成交量放大→

成交量

图 7

又比如，在涨势刚刚形成时出现大阳线，同时成交量也出现明显放大状态，此时，表示股价有加速上扬的意味（见图8）。

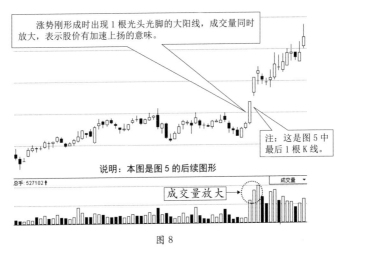

涨势刚形成时出现1根光头光脚的大阳线，成交量同时放大，表示股价有加速上扬的意味。

注：这是图5中最后1根K线。

说明：本图是图5的后续图形

总手:527102↑

成交量放大→

成交量

图 8

但必须注意的是，在股价连续上扬的情况下拉出大阳线，则要当心多方能量耗尽，此时，股价会面临见顶回落的风险（见图9）。

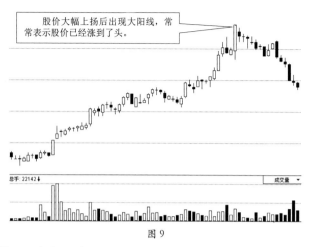

股价大幅上扬后出现大阳线，常常表示股价已经涨到了头。

图 9

习题 2 仔细观察下面 4 张图，回答下列问题：(1) 下面 4 张图中箭头 A 所指的 K 线叫什么名称？它的特征是什么？(2) 分析这根 K 线在下面 4 张图中所起的不同作用，并说明投资者应该如何根据不同的情况采取不同的投资策略？

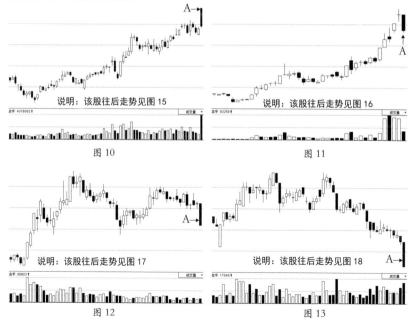

说明：该股往后走势见图 15

图 10

说明：该股往后走势见图 16

图 11

说明：该股往后走势见图 17

图 12

说明：该股往后走势见图 18

图 13

参考答案 上面 4 张图中箭头 A 所指的 K 线都为同一种 K 线，名叫"大阴线"，又叫长阴线。大阴线的特征是当天几乎以最高价开盘，最低价收盘，它表示多方在空方打击下节节败退，毫无招架之功。目前我国股市在实行涨跌停板制度下，最大的日阴线实体可达当日开盘价的 20%，即以涨停板开盘，跌停板收盘。大阴线的力度大小，与其实体长短成正比，即阴线实体越长则力度越大，反之，则力度越小（见图 14）。在所有大阴线中，光头光脚大阴线的信号是最强的。

大阴线 K 线形状示意图

光头光脚大阴线	带有上影线的大阴线	带有上下影线的大阴线	带有下影线的大阴线
最强	强	弱	最弱

图 14

大阴线的出现对多方来说是一种不祥的预兆。但事情又不是那么简单，我们不能把所有的大阴线都看成是后市向淡的信号，也就是说，并非一见到大阴线就认为股价要跌。有时大阴线出现后，会出现不跌反涨的情况。那么，如何来区别大阴线出现后是涨还是跌呢？ 这里有几种情形：

（1）大阴线出现在涨势之后，尤其是较大涨幅之后，它表示股价即将回档或者正在做头部。这时应卖出股票为宜。

（2）大阴线若出现在较大跌幅之后，暗示做空能量已经释放得差不多了。根据"物极必反"的原理，此时要弃卖而买，考虑做多，逢低吸纳一些股票。

现在我们就以习题 2 的 4 张图为例作一番分析，来看看出现大阴线后投资者应如何操作。

图 10 中大阴线是在涨势中出现的。毫无疑问，在股价已有一段较大涨幅后，出现这么一根大阴线，股市转向的可能性极大。如果股价就此由升转跌，这根大阴线就是导火线，其强大的杀伤作用将令多方不寒而栗。此时投资者唯一能做的就是尽快卖出，停损出局（见图 15）。

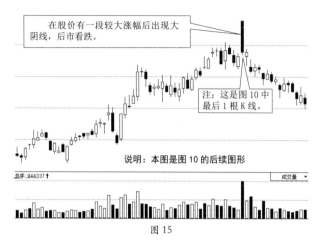

在股价有一段较大涨幅后出现大阴线，后市看跌。

注：这是图10中最后1根K线。

说明：本图是图10的后续图形

总手：944337↑

成交量 ▼

图 15

图 11 中的大阴线也是在涨势中出现的，不过在它之前已经拉了一根十字线，这根十字线暗示这轮升势已到了尽头，后面出现的大阴线只不过是对这轮行情结束的进一步确认而已，股价由升转跌即将开始。虽然这根大阴线的杀伤作用稍次于头部直接出现的高开低走的大阴线，但它对多方的打击也十分厉害。因此投资者见此大阴线后，应及时做好卖股的准备（见图16）。

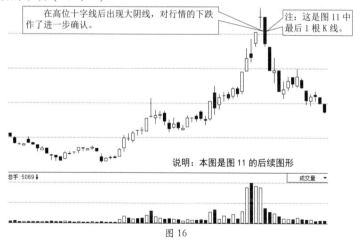

在高位十字线后出现大阴线，对行情的下跌作了进一步确认。

注：这是图11中最后1根K线。

说明：本图是图11的后续图形

总手：5069↓

成交量 ▼

图 16

图 12 中的大阴线是在跌势中出现的。从图中可以看出，这根大阴线是在股价下跌时，经过短暂盘整向下破位时形成的，因此只能看作

市场做空的能量还没有得到充分的释放，股价仍将继续下滑。这根大阴线虽然比不上在头部、上档区域出现的大阴线对多方的杀伤作用，但也不可小视它对市场信心的重挫。因此，投资者见此大阴线，还是离远一点较好，不要轻易参与炒作（见图17）。

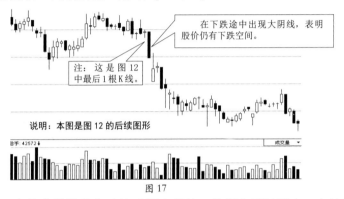

在下跌途中出现大阴线，表明股价仍有下跌空间。

注：这是图12中最后1根K线。

说明：本图是图12的后续图形

总手：42572

成交量

图 17

图13中的大阴线是在跌势后期出现的。从图中可以看出，在这根大阴线出现前股价已连续下挫，盘中做空的能量得到了较大程度的释放。股市的规律告诉我们，当行情冷到极点时，离开春天也就不远了。虽然我们还不能判断，行情会在连续下跌情况下出现一根大阴线后就逆转，但投资者至少应该看到跌势已到末期，这时再继续做空，卖出股票是不理智的。相反，我们应该结合其他技术指标，分析一下股价是否见底，考虑如何买进一些股票（见图18）。

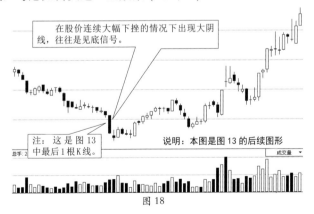

在股价连续大幅下挫的情况下出现大阴线，往往是见底信号。

注：这是图13中最后1根K线。

说明：本图是图13的后续图形

总手：2

成交量

图 18

第四节　锤头线与吊颈线的识别和运用

习题3　指出下面2张图中箭头A所指的K线名称、特征和技术含义，并说明投资者见此K线图形后应如何操作？

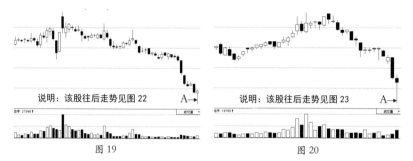

说明：该股往后走势见图22　　　　说明：该股往后走势见图23

图 19　　　　　　　　　　　　图 20

参考答案　图中画圈处的K线叫"锤头线"。其特征是K线实体很小，一般无上影线（即使有，上影线也很短），但下影线很长（见图21）。通常，在下跌过程中，尤其是在股价大幅下跌后出现锤头线，股价转跌为升的可能性较大（见图22、23)。这里需要注意的是：锤头线止跌回升的效果如何，与下列因素有密切关系：(1) 锤头实体越小，下影线越长，止跌作用就越明显；(2) 股价下跌时间越长、幅度越大，锤头线见底信号就越明确；(3) 锤头线有阳锤头线与阴锤头线之分（见图21)，作用意义相同，但一般说来，阳锤头线的力度要大于阴锤头线。

锤头线K线形状示意图

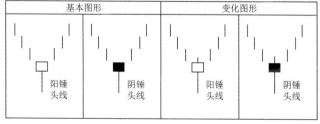

基本图形		变化图形	
阳锤头线	阴锤头线	阳锤头线	阴锤头线

图 21

投资者在下跌行情中见到锤头线，激进型的可试探性地做多，稳健型的可在锤头线出现后再观察几天，如股价能放量上升，即可跟着做多。

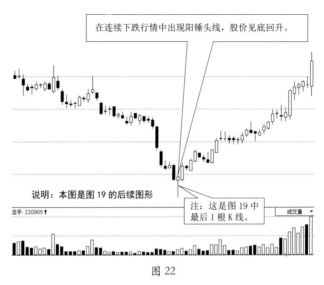

在连续下跌行情中出现阳锤头线，股价见底回升。

说明：本图是图19的后续图形

总手：220905↑

注：这是图19中最后1根K线。

成交量 ▼

图 22

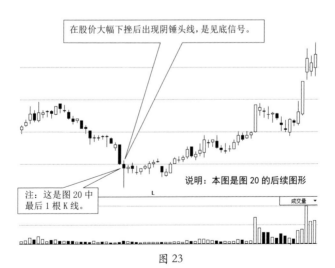

在股价大幅下挫后出现阴锤头线，是见底信号。

说明：本图是图20的后续图形

注：这是图20中最后1根K线。

成交量 ▼

图 23

习题 4 下面 2 张图中箭头 A 所指的 K 线一根是阴线，另一根是阳线。请问：它们的名称和特征是什么？性质上有无区别？ 投资者看到此 K 线图形后应采取什么对策？

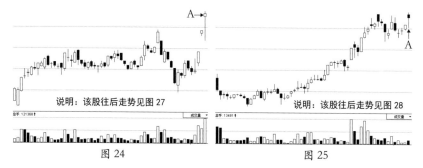

说明：该股往后走势见图 27

说明：该股往后走势见图 28

图 24　　　　　　　　　　　　图 25

参考答案 上面 2 张图中箭头 A 所指处的 K 线是同一种 K 线，在性质上并无区别，名叫"吊颈线"，又称绞刑线[注]。其特征是：(1) K 线实体很小，上影线很短或者没有，但下影线很长（通常是实体长度的 2 至 3 倍）。(2) 在上涨行情末端出现（见图 26）。该 K 线出现，预示着股价已涨到尽头，接下来很有可能转升为跌（见图 27、图 28)。

一般来说，该 K 线在股价已有较大涨幅情况下出现，其显示的转跌信号比较可靠。如果此时吊颈线是以阴线形式出现，则下跌的概率更大。投资者在上涨行情中，尤其是股价已有大幅上扬情况下看到此 K

吊颈线 K 线形状示意图

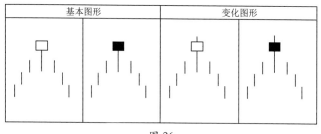

基本图形	变化图形

图 26

线，必须引起高度警惕，不管后市如何，可先作些减磅，日后一旦发觉股价掉头向下，应及时抛空出局。

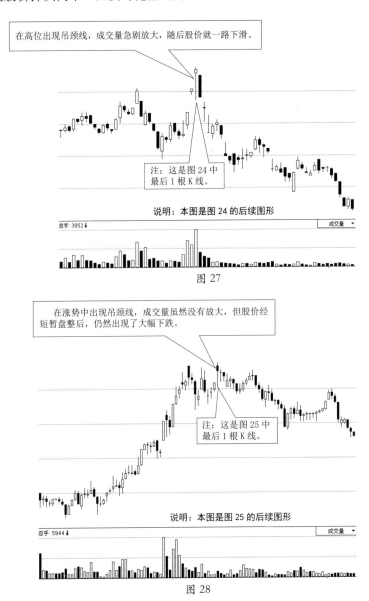

在高位出现吊颈线，成交量急剧放大，随后股价就一路下滑。

注：这是图 24 中最后 1 根 K 线。

说明：**本图是图 24 的后续图形**

总手：3952↓   成交量 ▼

图 27

在涨势中出现吊颈线，成交量虽然没有放大，但股价经短暂盘整后，仍然出现了大幅下跌。

注：这是图 25 中最后 1 根 K 线。

说明：**本图是图 25 的后续图形**

总手：5944↓   成交量 ▼

图 28

第五节　倒锤头线与射击之星的识别和运用

习题5　指出下面图中箭头 A 所指的 K 线名称、特征和技术含义，并说明投资者见此 K 线图形后应如何操作？

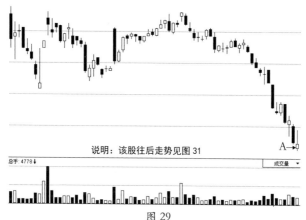

说明：该股往后走势见图 31

图 29

参考答案　图中画圈处的 K 线，叫"倒锤头线"，因其形状像个倒转锤头而得名。其特征是：在下跌趋势中出现。K 线实体（可阴可阳）很小，下影线很短或者没有，但有一根较长的上影线（见图 30）。倒锤头线出现在下跌过程中，具有止跌回升的意义（见图 31）。如果倒锤头线与早晨之星同时出现（见图 32），则行情反转向上的可能性就更大。投资者见此 K 线形态，可适量逢低吸纳。

倒锤头线 K 线形状示意图

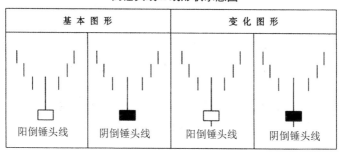

图 30

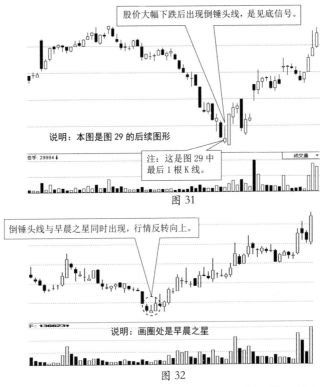

股价大幅下跌后出现倒锤头线，是见底信号。

说明：本图是图 29 的后续图形

总手：29994↓

注：这是图 29 中最后 1 根 K 线。

图 31

倒锤头线与早晨之星同时出现，行情反转向上。

手：1366231

说明：画圈处是早晨之星

图 32

习题 6 为什么下面 2 张图中箭头 A 所指的 K 线，被人称之为射击之星？它的别名是什么？构成射击之星有哪两个基本条件？投资者见此 K 线图形后应如何操作？

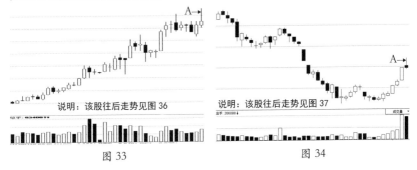

说明：该股往后走势见图 36

图 33

说明：该股往后走势见图 37

总手：266088↓

图 34

参考答案 图中箭头 A 所指的 K 线很像弓箭发射的样子，因此被人称之为"射击之星"。此外，人们还根据射击之星的特点，给它起了一些混名，如扫帚星、流星。在西方的童话中，巫婆总是骑着一把扫帚在空中飞来飞去，像一颗流星到处流窜。这也就是扫帚星、流星混名的来历。因此，扫帚星、流星的出现，使人有一种不祥的预感。它暗示股价可能由升转跌，投资者如不及时出逃，就要被流星、扫帚星击中，倒上大霉。通常，一根 K 线要成为射击之星，必须满足以下两个基本条件：第一、K 线实体要很小，阴线、阳线均可，但上影线要很长（是 K 线实体二倍以上），如若有下影线，也是很短很短。第二、出现在上升趋势中，通常已有一段较大涨幅（见图35）。从技术上来讲，在一轮升势后出现射击之星，表示股价已经失去了上升的动力，多方已抵抗不住空方打击，股价随时可能见顶回落（见图36、图37）。因此，投资者在股价大幅上扬后，见到射击之星应及时退出观望为宜。

射击之星 K 线形状示意图

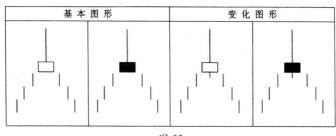

图 35

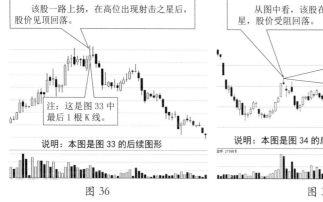

该股一路上扬，在高位出现射击之星后，股价见顶回落。

注：这是图33中最后1根 K 线。

说明：本图是图33的后续图形

图 36

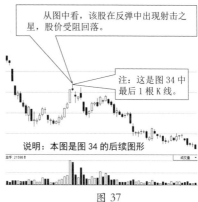

从图中看，该股在反弹中出现射击之星，股价受阻回落。

注：这是图34中最后1根 K 线。

说明：本图是图34的后续图形

图 37

第六节　T字线、上档倒T字线
与一字线的识别和运用

习题 7　下面 4 张图中箭头 A 所指的都是同一种 K 线，但它们各自的技术含义是不同的。请问：该 K 线叫什么名称？它们的技术含义有何不同？造成它们各自不同的原因是什么？

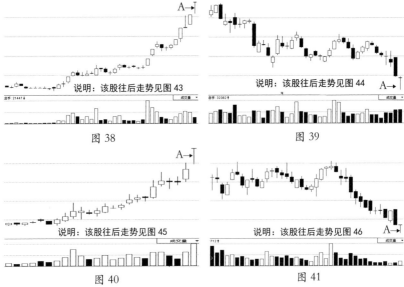

图 38　　　　　　　　　　图 39

图 40　　　　　　　　　　图 41

参考答案　上面 4 张图中箭头所指的 K 线叫"T字线"，又称"蜻蜓线"。因其形状像英文字母 T，故称为 T 字线。它的开盘价、最高价和收盘价相同，K 线上只留下影线。如有上影线也是很短的。T 字线信号强弱与其下影线成正比，下影线越长，则信号越强（见图 42）。

T 字线 K 线形状示意图

基 本 图 形		变 化 图 形	

图 42

这4张图中的 T 字线因所处的位置不同，所以各自的技术含义也不相同。图38 中 T 字线是出现在股价有较大涨幅之后，此时 T 字线在技术上显示的是一种见顶信号。图39 中的 T 字线出现在股价有较大跌幅之后，此时 T 字线在技术上显示的是一种见底信号。图40 中的 T 字线出现在股价上涨过程中，此时 T 字线在技术上显示的是一种继续上涨的信号。图41 中的 T 字线出现在股价下跌过程中，此时 T 字线在技术上显示的是一种继续下跌的信号。

为什么 T 字线在不同场合，表示的含义有如此大的差别呢？这主要因为 T 字线是一种"庄家线"，它完全是由主力（庄家）控盘所造成的。在 T 字线上，我们处处可以看到主力（庄家）做手脚的痕迹。

首先，让我们来看一下股价大幅飚升后出现的 T 字线。这种在高位拉出的 T 字线，其实就是主力（庄家）为了掩护高位出货施放的一颗烟幕弹。通常股价涨幅过大时，若出现大抛盘，散户一般都如惊弓之鸟，逃得比谁都快。但是，由于主力（庄家）一开盘就以连续大笔卖单抛出，所以散户根本就来不及溜走，而正当散户惊慌失措的时候，尾市又突然出现了一股神秘力量，盘中出现连续大笔买单将股价重新推到开盘价位置。主力（庄家）这种翻手为云、覆手为雨的操盘手法，让散户不知所措。主力（庄家）这样做的目的就是为了让散户产生一种错觉，觉得这种先抑后扬的"T"走势是股价拉升过程中的一种洗盘行为。这会逼使一些抛出筹码的短线客再度追涨买进，让持筹的散户放心做多。紧接着，第二天或第三天股价高开，更会使一些股民戒心全无。这时主力（庄家）见诱多成功，就趁机大量发货，在人们一片看好的情况下，神不知鬼不觉地实现胜利大逃亡。因此，这种在高位出现的 T 字线的后面，与之相伴的多数就是高开低走的大阴线。一旦 K 线走势到了这个地步，股价下跌也就是必然的了（见图43）。

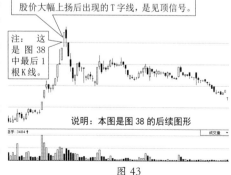

股价大幅上扬后出现的T字线，是见顶信号。

注：这是图38中最后1根K线。

说明：本图是图38的后续图形

图43

第二种情形是，在股价连续下跌后出现的 T 字线。反映了主力（庄家）在低位建仓后，利用先抑后扬的"T"字走势稳定军心的一种迫切心情。如果这种止跌信号被市场认同，主力（庄家）就会在 T 字线后面，拉出几根阳线，或是让盘面演化而成阴阳线交错的盘升走势（见图44）。因此，当股价走势出现了上述情况，我们就可以大致推断出主力（庄家）的意图，此时投资者可采取做多策略，持股待涨。

第三种情形是，股价在上升过程中出现 T 字线。这是主力（庄家）利用 T 字线走势在"洗盘"，而决不是在"出货"（见图45）。

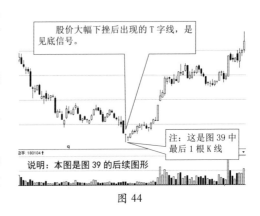

股价大幅下挫后出现的 T 字线，是见底信号。

注：这是图 39 中最后 1 根 K 线

说明：本图是图 39 的后续图形

图 44

如果投资者认准了是上升过程中的 T 字线，就应该继续持仓，不要让主力（庄家）骗走筹码。但是，究竟如何识别上升中的 T 字线还是上升到顶的 T 字线呢？这里关键是要看两点：(1)上升幅度大不大，假如上升幅度已经很大，出现高位 T 字线的可能性就较大；反之，则可能性较小。(2)T 字线之后，股价重心是上移，还是下沉？若是上移，则是主力（庄家）利用 T 字线在洗盘；若是下沉，则是主力（庄家）利用 T 字线在出货。

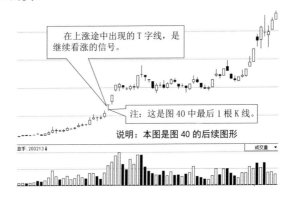

在上涨途中出现的 T 字线，是继续看涨的信号。

注：这是图 40 中最后 1 根 K 线。

说明：本图是图 40 的后续图形

图 45

第四种情形是，股价在下跌途中出现的 T 字线。这是被套主力（庄家）利用 T 字线走势，制造一种止跌假象来吸引买盘，派发手中的筹码。如果投资者盲目买进，就会陷入主力（庄家）圈套，而股价仍会义无反顾地向下滑落（见图 46）。

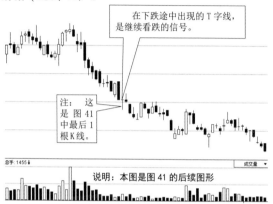

在下跌途中出现的 T 字线，是继续看跌的信号。

注：这是图 41 中最后 1 根 K 线。

总手: 1455↓　　成交量 ▼

说明：本图是图 41 的后续图形

图 46

毋庸讳言，股价在下跌途中出现的 T 字线和在下跌底部出现的 T 字线是很容易混淆的，区别的方法在于：(1) 看下跌幅度，如跌幅已很大，出现底部 T 字线可能性较大，反之，则可能性很小。(2) 看 T 字线之后股价重心是上移，还是下沉。如果 T 字线后股价重心在上移，很有可能是主力（庄家）利用 T 字线稳定军心，正在策划一轮上攻行情，这个 T 字线就是见底回升的信号。此时，投资者可考虑适量买进。如果 T 字线是主力（庄家）为投资者设置的一个多头陷阱，这个 T 字线就是继续下跌的信号，股价在这之后仍会有较大下跌幅度。此时，投资者一定要耐心观望，绝不可盲目买进。

总之，T 字线真实地反映了主力（庄家）的操盘意图，投资者只要认真分析 T 字线出现的时间、位置，再结合其他技术分析指标，就能识破主力（庄家）的阴谋，在与主力（庄家）斗争中取得胜利。

习题 8　下面 3 张图是 3 个不同个股的 K 线走势图。第一张图是日 K 线图，第二张图是周 K 线图，第三张图是月 K 线图。这 3 张图中箭头 A 所指处属于同一种 K 线。现在请你说出该 K 线的名称和它在日 K 线、周 K 线和月 K 线中所起的作用。

日 K 线图

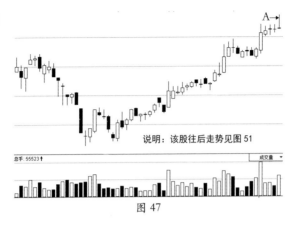

说明：该股往后走势见图 51

图 47

周 K 线图

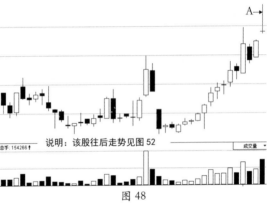

说明：该股往后走势见图 52

图 48

月 K 线图

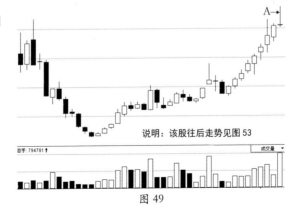

说明：该股往后走势见图 53

图 49

参考答案 在上升的趋势中，出现开盘价、最低价、收盘价相同或基本相同，上影线较长的 K 线称之为"上档倒 T 字线"，又称"下跌转折线"（见图 50）。它表明在空方打击下，多方已无力将股价推高，股价将要反转下跌，此时，投资者应退出观望为宜。

倒 T 字线 K 线形状示意图

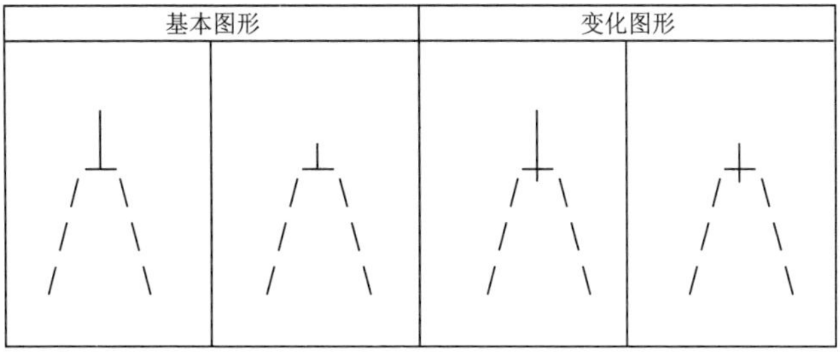

图 50

一般来说，上档倒 T 字线一旦被市场认同，股价下跌就势在必行，但值得注意的是，它对多方打击的力度与其形成的时间长短密切相关。即日 K 线图中的上档倒 T 字线与周 K 线、月 K 线图中的上档倒 T 字线的作用大小是不一样的。通常，形成的时间越长，威力就越大。

例如，习题 8 中提到 3 个股票的 K 线图反映了不同时间段的股价走势，上档倒 T 字线对它们所起的作用大小就有很大的差别。图 47 的 K 线图是日 K 线图，其中的上档倒 T 字线是一天股价走势的缩影。它形成的时间最短，因此对多方杀伤作用的力度最小。它压制股价下行时间仅仅是几个月甚至几个星期（见图 51）。图 48 的 K 线图是周 K 线图，其中的上档倒 T 字线是一周股价走势的缩影。它形成的时间比日 K 线长，因此对多方的杀伤作用就相对要强一些。它迫使股价下行达一二年之久（见图 52）。图 49 的 K 线图是月 K 线图，其中的上档倒 T 字线是一个月股价走势的缩影。它形成的时间最长，杀伤力也最大，股价下跌后几年都不能翻身（见图 53）。

可见，同样是上档倒 T 字线，出现在日 K 线图、周 K 线图、月 K 线图中，它的杀伤作用是不一样的。投资者了解这一点对看清大势很有帮助。

日 K 线图

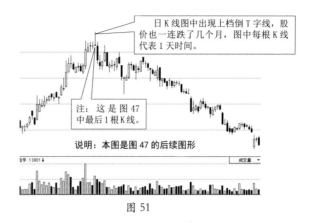

日 K 线图中出现上档倒 T 字线，股价也一连跌了几个月，图中每根 K 线代表 1 天时间。

注：这是图 47 中最后 1 根 K 线。

说明：**本图是图 47 的后续图形**

图 51

周 K 线图

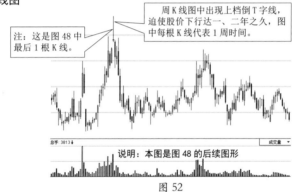

注：这是图 48 中最后 1 根 K 线。

周 K 线图中出现上档倒 T 字线，迫使股价下行达一、二年之久，图中每根 K 线代表 1 周时间。

说明：**本图是图 48 的后续图形**

图 52

月 K 线图

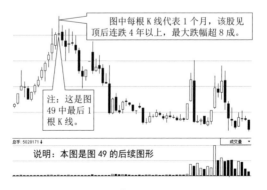

图中每根 K 线代表 1 个月，该股见顶后连跌 4 年以上，最大跌幅超 8 成。

注：这是图 49 中最后 1 根 K 线。

说明：**本图是图 49 的后续图形**

图 53

习题9　指出图54、图55中画圈处的K线名称、特征和技术含义，并说明投资者见此K线图形应如何操作？

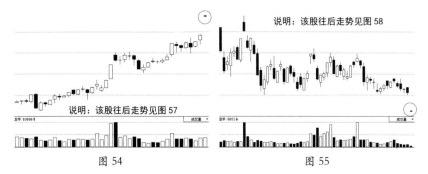

图 54

图 55

参考答案　图54、图55中画圈处的K线叫"一字线"。其特征是：开盘价、收盘价、最高价、最低价粘连在一起成一字状，这就是我们平时说的以涨停板或跌停板开盘，全日基本上都在涨停板或跌停板价格成交，一直到收盘为止的一种K线走势（见图56）。

一字线K线形状示意图

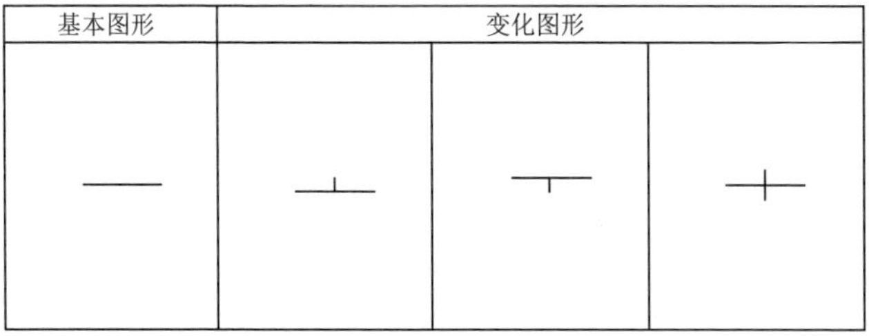

基本图形	变化图形		
—	—	—	—

图 56

在未实行涨跌停板制度前，一字线被视为市场交投极为清谈的标志，而在目前我国实行涨跌停板的制度下，一字线反而成为投资者关注的焦点。在涨势中，尤其是股价上涨初期出现的一字线，往往反映该股有重大利好被一些先知先觉者察觉捷足先登。因此，在涨升初期出现一字线，投资者应采取积极做多的策略，如一字线的当日没买进，第二天可继续追进。通常在涨势中出现一字线后，股价继续上涨的可能性很大（见图57）。但特别要注意的是，如果该股连续出现几根一字线，从规避短期风险出发，后面则不宜继续追涨。

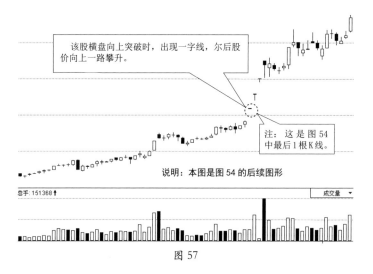

该股横盘向上突破时，出现一字线，尔后股价向上一路攀升。

注：这是图54中最后1根K线。

说明：本图是图54的后续图形

总手:151368↑   成交量 ▼

图 57

在跌势中，尤其是股价下跌初期出现的一字线，往往反映该股有重大利空或是股价炒过了头，主力（庄家）率先出逃所致。因此，在下跌初期出现一字线，投资者应果断平仓出局，如一字线的当日没卖出，第二天应继续卖出。通常在跌势中出现一字线后，股价继续下跌的可能性很大（见图58）。但要注意的是，如果该股已连续出现几根一字线，后面就不宜再继续杀跌，可等股价反弹时再卖出。

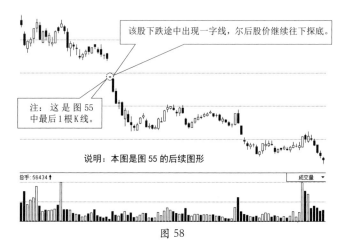

该股下跌途中出现一字线，尔后股价继续往下探底。

注：这是图55中最后1根K线。

说明：本图是图55的后续图形

总手:56434↑   成交量 ▼

图 58

第七节　长十字线与螺旋桨的识别和运用

习题 10　下面 2 张图，一张是某股周 K 线图的一个片断，另一张是某股日 K 线图的一个片断。现在请你指出 2 张图中箭头 A 所指的 K 线的名称、特征和它们在图中所起的不同作用。

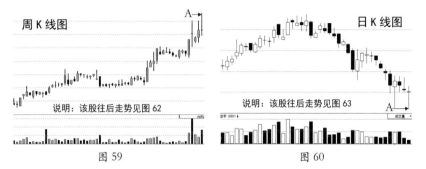

图 59　　　　　　　　　　　　图 60

参考答案　两张图中箭头 A 所指的 K 线都叫"长十字线"。其特征是：开盘价和收盘价相同或基本相同，而上下影线特别长。长十字线是个转势信号，即它出现后，行情会发生逆转，原来的上升趋势会变成下跌趋势，原来的下跌趋势会变成上涨趋势（见图 61）。在涨势中出现长十字线，尤其是股价有了一段较大涨幅之后出现，预示股价见顶回落可能性极大。在跌势中出现长十字线，尤其是股价有了一段较大跌幅之后，出现见底回升的可能性很大。总之，长十字线有较强的转势作用，对此投资者应高度重视。这里我们以图 59、图 60 为例作一些分析。

长十字线 K 线形状示意图

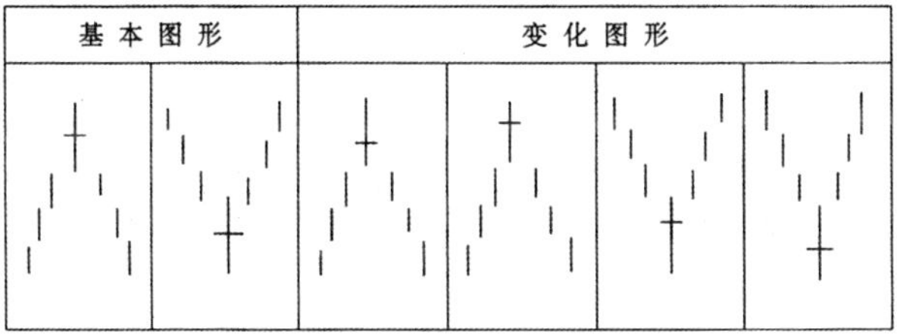

基本图形		变化图形			

图 61

先看图 59 的走势。该股在大幅上扬后，周 K 线图上出现了第一根长十字线。之后，股价经过短暂回落，多方顽强地又将股价硬推了上去，但好景不长，很快又拉出了第二根长十字线。接连出现两根长十字线，彻底动摇了多方的信心，于是形势逆转，在空方打击下，多方阵营发生严重分化，多翻空、多杀多，大家都争相逃命，股价就像掉了线的风筝直线回落（见图 62）。

再看图60的股价走势。当该股在逐波下探，特别是加速回落时，出现了一根长十字线，这是股价见底的信号。此时意味着空方打击力量已经耗尽，多方开始了强有力的反击（见图 63）。在历史上，沪深股市中有很多个股就是在股价大幅下挫拉出长十字线后，行情开始逆转的。通过这两个实例，大家应该明白，在高位出现的长十字线和在低位出现的长十字线的作用是完全不同的，搞清楚这点，可以帮助我们更好地把握投资机会。

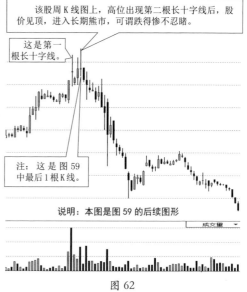

该股周 K 线图上，高位出现第二根长十字线后，股价见顶，进入长期熊市，可谓跌得惨不忍睹。

这是第一根长十字线。

注：这是图 59 中最后 1 根 K 线。

说明：本图是图 59 的后续图形

图 62

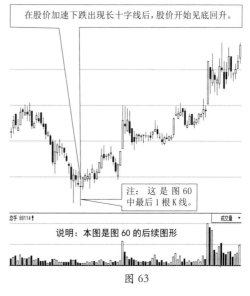

在股价加速下跌出现长十字线后，股价开始见底回升。

注：这是图 60 中最后 1 根 K 线。

说明：本图是图 60 的后续图形

图 63

习题 11 图64、图65中箭头A所指处是不是同一种K线?请说出它们的名称、特征和技术含义?

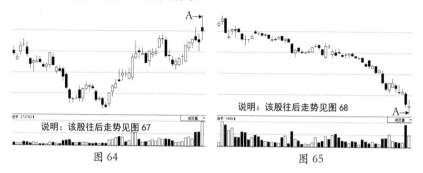

图 64

图 65

参考答案 上面2张图中箭头A所指处的K线是同一种K线,名叫"螺旋桨"K线。因为它中间的实体很小,上下影线很长,看上去就像飞机的螺旋桨,故名螺旋桨(见图66)。

螺旋桨K线形状示意图

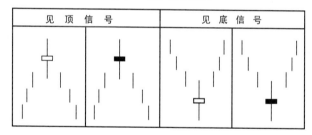

图 66

从技术上说,螺旋桨K线是一种转势信号。它在上升行情中,尤其是在股价有了一段较大涨幅之后,螺旋桨K线所起的作用是领跌(见图67)。反之,在下跌行情中,尤其是股价有了一段较大跌幅之后,螺旋桨K线所起的作用是领涨(见图68)。

这里需要说明的是,螺旋桨K线既可以通过阴线的形式(注:指螺旋桨中间的实体是阴线)出现,也可以通过阳线的形式(注:指螺旋桨中间的实体是阳线)出现,两者并无实质区别,不过一般认为在

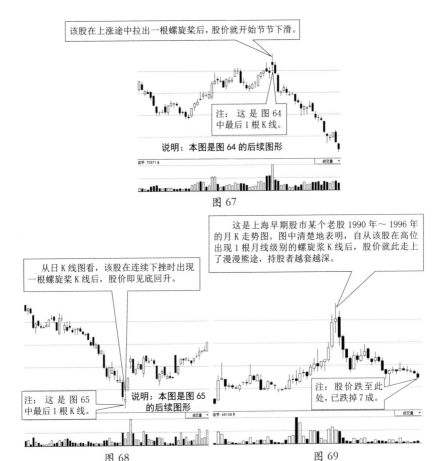

该股在上涨途中拉出一根螺旋桨后，股价就开始节节下滑。

注：这是图64中最后1根K线。

说明：本图是图64的后续图形

总手: 70571↑　成交量

图 67

从日K线图看，该股在连续下挫时出现一根螺旋桨K线后，股价即见底回升。

注：这是图65中最后1根K线。

说明：本图是图65的后续图形

图 68

这是上海早期股市某个老股1990年～1996年的月K走势图。图中清楚地表明，自从该股在高位出现1根月线级别的螺旋桨K线后，股价就此走上了漫漫熊途，持股者越套越深。

注：股价跌至此处，已跌掉7成。

总手: 48108↑　成交量

图 69

上涨行情中，螺旋桨是阴线，则比阳线力量要大，而在下跌行情中，情形正好相反。

值得注意的是，螺旋桨和长十字线很容易混淆。它们的区别是长十字线中间是一根横线，而螺旋桨中间是个短小的实体。螺旋桨和长十字线技术含义相同，都是一种转势信号。但螺旋桨的转势信号比长十字线表现得更为强烈。例如图69是上海股市中一个较老的股票，上市6个月后，在月K线上出现了螺旋桨K线图形，之后股价就走上了漫漫熊途，长达数年之久。这足以见得高位出现螺旋桨K线对股价走势的重大影响。

第八节　曙光初现与乌云盖顶的识别和运用

习题 12　　请说出下面图中画圈处 K 线组合的名称、特征和作用，并说明投资者见此 K 线图形应如何操作？

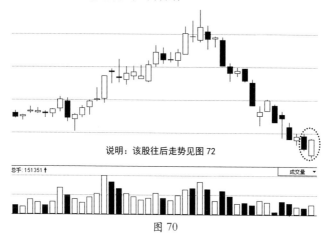

说明：该股往后走势见图 72

总手：151351↑　　　　　　　　　　　　　　成交量 ▼

图 70

参考答案　　图中画圈处的 K 线组合叫"曙光初现"。其特征是：在连续下跌行情中先出现一根大阴线或中阴线，接着出现一根大阳线或中阳线，阳线的实体深入到前一根阴线实体的二分之一以上处（见图 71）。曙光初现，顾名思义是指黑夜已经过去，黎明即将来临。从技术上来说，该 K 线图形出现后，暗示股价已经沉底或已到了阶段性底部，

曙光初现 K 线形状示意图

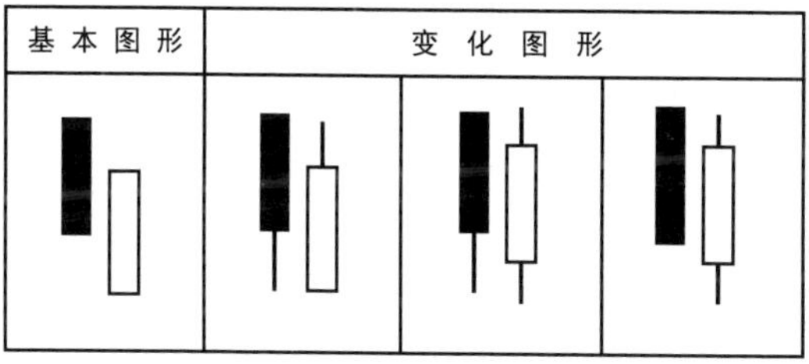

基 本 图 形	变 化 图 形		

图 71

股价见底回升的可能性很大（见图72）。因此，投资者见此图形可考虑买进一些股票，适量做多。

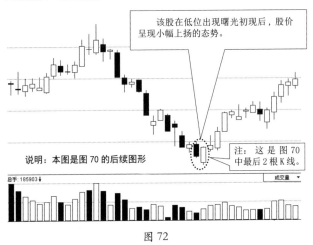

该股在低位出现曙光初现后，股价呈现小幅上扬的态势。

说明：本图是图70的后续图形

注：这是图70中最后2根K线。

图 72

习题 13　下图中画圈处是什么 K 线组合？它有何特征？当出现这种 K 线图形后市场会朝什么方向发展？

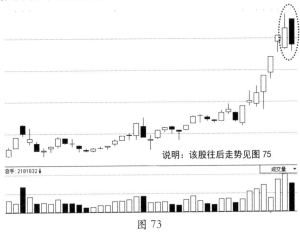

说明：该股往后走势见图75

图 73

参考答案　图中画圈处的 K 线组合叫"乌云盖顶"。其特征是：在上涨行情中，出现一根中阳线或大阳线后，第二天股价跳空高开，但没有高走，反而高开低走，收了一根中阴线或大阴线，阴线的实体已经深入到第一根阳线实体的二分之一以下处（见图74）。这预示股价上升势头已尽，一轮跌势即将开始。投资者见到这样的K线图形，应警觉市况有变，以抛售出局为宜。如图75在一轮上升行情末端出现乌云盖顶后，后面股价就出现了狂泻。

乌云盖顶K线形状示意图

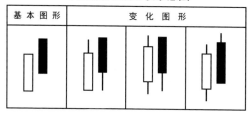

图 74

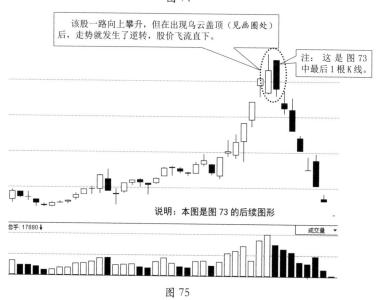

该股一路向上攀升，但在出现乌云盖顶（见画圈处）后，走势就发生了逆转，股价飞流直下。

注：这是图73中最后1根K线。

说明：本图是图73的后续图形

总手:17880↓   成交量 ▼

图 75

乌云盖顶在沪深股市中出现频率较高。下面我们再来看两个实例：图76是沪市某股上世纪90年代某阶段的日K线走势图。该股在高位出现乌云盖顶后，股价就一路下行。图77是深市某股上世纪90年代某阶段的周K线走势图。在上涨过程中出现乌云盖顶后，股价持续走低，跌得很惨。

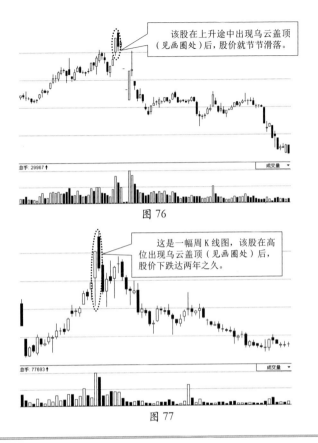

该股在上升途中出现乌云盖顶（见画圈处）后，股价就节节滑落。
总手：29967
成交量

图 76

这是一幅周 K 线图，该股在高位出现乌云盖顶（见画圈处）后，股价下跌达两年之久。
总手：77693
成交量

图 77

修订者絮语之三

学好 K 线，畅游股海；K 线练习，魅力无穷。

对于屡买屡套、屡卖屡错，不断被主力（庄家）忽悠、欺骗而遭受惨重损失的投资者来说，一定要清醒地认识到，学习 K 线，加强 K 线练习，并非只因为 K 线是股市中的盘口语言，具有唯一问鼎股市顶尖技巧的纸面实力，更是一旦通过 K 线练兵的强化训练，深入了解它后，就会在股市中练就一双火眼金睛，穿透主力（庄家）撒下的层层迷雾，进而成为股海中的冲浪高手，其潜力边界无从知晓。

第九节　旭日东升与倾盆大雨的识别和运用

习题14　请说出图78中画圈处K线组合的名称、特征和技术含义，并说明投资者见此K线图形应如何操作？

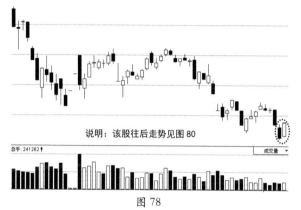

说明：该股往后走势见图80

总手：241262↑　　　　　　　　　　　　　成交量　▼

图78

参考答案　图78中画圈处的K线组合叫"旭日东升"。其特征是：在连续下跌的行情中先出现一根大阴线或中阴线，接着出现一根高开高收的大阳线或中阳线（见图79）。阳线的收盘价已高于前一根阴线的开盘价。这说明股价经过连续下挫，空头能量已释放殆尽，在空方无力再继续打压时，多方奋起反抗，并旗开得胜，股价高开高走，前景又开始变得光明起来。故这种K线组合，人们给它起名为旭日东升，意即前景光明，后市看好。投资者见此图形，不宜继续看空做空，而要转变思维，逢低吸纳，适时做多（见图80）。

旭日东升K线形状示意图

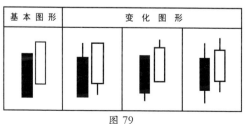

基 本 图 形	变 化 图 形		

图79

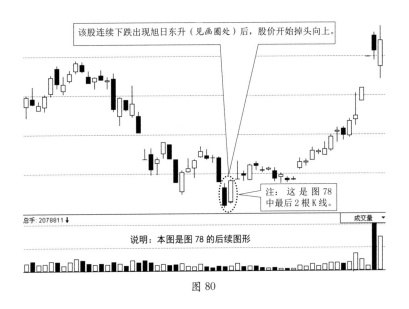

该股连续下跌出现旭日东升（见画圈处）后，股价开始掉头向上。

注：这是图78中最后2根K线。

总手: 2078811↓

成交量

说明：本图是图78的后续图形

图 80

习题 15　下图中的个股昨天收了一根大阳线，今天股价跳低开盘收了一根大阴线。请问：这一阳一阴的K线组合叫什么名称？其特征和技术含义是什么？投资者见此K线图形应如何操作？

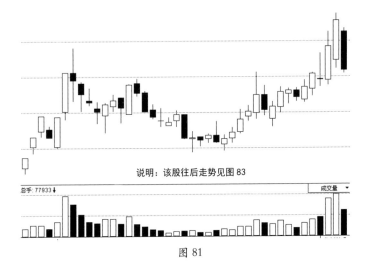

说明：该股往后走势见图83

总手: 77933↓

成交量

图 81

参考答案 这一阳一阴的 K 线组合叫"倾盆大雨"。其特征是：在股价有了一段升幅之后，先出现一根大阳线或中阳线，接着出现了一根低开低收的大阴线或中阴线，其收盘价已比前一根阳线的开盘价要低（见图 82）。

倾盆大雨 K 线形状示意图

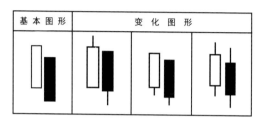

图 82

倾盆大雨，顾名思义当这种 K 线形态出现，股市就要遭到暴雨袭击了（见图 83）。因此投资者见此图形，应及早退出观望。为什么这种 K 线组合出现，形势对多方极为不利呢？关键在于今天这根低开低收的阴线使多方信心受到了极大的打击。低开，说明人们已不敢追高，而想低价出售股票的投资者却大有人在；低收，更是明明白白反映了市场看淡该股的大众心理。这种 K 线组合出现，如伴有大成交量，形势则更糟糕。故很多有经验的投资者见此图形，第一个反应就是减磅操作。当然，并不是说这个图形出现后，股价就非跌不可，这中间也不排斥主力（庄家）利用此招进行中途洗盘，为日后股价上升夯实基础。但是总的说来，这种情况发生的机会很少。其原因很可能是：一来主力（庄家）用这种方法洗盘，把技术形态搞坏，本身就要冒洗盘没有洗成反而遭来更大的抛盘，促使股价快速下跌，把自己套住的风险；二来即使主力（庄家）洗盘也大多数是发生在股价上涨初期，一般不会发生在股价已有了相当升幅之后。所以，我们在涨势中，尤其在股价涨了很多之后看到这种图形，从规避风险出发，还是减磅操作为好。一旦发现在这之后，股价重心仍在下移，就坚决抛空离场。

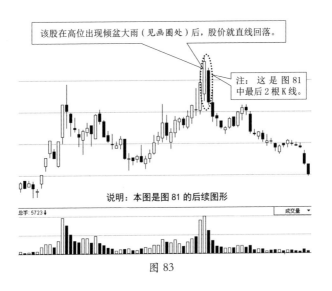

该股在高位出现倾盆大雨（见画圈处）后，股价就直线回落。

注：这是图 81 中最后 2 根 K 线。

说明：本图是图 81 的后续图形

总手: 5723↓　　　　　　　　　　成交量 ▼

图 83

第十节　早晨十字星与黄昏十字星的识别和运用

习题 16　请说出图 84 中画圈处 K 线组合的名称、特征和技术含义，并说明投资者见此 K 线图形应如何操作？

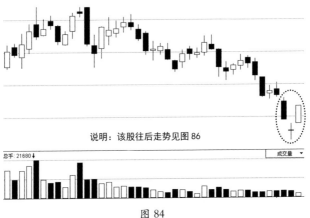

说明：该股往后走势见图 86

总手: 21680↓　　　　　　　　　　成交量 ▼

图 84

参考答案　图84中画圈处K线组合叫"早晨十字星"，又称希望十字星。早晨十字星通常出现在股价连续下挫的过程中，它由3根K线组成，第一根K线为阴线（一般是中阴线或大阴线），第二根K线是十字线，第三根K线为阳线（一般是中阳线或大阳线）。第三根K线即阳线收盘价，已深入第一根K线即阴线实体之中。阳线深入阴线实体部分越多，信号就越可靠（见图85）。早晨十字星的技术含义是：股价经过大幅回落后，做空能量已大量释放，股价无力再创新低，呈现底部回升态势，这是较明显的形势转向信号（见图86）。投资者见此信号，再结合其他技术指标，可考虑适量买进。

早晨十字星K线形状示意图

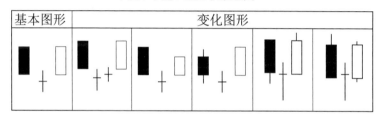

图85

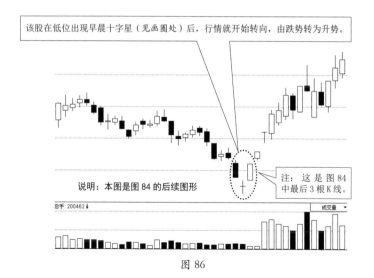

图86

习题 17 下面图中画圈处的 K 线图形使投资者看了很不舒服，因而人们给它起了个混名。你知道它叫什么吗？该 K 线图形出现，常常预示行情会朝哪个方向发展，请你举些实例说明。

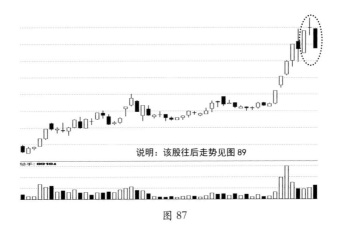

说明：该股往后走势见图 89

图 87

参考答案 图 87 中画圈处的 K 线图形叫"黄昏十字星"。其特征是：股价经过一段时期上涨后，先是拉出一根中阳线或大阳线，然后出现一根"十字星"，接着第二天出现一根高开低走的中阴线或大阴线，这就构成了黄昏十字星的图形（见图 88）。它的出现表明股价已经见顶或即将见顶，股价将由强转弱，一轮跌势将不可避免（见图 89）。此时投资者应离场出局为妙。这里我们再来举一个例子。图 90 是沪市某股 1997 年 7 月至 1998 年 8 月的周 K 线走势图。从图中可以发现，

黄昏十字星 K 线形状示意图

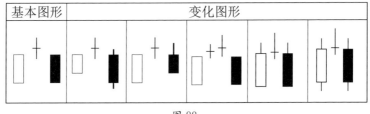

图 88

该股在1998年5、6月份拉出黄昏十字星后，随之股价就一落千丈。可见，投资者对在高位出现的黄昏十字星的杀伤力不可小觑，否则很容易吃大亏。

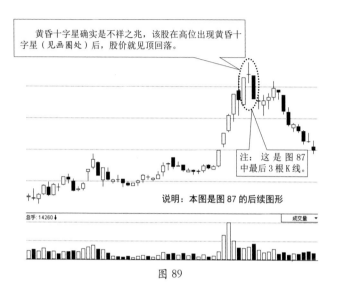

黄昏十字星确实是不祥之兆，该股在高位出现黄昏十字星（见画圈处）后，股价就见顶回落。

注：这是图87中最后3根K线。

说明：本图是图87的后续图形

图 89

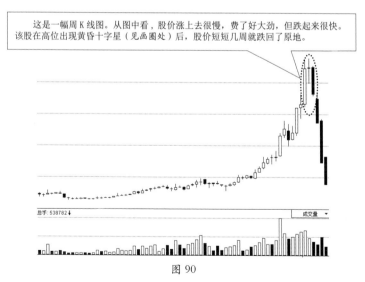

这是一幅周K线图。从图中看，股价涨上去很慢，费了好大劲，但跌起来很快。该股在高位出现黄昏十字星（见画圈处）后，股价短短几周就跌回了原地。

图 90

第十一节　早晨之星与黄昏之星的识别和运用

习题18　请说出图91、图92中画圈处 K 线组合的名称、特征和技术含义，并说明投资者见此 K 线图形应如何操作？

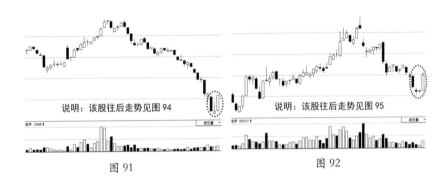

说明：该股往后走势见图94

说明：该股往后走势见图95

图91　　　　　　　　图92

参考答案　图91、图92中画圈处的 K 线组合叫"早晨之星"，又称"希望之星"。早晨之星的特征是：由3根 K 线组成。在下跌过程中，先出现一根中阴线或大阴线，第二天出现了一根低开的小阳线（亦可以是小阴线），随后市场转跌为升，出现了一根中阳线或大阳线（见图93）。早晨之星的技术含义和早晨十字星相同，都是一种见底回升信号（见图94、图95）。投资者见此信号，可考虑适量买进。

早晨之星 K 线形状示意图

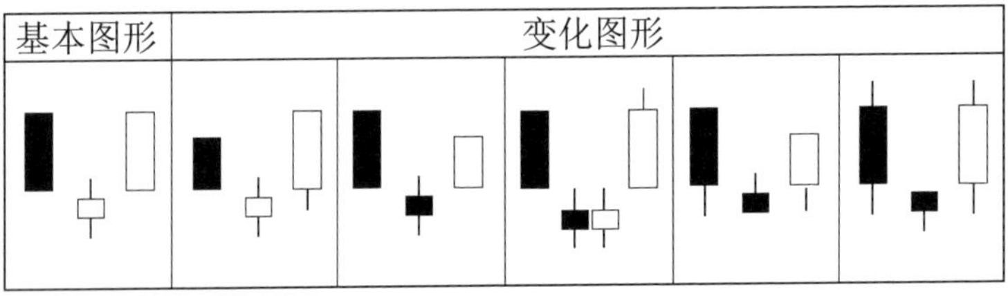

基本图形	变化图形				

图93

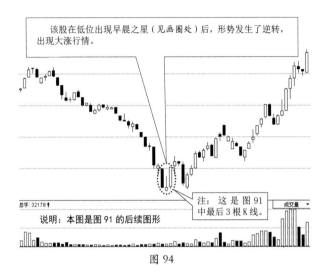

该股在低位出现早晨之星（见画圈处）后，形势发生了逆转，出现大涨行情。

注：这是图 91 中最后 3 根 K 线。

总手: 32178↑

成交量 ▼

说明：本图是图 91 的后续图形

图 94

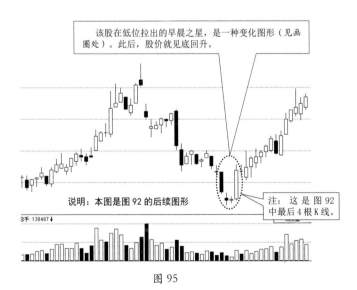

该股在低位拉出的早晨之星，是一种变化图形（见画圈处）。此后，股价就见底回升。

注：这是图 92 中最后 4 根 K 线。

说明：本图是图 92 的后续图形

总手: 138487↓

图 95

习题 19　图 96、图 97 中画圈处的 K 线组合分别由 3 根 K 线组成。它们的形状类似，但第二根 K 线，一根是阳线，一根是阴线。请问：它们是不是同一种 K 线，性质有何不同？ 你看见这种 K 线图形应如何操作？

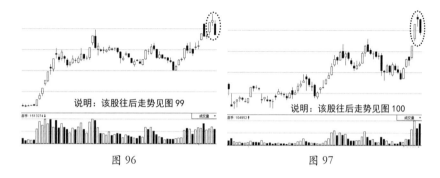

说明：该股往后走势见图 99

图 96

说明：该股往后走势见图 100

图 97

参考答案　这两种 K 线组合均属同一品种，性质并无什么不同，是股市中常见的一种 K 线组合，名叫"黄昏之星"。黄昏之星由 3 根 K 线组成，第一根 K 线是一根实体较长的阳线；第二根 K 线是实体较短的 K 线（阴线、阳线均可，但阴线的下跌力度要强于阳线），人们将它喻之为"星"，这是 K 线组合中的主体部分；第三根 K 线是一根实体较长的阴线，它深入到第一根 K 线实体之内（见图 98）。黄昏之星是股价见顶回落的信号（见图 99、图 100），预测股价下跌可靠性较高，有人统计在 80% 以上。因此，投资者遇此 K 线组合不宜再继续买进，应考虑及时减仓，并随时做好停损离场的准备。

黄昏之星 K 线形状示意图

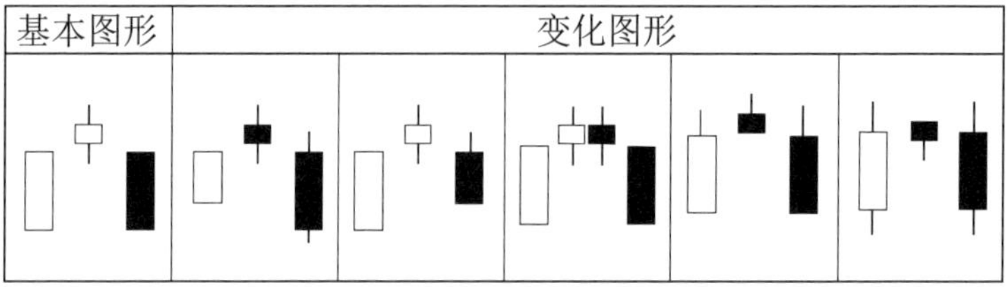

基本图形	变化图形				

图 98

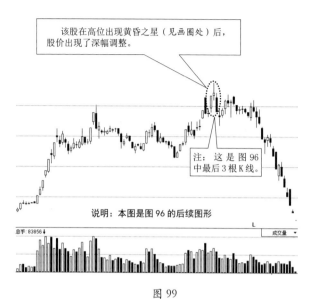

该股在高位出现黄昏之星（见画圈处）后，股价出现了深幅调整。

注：这是图 96 中最后 3 根 K 线。

说明：本图是图 96 的后续图形

总手：83856↓

成交量 ▼

图 99

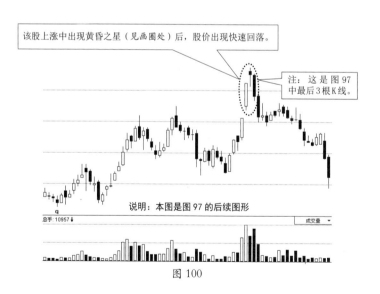

该股上涨中出现黄昏之星（见画圈处）后，股价出现快速回落。

注：这是图 97 中最后 3 根 K 线。

说明：本图是图 97 的后续图形

总手：10957↓

成交量 ▼

图 100

第十二节　身怀六甲与穿头破脚的识别和运用

习题 20　下面 2 张图中画圈处都属于同一种 K 线组合，但图 102 与图 101 稍有差别。因此图 102 还有个雅称。请问：该 K 线组合和图 102 的雅称是什么？它们有何特征、技术上有何含义？投资者见此 K 线图形应如何操作？

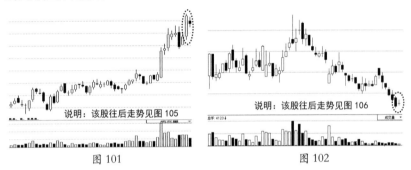

说明：该股往后走势见图 105

说明：该股往后走势见图 106

图 101　　　　　　　　　　图 102

参考答案　上面两张图中画圈处的 K 线组合叫"身怀六甲"，又名"母子线、孕线"。之所以起名为身怀六甲，是因为该 K 线形态的外观好像一个孕妇在怀着小宝宝的模样。图 102 中第二根 K 线是个十字线，因此人们又给它起了个雅号，称为"十字胎"。

身怀六甲的特征是：它必须由一根较长的 K 线和一根较短的 K 线组成。前面一根较长的 K 线的实体部分完全"吞噬"或"包容"了后面那根较短的 K 线实体，但不包括它的上、下影线（见图 103、图 104）。

身怀六甲 K 线形状示意图

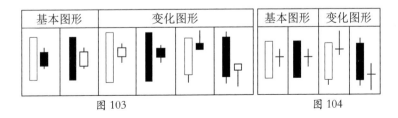

图 103　　　　　　　　　　图 104

在传统的K线技术分析理论中，身怀六甲被视为一种"警告"或"提示"信号，或者说是一种准市场逆转信号。如果身怀六甲出现于升势市场中，它就是在警告人们：目前市场继续将股价向上推高的力量已经减弱，多头行情已接近尾声，继之而来的很可能就是下跌行情（见图105）。如果身怀六甲出现在下跌市场中，它就是在提醒人们：目前市场下跌的势头已趋缓，股价可能见底回升，或者继续下跌空间已很小，市场正积蓄力量，等待机会向上突破或反转（见图106、图107）。

值得注意的是身怀六甲所提示的买卖信号，只是"准市场逆转信号"。也就是说，在一个强劲的多头市场中，上升时出现身怀六甲，股价并不会马上见顶，仍会继续上涨；反之，在一个空头力量十分强的市场中，下跌时出现身怀六甲，股价不会马上见底，仍会继续下滑。出现这种情况，也就是人们通常说的"涨要涨过头，跌要跌过头"。因此，投资者在极强或极弱的市场里，见到身怀六甲K线组合后，应该仔细观察，并结合其他技术指标（如成交量、均线等）进行综合分析，然后，再作出卖出或买进的决定，这样就能显著提高操作的精确性。

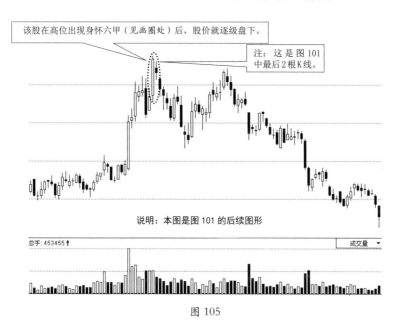

图105

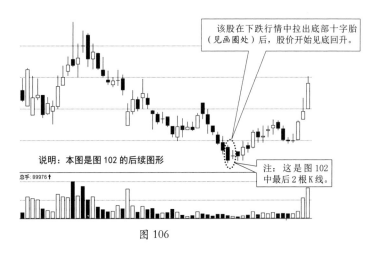

该股在下跌行情中拉出底部十字胎（见画圈处）后，股价开始见底回升。

说明：本图是图102的后续图形

总手：89976↑

注：这是图102中最后2根K线。

图 106

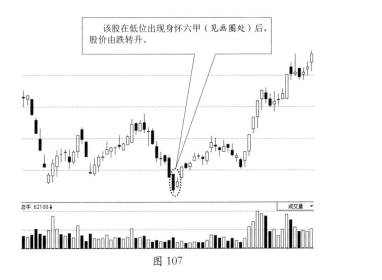

该股在低位出现身怀六甲（见画圈处）后，股价由跌转升。

总手：62100↓

成交量 ▼

图 107

习题 21 请说出下面2张图中画圈处K线组合的名称、特征及技术含义，并说明该K线组合在什么情况下，其所显示的信号力度会大大增强。

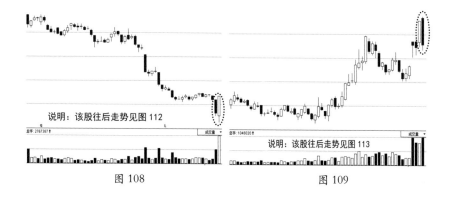

图 108   图 109

参考答案   上面 2 张图中画圈处的 K 线组合叫"穿头破脚"，意即第二根 K 线将第一根 K 线从头到脚全部穿在里面了。穿头破脚有两种形态：一种是在底部出现；一种是在顶部出现。底部穿头破脚的特征是：(1) 在跌势中出现；(2) 第二根 K 线，即阳线的长度必须足以吞吃掉第一根 K 线，即阴线的全部 (上下影线不算)(见图 110) 。顶部穿头破脚的特征是：(1) 在升势中出现；(2) 第二根 K 线，即阴线的长度必须足以吞吃掉第一根 K 线，即阳线的全部 (上下影线不算)(见图 111) 。从技术上来说，底部穿头破脚是股价止跌回升的信号 (见图 112) 。顶部穿头破脚是股价见顶回落的信号 (见图 113) 。一般说来，无论是底部，还是顶部的穿头破脚，都是一种转势信号，即由原来的跌势转为升势，或由原来的升势转为跌势。通常，这种转势信号的强烈，

穿头破脚 K 线形状示意图

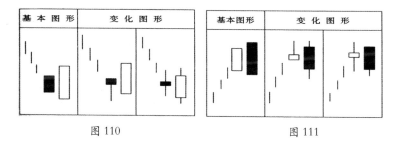

图 110   图 111

与下面的因素有关：(1) 穿头破脚两根 K 线的长度越悬殊，转势的力度就愈强。(2) 第二根 K 线包容前面的 K 线愈多，转势的机会就越大。

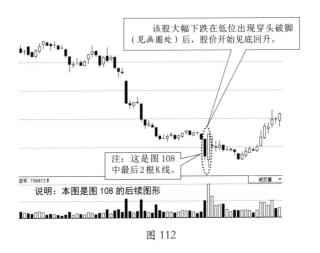

图 112

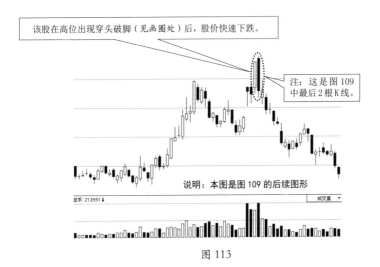

图 113

第十三节　平底与平顶的识别和运用

习题 22　下面 4 张图中画圈处的 K 线组合是不是同一类型？它叫什么名称？其特征和含义是什么？投资者见到此 K 线图形应如何操作？

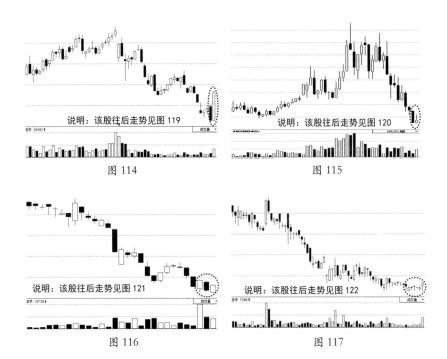

图 114　　　　　　　　　　　　　　图 115

图 116　　　　　　　　　　　　　　图 117

参考答案　上面 4 张图中画圈处的 K 线组合属于同一品种，名叫"平底"，又称"钳子底"。其特征是：在下跌行情中，当某根 K 线的最低价位（包括下影线在内），与后一根或几根邻近的 K 线的最低价位处在同一水平位置上时，就构成了平底（见图 118）。

平底是见底回升的信号。如果它出现在较大跌势之后，股价就会转势向上。故而投资者见到此 K 线图形，可考虑适量买进（见图 119～图 122）。

平底K线形状示意图

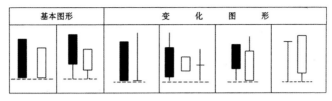

图 118

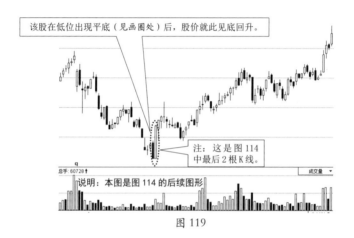

该股在低位出现平底（见画圈处）后，股价就此见底回升。

注：这是图114中最后2根K线。

总手：60728↑

说明：**本图是图114的后续图形**

图 119

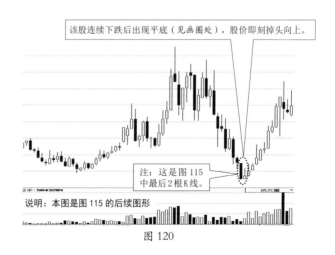

该股连续下跌后出现平底（见画圈处），股价即刻掉头向上。

注：这是图115中最后2根K线。

说明：**本图是图115的后续图形**

图 120

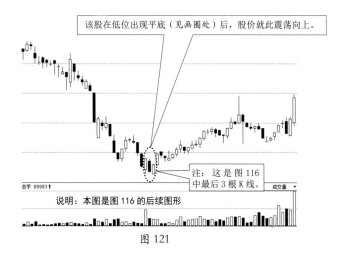

该股在低位出现平底（见画圈处）后，股价就此震荡向上。

注：这是图116中最后3根K线。

总手：89983↑   成交量 ▾

说明：本图是图116的后续图形

图 121

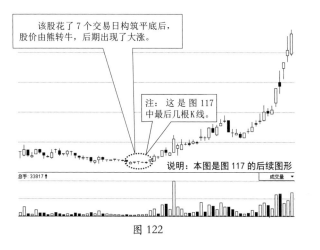

该股花了7个交易日构筑平底后，股价由熊转牛，后期出现了大涨。

注：这是图117中最后几根K线。

总手：33817↑   成交量 ▾

说明：本图是图117的后续图形

图 122

　　说明： 图119～图122中的平底（见画圈处）构成的形式各不相同，有的由2根K线构成，有的由3根K线构成，有的由更多的K线构成，但它们的技术含义是一样的，都是见底回升的信号。不过，从理论上说，构成平底的K线越多，其日后上升的动力就越大。如图122就是一个很好的例证。

习题 23 请说出下面 3 张图中画圈处 K 线组合的名称、特征和技术含义，并说明投资者见此 K 线图形应如何操作？

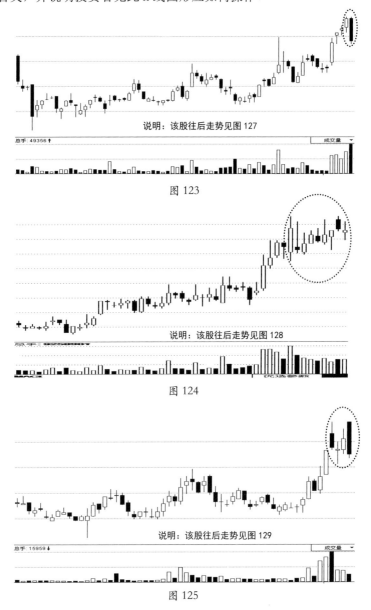

说明：该股往后走势见图 127

图 123

说明：该股往后走势见图 128

图 124

说明：该股往后走势见图 129

图 125

参考答案 上面3张图中画圈处的K线组合叫"平顶"，又称"钳子顶"。平顶形成于涨势市场中，当某根K线的最高价位（包括上影线在内），与后一根或几根邻近的K线最高价位相同时，就构成了平顶（见图126）。

平顶K线形状示意图

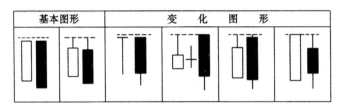

图126

平顶是市场逆转信号，它预示股价见顶回落的可能性很大（见图127、图128）。平顶有时也可能和穿头破脚、吊颈线、射击之星等其他形态同时出现（见图129、图130）。如果是这样，则股价下跌的可能性就更大。此时，投资者只有"三十六计，走为上计"，赶快躲开这个是非之地。

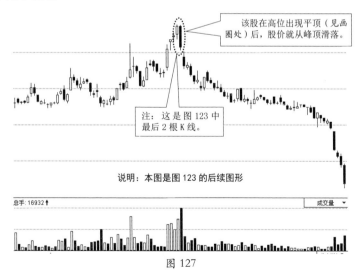

该股在高位出现平顶（见画圈处）后，股价就从峰顶滑落。

注：这是图123中最后2根K线。

说明：本图是图123的后续图形

总手：16932↑　　　　　　　　　　　　　　　成交量▼

图127

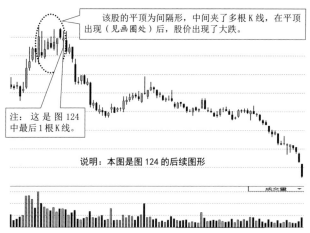

该股的平顶为间隔形，中间夹了多根K线，在平顶出现（见画圈处）后，股价出现了大跌。

注：这是图124中最后1根K线。

说明：**本图是图124的后续图形**

图 128

比如，图 129 中画圈处的 K 线组合，它既是平顶，同时又包含穿头破脚这个图形；图 130 中画圈处的 K 线组合，它既是平顶，又是乌云盖顶。其实平顶、穿头破脚、乌云盖顶都是见顶信号。这两幅图中的个股就是在这些见顶信号的合力作用下，股价出现了大幅下跌。

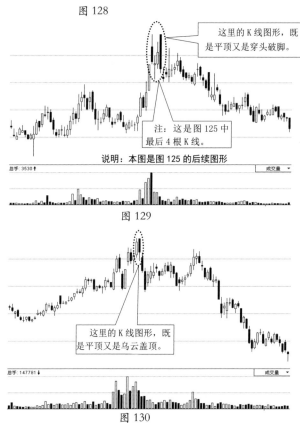

这里的K线图形，既是平顶又是穿头破脚。

注：这是图125中最后4根K线。

说明：**本图是图125的后续图形**

图 129

这里的K线图形，既是平顶又是乌云盖顶。

图 130

第十四节 塔形底与塔形顶的识别和运用

习题 24 请说出下面图中画圈处 K 线组合的名称、特征和作用，并说明投资者见此 K 线组合图形应如何操作？

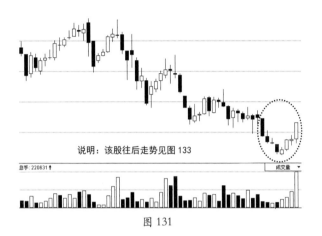

说明：该股往后走势见图 133

图 131

参考答案 图中画圈处的 K 线组合叫"塔形底"。因其形状像个倒扣的塔顶，故命名为塔形底。塔形底是见底回升信号。它的特征是：在一个下跌行情中，股价在出现一根长阴线后，跌势开始趋缓，出现了一连串的小阳、小阴线（或十字线、T 字线），最后拉出一根大阳线（或连续 2 根中阳线）。至此，塔形底就完成了（见图 132）。

塔形底 K 线形状示意图

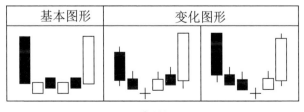

基本图形	变化图形	

图 132

一般来说，股价在低位形成塔形底后，如若有成交量配合，往往会有一段较大的涨势出现（见图133)。因此，投资者见此K线图形应抓准机会，跟进做多。

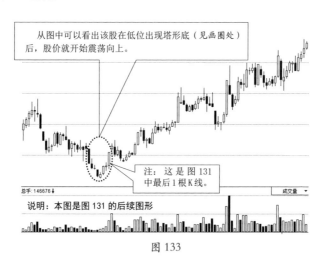

从图中可以看出该股在低位出现塔形底（见画圈处）后，股价就开始震荡向上。

注：这是图131中最后1根K线。

总手：146676↓

成交量 ▼

说明：本图是图131的后续图形

图 133

习题 25 下图是深市中某股周K线图的一个片段。请你说出图中画圈处K线组合的名称、特征和技术含义，并说明投资者见此K线图形应如何操作？

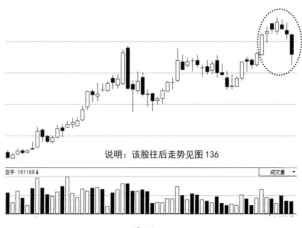

说明：该股往后走势见图136

总手：161168↓

成交量 ▼

图 134

参考答案　上图中画圈处的Ｋ线组合叫"塔形顶"。其特征是：首先拉出一根较有力度的大阳线或中阳线，然后出现一连串向上攀升的小阳线（偶尔可夹有１、２根小阴线），后上升速度减缓，接着出现一连串向下倾斜的小阴线（偶尔可夹有１、２根小阳线），最后出现一根较有力度的大阴线或中阴线。至此，塔形顶就完成了（见图135）。塔形顶出现，表明行情开始转向（见图136）。投资者如遇此Ｋ线图形应及时作离场处理，避免股价继续下跌带来的风险。

塔形顶Ｋ线形状示意图

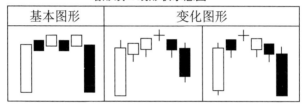

图 135

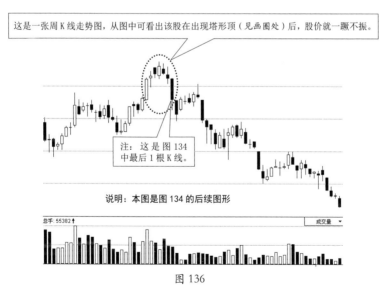

这是一张周Ｋ线走势图，从图中可看出该股在出现塔形顶（见画圈处）后，股价就一蹶不振。

注：这是图134中最后1根Ｋ线。

说明：本图是图134的后续图形

总手：55382↑　　　　　　　　　　成交量 ▼

图 136

第十五节　红三兵与黑三兵的识别和运用

习题 26　　请说出下图中画圈处 K 线组合的名称、特征和作用，并说明投资者见此 K 线图形应如何操作？

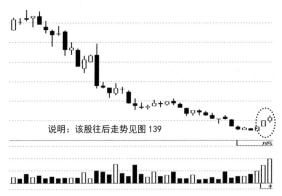

说明：该股往后走势见图 139

图 137

参考答案　　上图中画圈处的 K 线组合叫"红三兵"。其特征是：在上涨趋势中，出现 3 根连续小幅度创新高的小阳线（见图 138）。红三兵是推动股价上涨的信号。一般来说，在股价连续下跌后出现红三兵，表明股价可能见底了，后面将展开一轮升势；如果在股价横盘后出现红三兵，表明多方正在积蓄能量，准备发力上攻。需要注意的是，在红三兵出现时，如果成交量能同步放大，那么说明该股已有新主力加入，往后继续上涨的可能性更大（见图 139）。此时，投资者见到红三兵，可考虑适量跟进，有望获得较好回报。

红三兵 K 线形状示意图

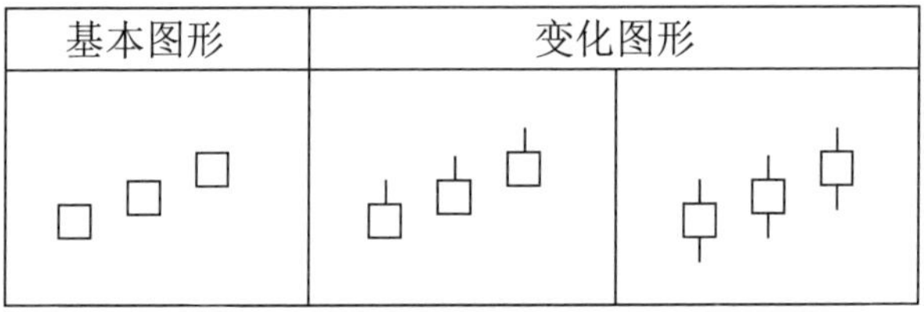

基本图形	变化图形	

图 138

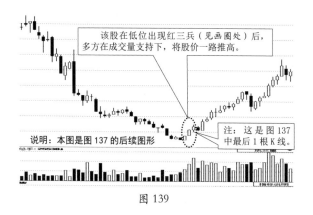

图 139

习题 27　请说出图中画圈处的 K 线组合的名称、特征和技术含义，并说明投资者见此 K 线组合图形应如何操作？

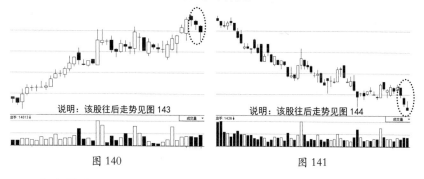

图 140　　　　　　　　　　　　图 141

参考答案　图中画圈处的 K 线组合叫"黑三兵"。它的特征是：出现 3 根小阴线，股价呈现小跌态势，但最低价一根比一根低（见图 142）。因为这 3 根小阴线像 3 个穿着黑色服装的卫兵在列队，故名为黑三兵。黑三兵在行情上升时，尤其是股价有了较大升幅之后出现，暗示行情快要转为跌势（见图 143）。但如果在下跌行情后期，当股价已有一段较大跌幅或连续急跌后出现，暗示探底行情短期内即将结束，并有可能转为一轮升势（见图 144）。因此，投资者见到黑三兵后，可根据黑三兵出现时的位置，决定不同投资策略。也就是说，在大涨后或下跌行情初期出现黑三兵，要考虑做空；在下跌行情的后期出现黑三兵，要考虑做多。

黑三兵K线形状示意图

基本图形	变化图形

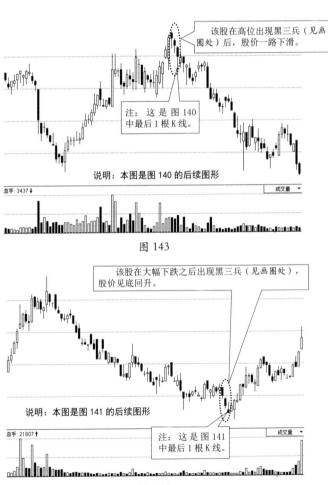

该股在高位出现黑三兵（见画圈处）后，股价一路下滑。

注：这是图140中最后1根K线。

说明：本图是图140的后续图形

总手：3437↓

成交量 ▼

图 143

该股在大幅下跌之后出现黑三兵（见画圈处），股价见底回升。

说明：本图是图141的后续图形

总手：21807↑

成交量 ▼

注：这是图141中最后1根K线。

图 144

第十六节　三个白色武士、升势停顿与升势受阻的识别和运用

习题 28　请说出下图中画圈处 K 线组合的名称、特征和技术含义，并说明投资者见此 K 线图形应如何操作？

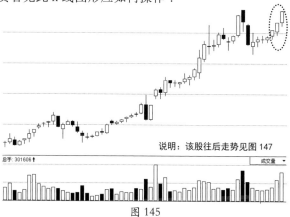

说明：该股往后走势见图 147

总手：301606 ↑　　　　　　　　　　　　　　成交量 ▾

图 145

参考答案　图中画圈处的 K 线组合叫"三个白色武士"。三个白色武士是红三兵的一种特殊形态。其特征是：股价在经过一段整理走势后，连续出现 3 根小阳线，而且每根 K 线都以最高价或次高价收盘，一般最后一根小阳线的力度最大（见图 146）。在涨升初期，或股价横盘整理后出现三个白色武士，表示股价已经过充分的换手，积累了一定上升能量，继续上涨的可能性较大（见图 147）。因此，投资者见到三个白色武士后可考虑适量买进。

三个白色武士 K 线形状示意图

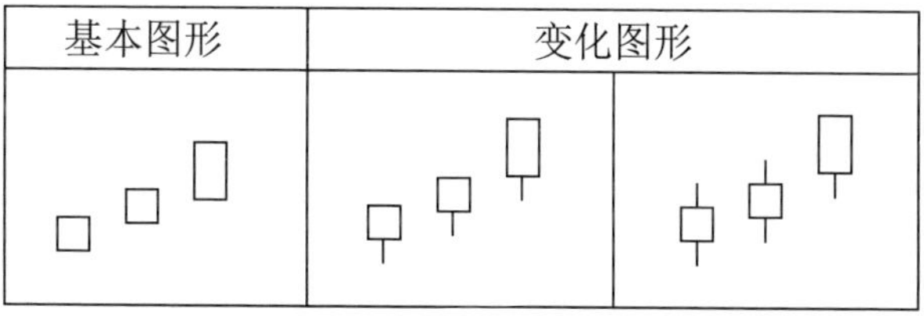

基本图形	变化图形	

图 146

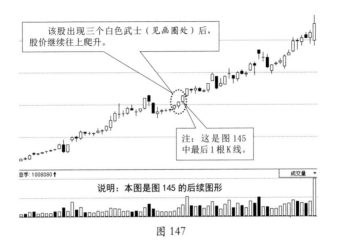

该股出现三个白色武士（见画圈处）后，股价继续往上爬升。

注：这是图145中最后1根K线。

总手：1008080↑

成交量 ▼

说明：本图是图 145 的后续图形

图 147

习题 29 请说出下图中画圈处 K 线组合的名称、特征和技术含义，并说明投资者见此 K 线图形应如何操作？

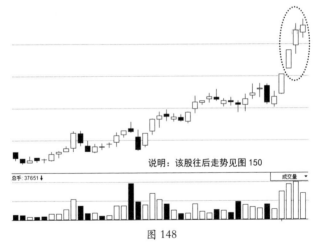

说明：该股往后走势见图 150

总手：37651↓

成交量 ▼

图 148

参考答案 图中画圈处的 K 线组合叫"升势停顿"。其特点是：在上升行情中，当连续出现两根中阳线或大阳线之后，第三根阳线实体一下子缩得很小，这反映了升势可能停顿（见图 149）。升势停顿出现在涨势中，尤其是股价已有了很大升幅之后，表明做多的后续力量

已经跟不上，股价随时会出现回落（见图150）。因此，投资者见此K
线图形后，应考虑适时做空。

升势停顿K线形状示意图

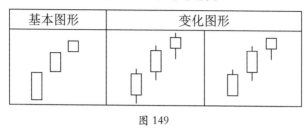

图 149

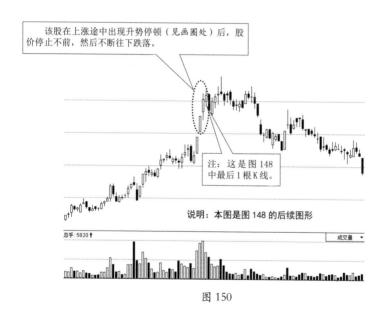

该股在上涨途中出现升势停顿（见画圈处）后，股
价停止不前，然后不断往下跌落。

注：这是图148
中最后1根K线。

说明：本图是图148的后续图形

总手：5820↑   成交量 ▼

图 150

习题30　下面图中画圈处的K线组合由3根阳线组成，你知道它
叫什么名称吗？它和我们前面说的三个白色武士有何不同？这种不同
对行情演变有何影响？

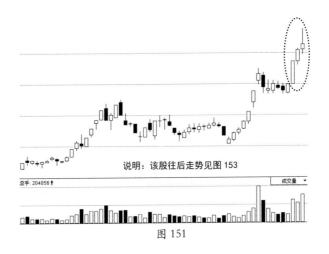

说明：该股往后走势见图 153

图 151

参考答案　图中画圈处的 K 线组合叫"升势受阻"。它和我们前面说的三个白色武士（见图 145）主要不同之处在于：第一，三个白色武士 3 根阳线的实体虽小，但呈逐渐增大的态势，给人一种稳扎稳打的印象。而升势受阻 3 根阳线的实体呈现逐渐缩小的态势，给人一种虎头蛇尾的感觉。第二，三个白色武士的 3 根阳线，每根阳线都以最高价或接近最高价收盘，因此，K 线上很少有上影线。即使有也很短，给人一种气势正旺的感觉。但升势受阻的 3 根阳线中，最后一根 K 线的上影线却很长，表明上档卖压沉重（见图 152）。造成这种情况的原因是：前者多方占绝对优势，使股价能保持连续升势；后者多方力量明显不足，推高股价已显得力不从心。正因为如此，当 K 线走势图中

升势受阻 K 线形状示意图

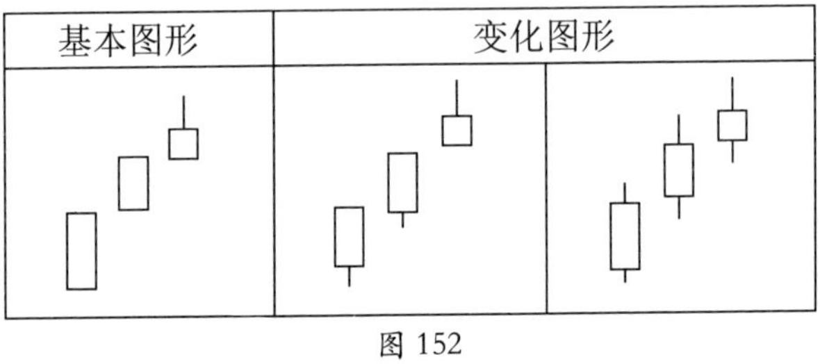

基本图形	变化图形	

图 152

出现三个白色武士时，行情一般就看涨。而当 K 线走势图中，尤其是股价已有一段涨幅后出现升势受阻时，则行情一般看跌（见图 153）。

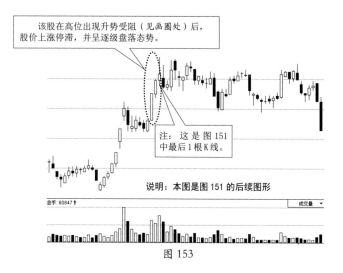

该股在高位出现升势受阻（见画圈处）后，股价上涨停滞，并呈逐级盘落态势。

注：这是图 151 中最后 1 根 K 线。

说明：本图是图 151 的后续图形

总手:60847↑   成交量 ▼

图 153

第十七节　冉冉上升形与绵绵阴跌形的识别和运用

习题 31　请说出下图中画圈处 K 线组合的名称、特征和技术含义，并说明投资者见此 K 线图形应如何操作？

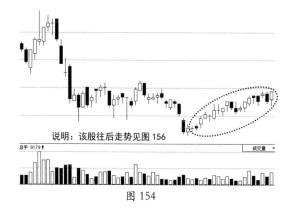

说明：该股往后走势见图 156

总手:9179↑   成交量 ▼

图 154

参考答案 图中画圈处的 K 线组合叫"冉冉上升形"。其特征是：股价经过一段时间横盘后出现了向上倾斜的一组小 K 线（一般不少于 8 根），其中以小阳线居多，中间也可夹着一些小阴线（见图 155）。这种不起眼的小幅上升走势就如冉冉上升的旭日，故名冉冉上升形。它往往是股价日后大涨的前兆，如果成交量也呈现温和放大态势，这种可能性就很大（见图 156）。从沪深股市历年来的一些大牛股来看，它们在启动初期，就常常是以这种形式表现的。因此，投资者见此 K 线图形，可先试着做多，如果日后股价出现拉升现象，再继续加码买进。

冉冉上升形 K 线形状示意图

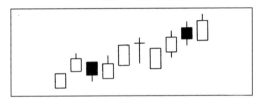

图 155

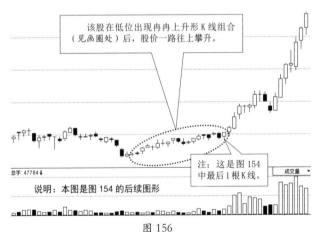

该股在低位出现冉冉上升形 K 线组合（见画圈处）后，股价一路往上攀升。

注：这是图 154 中最后 1 根 K 线。

总手：47784↓

成交量

说明：本图是图 154 的后续图形

图 156

K线是什么？K线就是股市中的交通信号灯，不识K线，炒股必撞车。

习题 32 请说出下图中画圈处 K 线组合的名称、特征和技术含义，并说明投资者见此 K 线图形应如何操作？

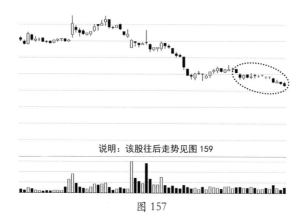

说明：该股往后走势见图 159

图 157

参考答案 图中画圈处的 K 线组合叫"绵绵阴跌形"。其特征是：经过一段时期盘整，出现向下倾斜的一组小 K 线（一般不少于 8 根），其中以小阴线居多，中间也可夹着一些小阳线（见图 158）。这种看似每天跌幅不大的 K 线走势，犹如绵绵阴雨下个不停，它反映后市走势极不乐观，股价很有可能长期走弱（见图 159）。股市中有一句俗话，急跌不可怕，最怕的就是阴跌。因为有经验的投资者知道，股价急跌后恢复也很快。但阴跌就不同，往往下跌无期，对多方的杀伤相当厉害，故投资者对这种绵绵阴跌走势应保持高度警惕。空仓者不宜轻易加入；持仓者应及时停损离场。

绵绵阴跌形 K 线形状示意图

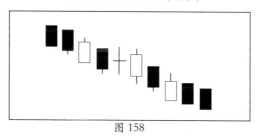

图 158

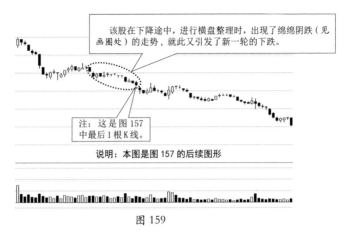

该股在下降途中，进行横盘整理时，出现了绵绵阴跌（见画圈处）的走势，就此又引发了新一轮的下跌。

注：这是图157中最后1根K线。

说明：本图是图157的后续图形

图 159

第十八节　徐缓上升形与徐缓下降形的识别和运用

习题 33　请说出下图中画圈处 K 线组合的名称、特征和技术含义，并说明投资者见此 K 线图形应如何操作？

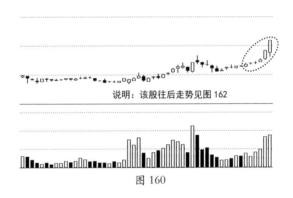

说明：该股往后走势见图162

图 160

参考答案　图中画圈处的 K 线组合叫"徐缓上升形"。其特征是：在上涨行情的初期，连续出现几根小阳线，随后出现 1、2 根中、大阳线（见图 161）。在股价刚启动或横盘后股价往上抬升时，出现徐缓上升形，表明多方力量正在逐步壮大，后市虽有波折，但总趋势向上的格局已初步奠定（见图 162），投资者见此 K 线图形可考虑适量跟进。

徐缓上升形 K 线形状示意图

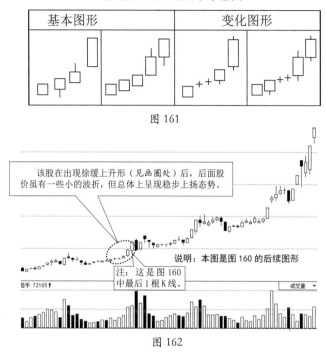

图 161

该股在出现徐缓上升形（见画圈处）后，后面股价虽有一些小的波折，但总体上呈现稳步上扬态势。

说明：本图是图 160 的后续图形

注：这是图 160 中最后 1 根 K 线。

笔手：72105↑   成交量 ▾

图 162

习题 34　请说出下图中画圈处 K 线组合的名称、特征和技术含义，并说明投资者见此 K 线图形应如何操作？

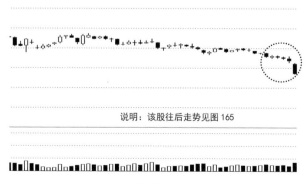

说明：该股往后走势见图 165

图 163

参考答案 图中画圈处的K线组合叫"徐缓下降形"。其特征是：在下跌行情的初期,连续出现几根小阴线,随后出现1、2根中、大阴线(见图164)。这个现象表明空方力量正在逐步壮大,后市虽有波折,但总趋势向下的格局已初步奠定(见图165)。因此,投资者见此K线图形,要以做空为主,或采取持币观望的态度。

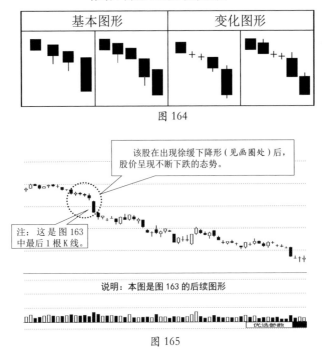

徐缓下降形K线形状示意图

基本图形		变化图形	

图 164

该股在出现徐缓下降形(见画圈处)后,股价呈现不断下跌的态势。

注：这是图163中最后1根K线。

说明：本图是图163的后续图形

优选参数

图 165

第十九节　上升抵抗形与下降抵抗形的识别和运用

　　习题35 请说出下图中画圈处K线组合的名称、特征和技术含义,并说明投资者见此K线图形应如何操作？

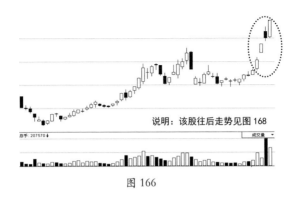

说明：该股往后走势见图168

总手：207570↓　　　　　　　　　　　成交量▼

图 166

参考答案　图中画圈处的 K 线组合叫"上升抵抗形"。其特征是：在股价上升过程中，连续跳高开盘或平开高走，收出众多阳线，其中夹着少量阴线，但这些阴线的收盘价均比前一根 K 线的收盘价高（见图167）。

上升抵抗形 K 线形状示意图

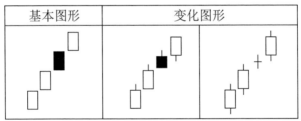

基本图形	变化图形	

图 167

股价上升时出现上升抵抗形，是买方力量逐渐增强的一种表现，它显示日后股价仍会继续上涨（见图168），少数还可能出现加速上扬态势。因此，投资者见到上升抵抗形 K 线图形，可考虑适量买进。

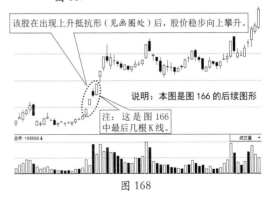

该股在出现上升抵抗形（见画圈处）后，股价稳步向上攀升。

说明：本图是图166的后续图形

注：这是图166中最后几根 K 线。

总手：168666↓　　　　　　　　　　　成交量▼

图 168

习题 36　请指出下图中画圈处 K 线组合的名称、特征和技术含义，并说明投资者见此 K 线图形应如何操作？

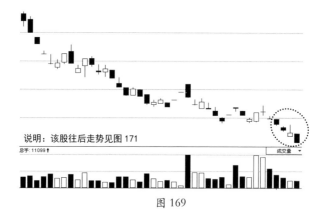

说明：该股往后走势见图 171

图 169

参考答案　图中画圈处的 K 线组合叫"下降抵抗形"。其特征是：在股价下降过程中，连续跳低开盘或平开低走，收出众多阴线，其中夹着少量阳线，但这些阳线的收盘价均比前一根 K 线的收盘价要低（见图 170）。在下跌趋势中出现这种 K 线形态，反映多方不甘心束手就擒，不时地组织力量进行反抗，但终因大势所趋，回天乏力，在空方的打击下，股价又出现了惯性下滑（见图 171）。因此，投资者见到下降抵抗形 K 线图形仍要以做空为主，持币的应冷静观望，不要轻易去抢反弹。

下降抵抗形 K 线形状示意图

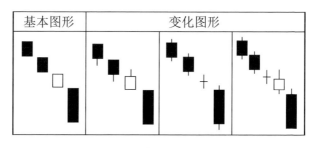

| 基本图形 | 变化图形 | | |

图 170

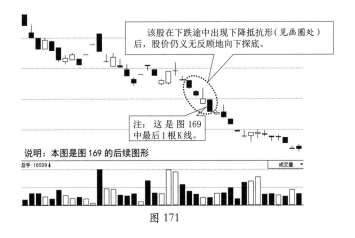

该股在下跌途中出现下降抵抗形（见画圈处）后，股价仍义无反顾地向下探底。

注：这是图169中最后1根K线。

说明：本图是图169的后续图形

总手：16509↓

成交量▼

图 171

第二十节　稳步上涨形与下跌不止形的识别和运用

习题 37　该股曾经是深股市场中很有名的一只大牛股，一年内股价涨幅达 300%，但它启动初期却一波三折，从其 K 线组合上可以看出主力那种不急不慢的操作手法。请问：图中那个画圈处 K 线组合的名称、特征和技术含义是什么？

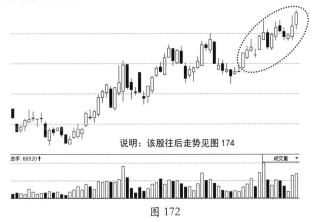

说明：该股往后走势见图174

总手：60520↑

成交量▼

图 172

参考答案 图中画圈处的 K 线组合叫"稳步上涨形"。其特征是：在上涨过程中，众多阳线中夹着较少的小阴线，股价呈现稳步上扬的态势。通常，稳步上涨形的 K 线不少于 8 根（见图 173）。

稳步上涨形 K 线形状示意图

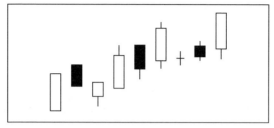

图 173

稳步上涨形的出现，表明股价仍会继续上涨，这是一个积极做多的信号。一般来说，日后股价继续上涨的可能性很大（见图 174）。因此，这个时候投资者应以持股为主，不要轻易卖出股票。

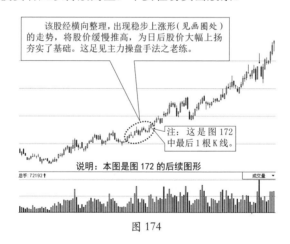

图 174

稳步上涨形与冉冉上升形、徐缓上升形、上升抵抗形的区别是：稳步上涨形形成于上涨过程中，虽然出现少量下跌的 K 线，但它们无碍大局，股价仍然稳步地上涨，这表明多头力量在盘中占了上风。冉冉上升形出现在股价经过一段时期盘整的后期，它由若干根小阳线（中间也可夹有一些小阴线）组成，整个K线排列呈现略微向上倾斜状，它反映多头力量在悄悄地积聚。徐缓上升形是先连续出现数根小阳线，然后再拉出中、大阳线，它反映了多头气势日益强盛。上升抵抗形是连续高开（少数平开高走），出现众多高收的阳线，其中夹着少量的阴线，但这些阴线均收高于前一根K线，这说明盘中多头力量十分强大。

从推动股价上涨的短期作用来说，力量最强的是上升抵抗形，其次是徐缓上升形，第三是稳步上涨形，最后一位是冉冉上升形。但这仅仅对短线操作有参考价值，对中长线操作而言，不急不慢地上升走势反而让人放心。可见，不同的投资者对它们作用的评价有很大的差别。这点投资者操作时要做到胸中有数。

K 线练兵　股市制胜的金钥匙

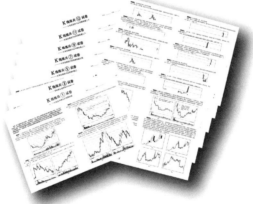

说明：学习K线，关键在"练"。为了提高K线练习的数量与质量，上海三联书店出版社近期向市场推出了"《股市操练大全》习题集 ②——完整版K线练兵试卷专辑"。全书有12张K线试卷，100多道K线测验题，可供读者K线练兵时选用。

习题 38 请说出下图中画圈处 K 线组合的名称、特征和技术含义，并说明投资者见此 K 线图形应如何操作？

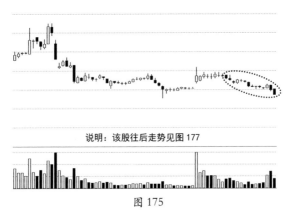

说明：该股往后走势见图 177

图 175

参考答案 图中画圈处的 K 线组合叫"下跌不止形"。其特征是：在下跌过程中，众多阴线中夹着较少的小阳线，股价一路下滑。通常，下跌不止形的 K 线不少于 8 根（见图 176）。

下跌不止形 K 线形状示意图

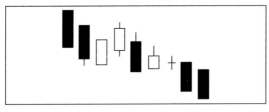

图 176

下跌不止形是一个看空信号，它的出现，表明股价仍会继续下跌，而且后面跌幅往往很大（见图 177）。因此，这时候投资者应该认清方向，卖出股票趁早离开为妙。

下跌不止形和绵绵阴跌形、徐缓下降形、下降抵抗形的区别是：下跌不止形形成于下跌过程中，虽然出现少量上涨的 K 线，但仍然止不住下跌的趋势，这表明空头的力量在盘中占了上风。绵绵阴跌形出现在股价经过一段盘整的后期，它由若干根小阴线（中间也可夹有一些小阳线）组成，整个 K 线排列呈现略微向下倾斜状，它反映了空方力量在悄悄地积聚。徐缓下降形是先连续出现数根小阴线，然后拉出中、大阴线，它反映了空头气势日益强盛。下降抵抗形是连续低开，出现众多低收的阴线，其中夹着少量的阳线，但这些阳线均低收于前一根 K 线，这说明盘中空头力量十分强大。

从推动股价下滑的短期作用来说，力量最强的是下降抵抗形，其次是徐缓下降形，第三是下跌不止形，最后一位是绵绵阴跌形。但这仅仅是对短线操作有参考价值，对中长线操作而言，绵绵阴跌形走势最让人担心。深圳有一个股票，在 1993～1995 年大熊市中，从 40 几元绵绵阴跌到 2 元多才止跌，其情景真是惨不忍睹。对于这种情况投资者必须有充分的认识，操作时才会进退自如。

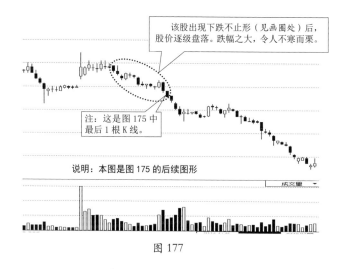

图 177

第二十一节　高位并排阳线与低位并排阳线的识别和运用

习题 39　请说出下图中画圈处 K 线组合的名称、特征和技术含义，并说明投资者见此 K 线图形应如何操作？

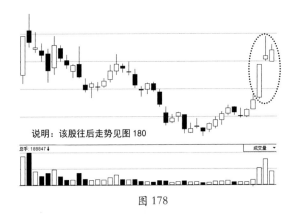

说明：该股往后走势见图180

图 178

参考答案 图中画圈处的Ｋ线组合叫"高位并排阳线"。其特征是：在行情上涨途中，两根有着大约相同或相近开盘价格的阳线跳空升起，与上一日的阳线之间形成了一个缺口。因为这2根跳空阳线的开盘价格基本接近，是一种并排阳线，并且是在上涨途中出现，所以取名为高位并排阳线（见图179）。

高位并排阳线Ｋ线形状示意图

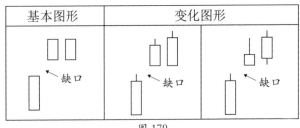

图 179

另外，从图形上看它们好像是一对"肩并肩"的"恋人"。因此有人又给它取了一个俗名，叫做"升势恋人肩并肩缺口"。高位并排阳线的出现，表明股价仍会继续上扬（见图180）。其缺口往往会成为今后一段时期内股价运行的一个支撑区域，当股价下跌至该区域时，一般能够得到较强的支撑。但要注意的是如果股价跌破这一区域，就应引起我们的警惕，因为市场很有可能朝相反的方向逆转。根据这个道理，投资者见此 K 线组合图形后应以做多为主，但日后股价一旦滑落到缺口之下，就应该马上反手做空，停损离场。

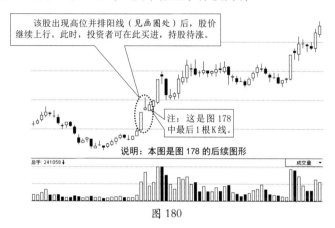

该股出现高位并排阳线（见画圈处）后，股价继续上行。此时，投资者可在此买进，持股待涨。

注：这是图 178 中最后 1 根 K 线。

说明：本图是图 178 的后续图形

总手：241058↓   成交量▼

图 180

习题 40 你认识下图画圈处的 K 线组合图形吗？它叫什么名称？有何作用？投资者见此 K 线图形后应如何操作？

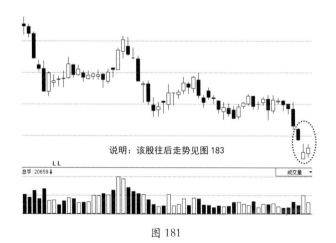

说明：该股往后走势见图 183

L L

总手：20659↓   成交量▼

图 181

参考答案 图中画圈处的 K 线组合叫"低位并排阳线"。其特征是：股价经过一段时间的下跌，出现了一根跳空低开的阳线，至收盘时仍留下一个缺口，紧接着又出现一根与之并列的阳线（见图182），成交量也随之逐渐放大，这就是低位并排阳线。在下跌行情中出现低位并排阳线，往往是股价已跌到谷底或已到了阶段性底部的信号（见图183）。因此，投资者见此 K 线图形可考虑适量建仓。

低位并排阳线 K 线形状示意图

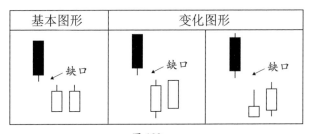

图 182

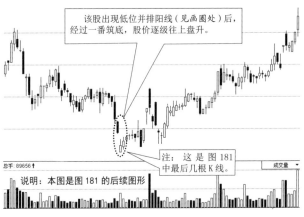

该股出现低位并排阳线（见画圈处）后，经过一番筑底，股价逐级往上盘升。

注：这是图181中最后几根 K 线。

总手：89656↑

成交量 ▼

说明：本图是图181 的后续图形

图 183

修订者絮语之四

　　K 线是股市中的特殊语言。投资者一旦解开 K 线中隐藏的秘密，就能看穿主力（庄家）的阴谋与意图，从而真正做到知己知彼，百战不殆。

第二十二节　上档盘旋形与低档盘旋形的识别和运用

习题 41　下面 2 张图中画圈处，依其性质来说均属于同一种 K 线组合，但结果却不一样，一个上涨了，一个下跌了。请问：为什么会出现这种情况？

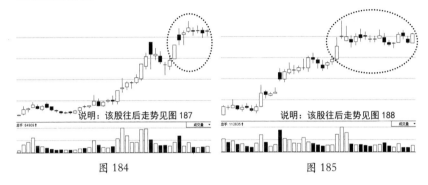

图 184	图 185

参考答案　图 184、图 185 中画圈处的 K 线组合叫"上档盘旋形"。其特征是：在上涨行情中，拉出一根或数根较有力度的阳线后，股价开始停止不前，出现了一系列小阴小阳线，经过一段时期整理后，它会作出向上或向下的选择（见图 186）。

上档盘旋形 K 线形状示意图

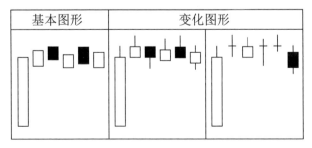

图 186

一般来说，在上涨过程中，出现上档盘旋形的 K 线图形，上档盘整的合理时间应该为 5～10 天。若盘整时间过长，表示上升乏力，很有可能从升势转为跌势。

根据这一 K 线理论，我们来看图 184 的个股走势，就可以发现它在出现上档盘旋图形时，因为横向整理的时间较短，只有 6 个交易日，所以多方在消化浮筹后，随着成交量的放大，股价出现了飚升（见图 187）。而图 185 的个股走势表明，它在出现上档盘旋图形时，因为整理时间过长，多方显得力不从心，所以在空方打击下，股价出现破位下行，一轮升势就此结束（见图 188）。

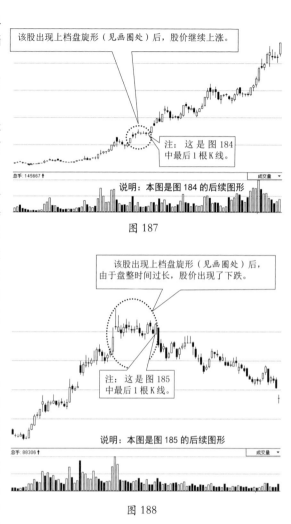

该股出现上档盘旋形（见画圈处）后，股价继续上涨。

注：这是图 184 中最后 1 根 K 线。

说明：本图是图 184 的后续图形

图 187

该股出现上档盘旋形（见画圈处）后，由于盘整时间过长，股价出现了下跌。

注：这是图 185 中最后 1 根 K 线。

说明：本图是图 185 的后续图形

图 188

由此可见，当股价上扬后出现上档盘旋形图形时，投资者应依据上档盘整日子的长短来调整自己的投资策略，见机行事，切不可一味地做多或做空。

习题42　　请说出下图中画圈处K线组合的名称、特征和技术含义，并说明投资者见此K线组合图形应如何操作？

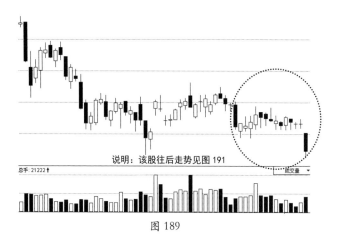

说明：该股往后走势见图191

图 189

参考答案　　图中画圈处的K线组合叫"低档盘旋形"。其特征是：股价经过一轮下跌进入了小阴小阳的横向整理，随后出现一根跳空下跌的阴线，将前一阶段整理格局打破（见图190）。低档盘旋形K线组合的出现，表明新一轮的跌势开始，前面小阴小阳的横向整理只不过是跌势中的盘整而已（见图191）。因此，投资者见此图形应及时减仓，避免股价继续下跌带来的风险。

低档盘旋形K线形状示意图

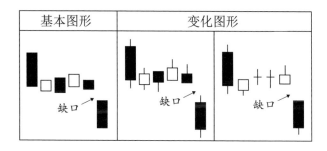

图 190

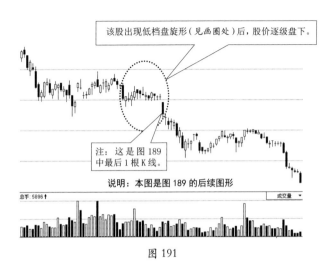

该股出现低档盘旋形（见画圈处）后，股价逐级盘下。

注：这是图189中最后1根K线。

说明：本图是图189的后续图形

图 191

第二十三节 上升三部曲与下降三部曲的识别和运用

习题 43 请说出下图中画圈处K线组合的名称、特征和技术含义，并说明投资者见此K线图形应如何操作？

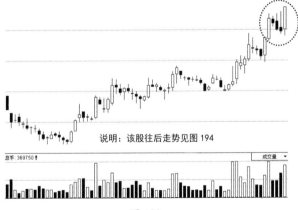

说明：该股往后走势见图194

图 192

参考答案　图中画圈处的 K 线组合叫"上升三部曲"，俗称"升势三鸦"。其特征是：股价经过一段时期上涨，在一根大阳线或中阳线后，接连出现了 3 根小阴线（也可能是 4 根、5 根），但 3 根小阴线都没有跌破前面这根阳线的开盘价，并且成交量也开始减少。紧接着出现一根大阳线，一下子把前面 3 根小阴线全部吞吃（见图 193）。

上升三部曲 K 线形状示意图

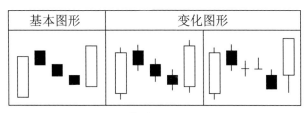

图 193

该图形出现说明多方在积蓄力量，伺机上攻。因此，投资者遇到这种情况，不要以为三连阴后股价就会转弱，开始做空，这会使投资产生失误。这里我们以图 194 中的个股为例，当该股出现上升三部曲后，股价继续在上涨。显然投资者如把上升三部曲中的三连阴，看成是卖出信号，那就大错特错了。此时抛股离场，势必会错失一大段行情。

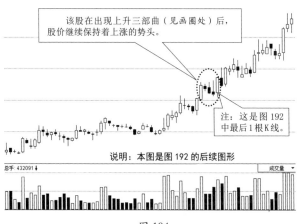

该股在出现上升三部曲（见画圈处）后，股价继续保持着上涨的势头。

注：这是图 192 中最后 1 根 K 线。

说明：本图是图 192 的后续图形

总手：432091↓　　　　　　　　　　　成交量▼

图 194

习题 44 请说出下图中画圈处 K 线组合的名称、特征和技术含义，并说明投资者见此 K 线图形应如何操作？

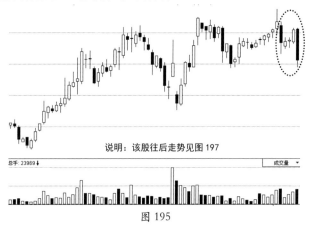

说明：该股往后走势见图 197

图 195

参考答案 图中画圈处的 K 线组合叫"下降三部曲"，俗称"降势三鹤"。其特征是：股价在下跌时出现了一根实体较长的大阴线或中阴线，随后连续拉出 3 根向上攀升，但实体较为短小的阳线（也可能是 4 根、5 根），最后出现的一根阳线，它的收盘价仍比前面一根长阴线的开盘价要低。紧接着又出现了一根长阴线，一下子把前面 3 根小阳线都吞吃掉了（见图 196）。

下降三部曲 K 线形状示意图

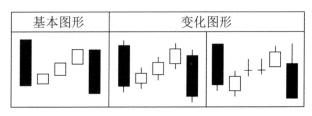

图 196

下降三部曲的出现，表明多方虽然想作反抗，但最终在空方的打击下显得不堪一击。这表明股价还会进一步向下滑落（见图 197）。因此，投资者见此 K 线图形后应顺势而为，减持手中的仓位。

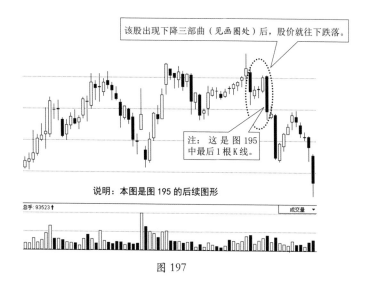

该股出现下降三部曲（见画圈处）后，股价就往下跌落。

注：这是图195中最后1根K线。

说明：**本图是图195的后续图形**

总手：93523↑   成交量 ▼

图 197

第二十四节　两红夹一黑与两黑夹一红的识别和运用

习题 45　请说出下图中画圈处K线组合的名称、特征和技术含义，并说明投资者见此K线图形应如何操作？

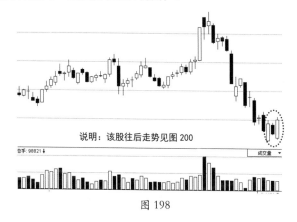

说明：该股往后走势见图200

总手：99821↓   成交量 ▼

图 198

参考答案 图中画圈处的 K 线组合叫"两红夹一黑"。其特征是：左右两边是阳线，当中是阴线，3 根 K 线的中轴基本上是处在同一水平位置上（有时也会稍有高低，见示意图），两根阳线的实体一般比阴线实体长（见图 199）。

两红夹一黑 K 线形状示意图

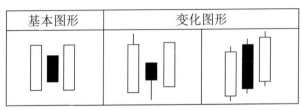

图 199

通常，在下跌趋势中出现两红夹一黑 K 线图形，暗示股价会暂时止跌，或有可能见底回升（见图 200）；在上涨趋势中，尤其是上升初期出现该图形，表明股价经过短暂休整后，仍会继续往上涨。

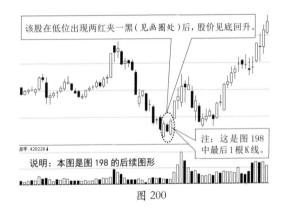

该股在低位出现两红夹一黑（见画圈处）后，股价见底回升。

注：这是图 198 中最后 1 根 K 线。

总手: 420228

说明：本图是图 198 的后续图形

图 200

习题 46 请说出下面 2 张图中画圈处 K 线组合的名称。特证和技术含义，并说明投资者见此 K 线组合图形应如何操作？

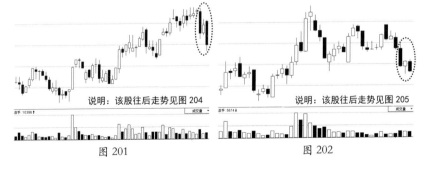

说明：该股往后走势见图 204

总手 10396

成交量

说明：该股往后走势见图 205

总手 5674

成交量

图 201

图 202

参考答案 图中画圈处的 K 线组合叫"两黑夹一红"。其特征是：左右两边是阴线，当中是阳线，两根阴线的实体一般要比阳线实体长（见图 203）。通常，在上升趋势中出现两黑夹一红 K 线图形，暗示股价升势已尽，有可能见顶回落（见图 204）；在下跌趋势中，尤其是下跌初期出现该图形，表明股价经过短暂休整后，仍会继续下跌（见图 205）。

两黑夹一红 K 线形状示意图

基本图形	变化图形

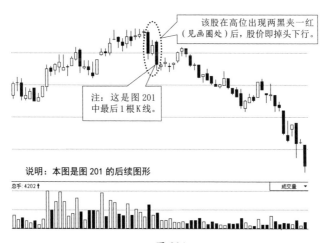

图 203

该股在高位出现两黑夹一红（见画圈处）后，股价即掉头下行。

注：这是图 201 中最后 1 根 K 线。

说明：**本图是图 201 的后续图形**

总手：4202↑　　　　成交量▼

图 204

真是不学不知道，K 线信号竟然有这么多名堂，确实应该好好研究研究。

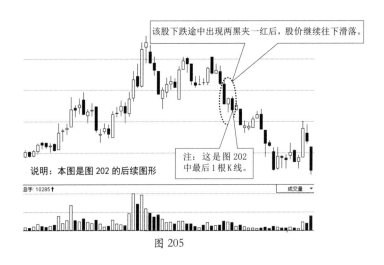

该股下跌途中出现两黑夹一红后，股价继续往下滑落。

注：这是图202中最后1根K线。

说明：本图是图202的后续图形

总手：10285↑

成交量

图 205

第二十五节 多方尖兵与空方尖兵的识别和运用

习题 47 请说出下图中画圈处 K 线组合的名称、特征和作用，并说明投资者见此 K 线图形应如何操作？

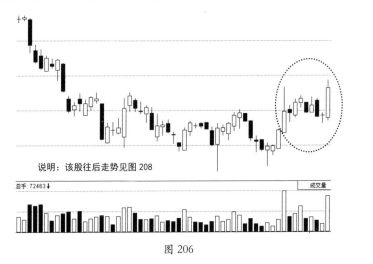

说明：该股往后走势见图 208

总手：72463↓

成交量

图 206

参考答案 图中画圈处的 K 线组合叫"多方尖兵"。其特征是：股价在上升过程中，遇到空方打击，出现了一根很长的上影线，股价随之回落整理，但多方很快又发动了一次攻势，拉出一根大阳线，阳线的实体已将前面的长上影线完全覆盖(见图207)。

多方尖兵 K 线形状示意图

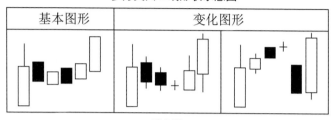

图 207

从图上看，多方在发动大规模攻势前曾作过一次试探性的进攻，在 K 线上留下了一根很醒目的长上影线。有人把这根长上影线比喻成深入空方腹地的尖兵，故得了多方尖兵的雅名。多方尖兵的出现，表示股价会继续上涨(见图208)。对投资者而言，看见这种 K 线图形跟着做多，往往会有较多获利机会。

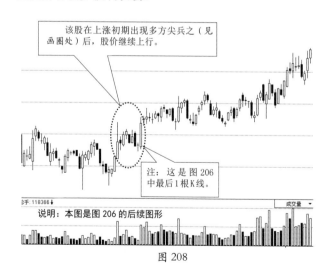

图 208

习题 48　请说出下图中画圈处 K 线组合的名称、特征和技术含义，并说明投资者见此 K 线组合图形应如何操作？

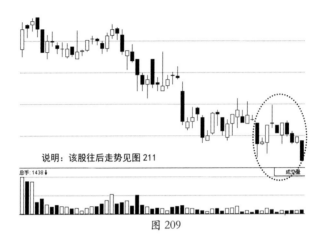

说明：该股往后走势见图 211

图 209

参考答案　图中画圈处的 K 线组合叫"空方尖兵"。其特征是：股价在下跌过程中，遇到多方反抗，出现了一根很长的下影线，股价随之弹升，但形势刚有所缓和，空方很快又发动了一次攻势，拉出一根长阴线，阴线的实体已将前面的长下影线完全覆盖（见图 210）。

空方尖兵 K 线形状示意图

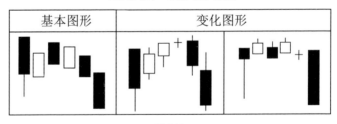

图 210

从图上看，空方在杀跌前曾作过一次试探性进攻，在 K 线上留下了一根很醒目的长下影线，有人把这根长下影线比喻成深入多方阵地的尖兵，故而称其为空方尖兵。空方尖兵的出现，表示股价仍会下跌（见

图 211）。投资者如看见这种 K 线图形，适时做空，可以减少股价继续
下行带来的风险。

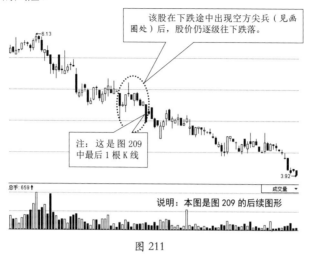

图 211

第二十六节　好友反攻与淡友反攻
的识别和运用

习题 49　请说出下图中画圈处 K 线组合的名称、特征和作用，并
说明投资者见此 K 线组合图形应如何操作？

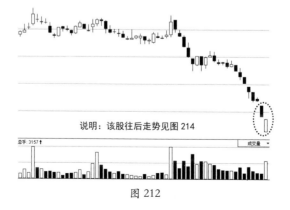

图 212

参考答案 图中画圈处的 K 线组合称为"好友反攻"。其特征是：在下跌行情中，出现一根中阴线或大阴线后，股价跳空低开，然后低开高走，收了一根中阳线或大阳线，阳线的收盘价与前一根阴线的收盘价，处于相同或相近的位置上（见图213）。

好友反攻 K 线形状示意图

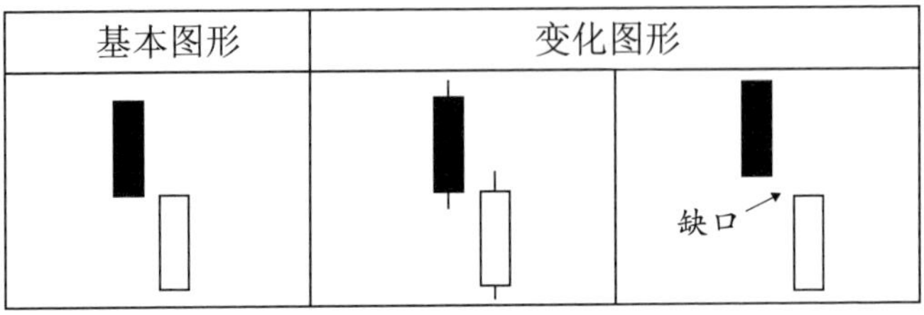

基本图形	变化图形	
		缺口

图 213

好友反攻是见底信号，它提示投资者不要再盲目看空（见图214）。好友反攻与曙光初现 K 线组合的区别是：好友反攻中的阳线实体未深入前面阴线实体，而曙光初现中的阳线实体已深入前面阴线的实体里面。所以，好友反攻预示见底回升的可靠性不如曙光初现。投资者见此 K 线图形后，持筹者不要盲目去割肉，空仓者可适量买些股票。

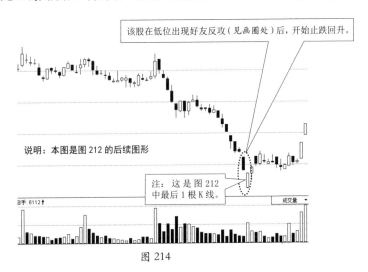

该股在低位出现好友反攻（见画圈处）后，开始止跌回升。

说明：本图是图212的后续图形

注：这是图212中最后1根 K 线。

图 214

习题50 请说出下图中画圈处K线组合的名称、特征和技术含义，并说明投资者见此K线图形应如何操作？

说明：该股往后走势见图217

图 215

参考答案 图中画圈处的K线组合叫"淡友反攻"。其特征是：在上升行情中，在出现中、大阳线的次日，股价跳空高开上攻无力，收出一根高开低走的大阴线或中阴线，阴线的收盘价与前一根阳线的收盘价，处于相同或相近的位置上（见图216）。

淡友反攻K线形状示意图

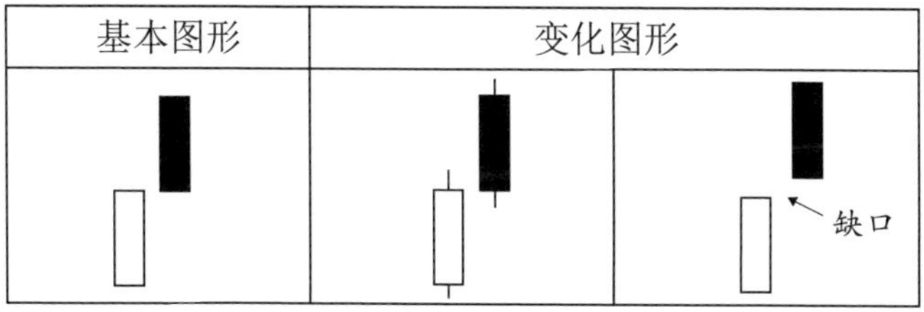

基本图形	变化图形	

图 216

淡友反攻是见顶信号，它提示投资者不要再盲目看多（见图217）。淡友反攻与乌云盖顶K线组合的区别是：淡友反攻中的阴线实体未深入前面阳线实体，而乌云盖顶中的阴线实体已深入前面阳线的实体里面。所以，淡友反攻预示的下跌可靠性不如乌云盖顶。但上升行情中出现淡友反攻，如伴随着成交量急剧放大，淡友反攻的领跌作用甚至要超过乌云盖顶，这一点也不可忽视。故而，投资者见此K线图形后，应随时作好卖出的准备。

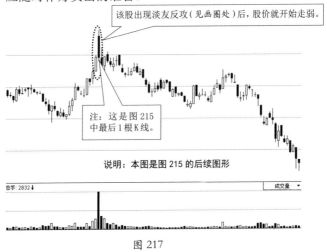

该股出现淡友反攻（见画圈处）后，股价就开始走弱。

注：这是图215中最后1根K线。

说明：本图是图215的后续图形

图 217

第二十七节　上涨二颗星与下跌三颗星的识别和运用

习题51　请说出下图中画圈处K线组合的名称、特征和技术含义，并说明投资者见此K线组合图形应如何操作？

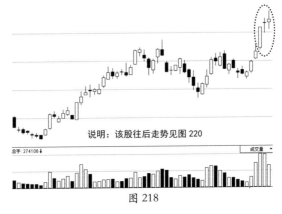

说明：该股往后走势见图220

图 218

参考答案　图中画圈处的 K 线组合叫"上涨二颗星"。其特征是：在连续上涨的行情中，先拉出一根大阳线或中阳线，然后，其上方再出现 2 根小 K 线，就此构成了上涨二颗星（见图 219）。

上涨二颗星 K 线形状示意图

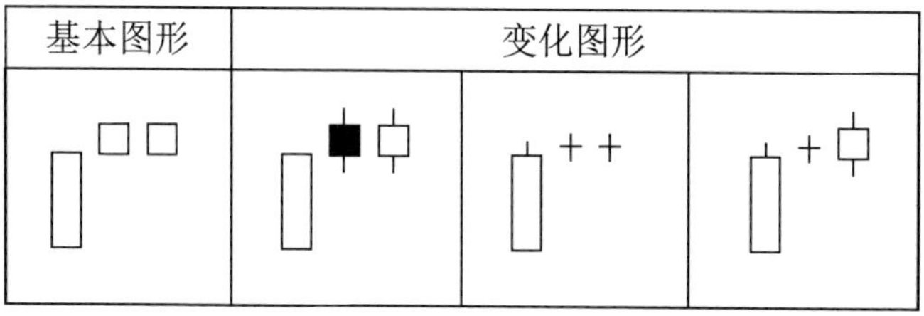

基本图形	变化图形		

图 219

上涨二颗星的出现，表明涨势仍会继续，若同时成交量开始放大，股价很有可能在短期内展开新一轮的升势（见图 220）。因此，投资者见此图形后可适量增加仓位，持筹待涨。

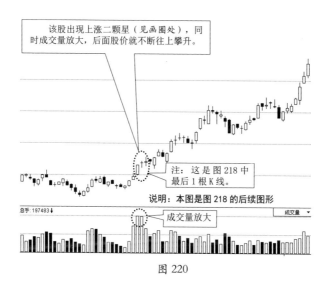

图 220

习题 52　请说出下图中画圈处 K 线组合的名称、特征和技术含义，并说明投资者见此 K 线图形应如何操作？

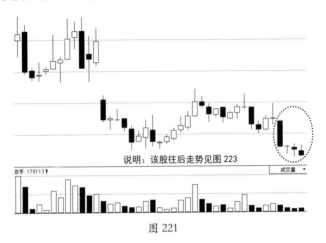

说明：该股往后走势见图 223

图 221

参考答案　图中画圈处的 K 线组合叫"下跌三颗星"。其特征是：在连续下跌的行情中，先是出现一根中阴线或大阴线，然后，其下方连续出现 3 根小阴小阳线，股价上下波动很小，这就构成了下跌三颗星的 K 线图形（见图 222）。

下跌三颗星 K 线形状示意图

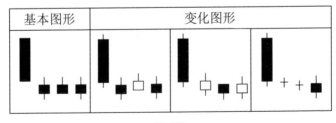

图 222

　　下跌三颗星出现，表明市场仍处于弱势，股价仍有继续下探的空间（见图 223）。因此，投资者见此 K 线图形，应及时作好离场准备，避免股价进一步下跌带来的风险。

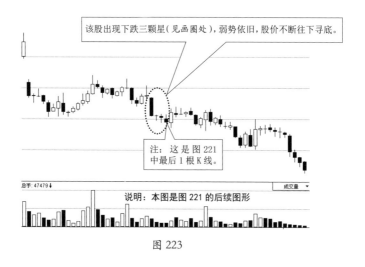

该股出现下跌三颗星（见画圈处），弱势依旧，股价不断往下寻底。

注：这是图 221 中最后 1 根 K 线。

总手: 47479↓

成交量 ▼

说明：**本图是图 221 的后续图形**

图 223

第二十八节　连续跳空三阳线与连续跳空 三阴线的识别和运用

习题 53　请问：下图中画圈处是什么 K 线组合？当走势图上出现这种 K 线组合时，后市一般会朝什么方向发展？

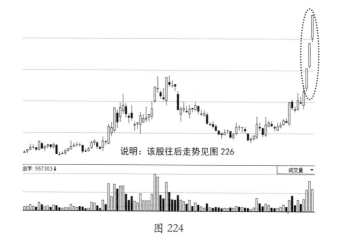

说明：该股往后走势见图 226

总手: 557303↓

成交量 ▼

图 224

参考答案　上面图中画圈处的 K 线组合叫"连续跳空三阳线"。其特征是：在上涨途中，多头气盛，连续跳空高开，拉出了 3 根大阳线（有时也可能是 2 根大阳线，加上 1 根或 2 根中阳线）（见图 225）。

连续跳空三阳线 K 线形状示意图

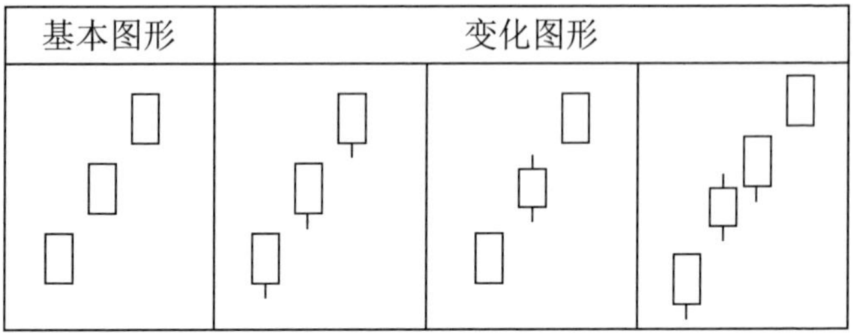

基本图形	变化图形		

图 225

在上涨途中出现连续跳空三阳线，往往是涨势到头的征兆。由于一鼓作气，再而衰，三而竭，多方用尽了最后力气。此时，若空方趁机组织力量反攻，多方就无力抵抗。这预示股价不久就会由涨转跌（见图 226）。因此，投资者见此 K 线图形应进行减仓操作，如果发现日后股价掉头下行，更要及时停损离场。

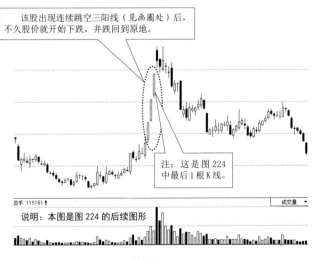

该股出现连续跳空三阳线（见画圈处）后，不久股价就开始下跌，并跌回到原地。

注：这是图 224 中最后 1 根 K 线。

总手：115161↑　　　　成交量　▼

说明：本图是图 224 的后续图形

图 226

习题 54 请说出下图中画圈处 K 线组合的名称、特征和技术含义，并说明投资者见此 K 线图形应如何操作？

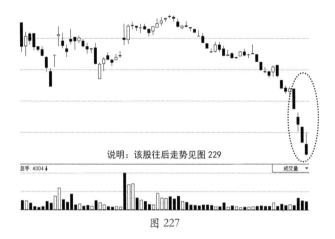

说明：该股往后走势见图 229

总手：4004↓　　　　　　　　　　　成交量 ▼

图 227

参考答案 图中画圈处 K 线组合叫"连续跳空三阴线"。其特征是：在下跌途中连续出现 3 根跳空低开下跌的大阴线（有时也可能是 2 根大阴线，加上 1 根或 2 根中阴线）（见图 228）。

连续跳空三阴线 K 线形状示意图

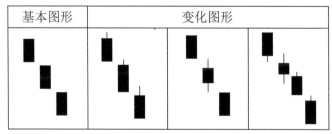

基本图形	变化图形		

图 228

　　股价这时往往已经见底，如若之后拉出的 1 根或 2 根阳线能及时回补下跌的第三个缺口，说明多方反攻在即，股价上升的可能性极大（见图 229、图 230）。因此，投资者见此 K 线图形可在股价企稳时，适量买进一些股票，持股待涨。

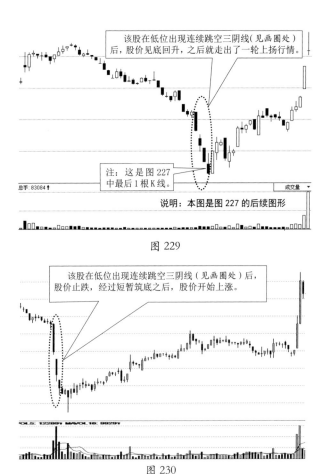

该股在低位出现连续跳空三阴线（见画圈处）后，股价见底回升，之后就走出了一轮上扬行情。

注：这是图227中最后1根K线。

总手：83084↑

成交量 ▼

说明：本图是图227的后续图形

图 229

该股在低位出现连续跳空三阴线（见画圈处）后，股价止跌，经过短暂筑底之后，股价开始上涨。

OL5: 12289↑ MAVOL10: 9929↑

图 230

修订者絮语之五

学习K线要深要细，对每一种K线图形的特征、技术含义，都必须知其然知其所以然，切忌囫囵吞枣、张冠李戴。否则，操作时就会出大错。

第二十九节　跳空上扬形与下档五阳线
的识别和运用

习题 55　下面 2 张图中画圈处的 K 线组合都有一个明显特征。请问这个特征是什么？当走势图上出现这种 K 线组合时，后市一般会朝什么方向发展？

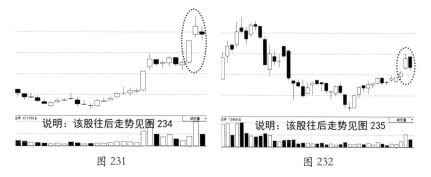

图 231　　　　　　　　　　　　　图 232

参考答案　上面 2 张图中画圈处的 K 线组合的明显特征是：在上涨趋势中，出现了一根跳空上扬的阳线，但第二天股价不涨反跌，拉出了一根阴线，不过它的收盘价收在前一天跳空处附近，缺口没有被填补，这种 K 线组合图形叫"跳空上扬形"，又称"升势鹤鸦"[注]缺口（见图 233）。

跳空上扬形 K 线形状示意图

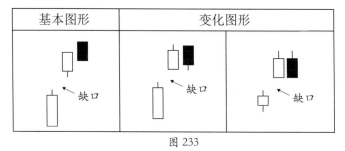

图 233

[注]　鹤，即白鹤，喻为阳线；鸦，即乌鸦，喻为阴线。

该图形的出现，说明股价在攀升的过程中遇到了一些麻烦，但随后多方经过努力，克服或战胜了这一挫折，继续把股价往上推高。该图形也可看作是行情上涨前的

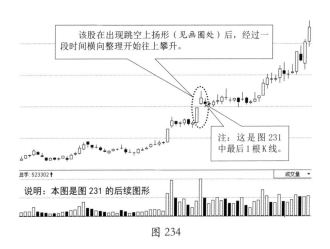

该股在出现跳空上扬形（见画圈处）后，经过一段时间横向整理开始往上攀升。

注：这是图231中最后1根K线。

总手: 523302↑

成交量 ▼

说明：本图是图231的后续图形

图 234

洗盘换手，因为只有夯实股价，打好基础，行情上涨才显得稳扎有力。一般来说，该图形出现在涨势初期、中期，行情有可能出现两种发展模式：一是股价经过一段时期盘整后再度上扬（见图234）；二是股价经过短暂调整就开始发力上攻（见图235）。但是不管是何种模式，在上涨初期、中期出现这种K线组合均预示股价仍会继续往上攀升。

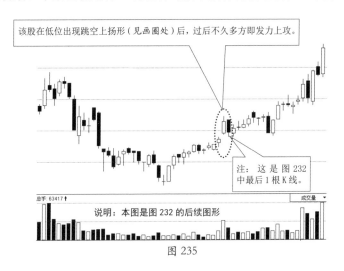

该股在低位出现跳空上扬形（见画圈处）后，过后不久多方即发力上攻。

注：这是图232中最后1根K线。

总手: 63417↑

成交量 ▼

说明：本图是图232的后续图形

图 235

习题 56 请问：下面图中画圈处 K 线组合的名称、特征和技术含义是什么？投资者见此 K 线图形应如何操作？

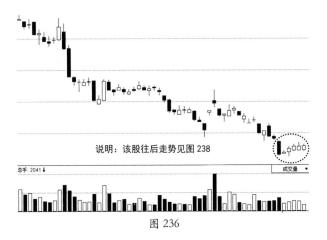

说明：该股往后走势见图 238

总手：2041↓　　　　　　　　　　　　　　　　　成交量▼

图 236

参考答案 图中画圈处的 K 线组合叫"下档五阳线"，也叫低档五阳线。其特征是：在下跌持续一段时期后，K 线图连续出现了 5 根阳线（有时可能是 6 根阳线、7 根阳线，或中间会偶尔夹着一、二根十字线、小 T 字线），表示在此价位多方的承接力量较强（见图 237）。

下档五阳线 K 线形状示意图

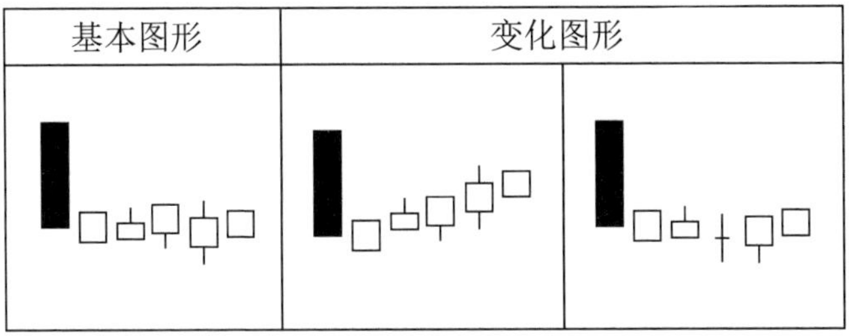

基本图形	变化图形	

图 237

低档五阳线的出现，预示着股价可能已经见底或者到了一个阶段性底部（见图 238），这是一种买入信号。此时，投资者可逢低适量买进，风险不大，短线获利机会较多。

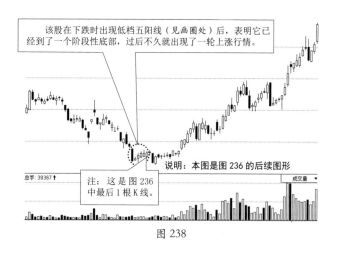

该股在下跌时出现低档五阳线（见画圈处）后，表明它已经到了一个阶段性底部，过后不久就出现了一轮上涨行情。

注：这是图236中最后1根K线。

说明：本图是图236的后续图形

总手：39367↑

成交量 ▼

图 238

第三十节　高开出逃形与下探上涨形的识别和运用

习题 57　请说出下图中画圈处 K 线组合的名称、特征和技术含义，并说明投资者见此 K 线图形应如何操作？

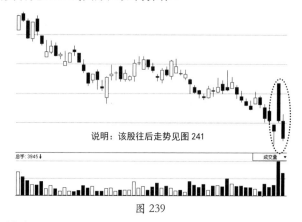

说明：该股往后走势见图 241

总手：3945↓

成交量 ▼

图 239

参考答案　上图中画圈处的 K 线组合叫"高开出逃形"。其特征是：在跌势中（少数情况下，也可能会出现在升势中），某日股价突然大幅高开（甚至以涨停板开盘），但当天就遭到空方一路打压，收出一根实体很长的大阴线（甚至会出现跌停板收盘的情况）(见图240）。

高开出逃形 K 线形状示意图

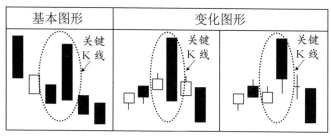

图 240

高开出逃形多数是被套庄家利用朦胧消息拉高出货所致，一般在这根大阴线之后，股价将有一段较大跌势（见图241）。因此，投资者见到此 K 线组合图形，唯一的选择就是马上停损离场。

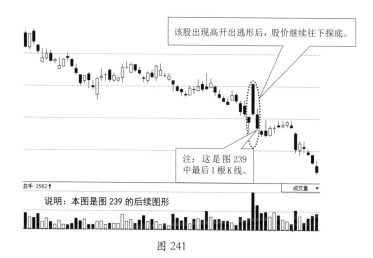

该股出现高开出逃形后，股价继续往下探底。

注：这是图239
中最后1根K线。

总手: 2562↑　　　　　　　　　　　　　　　成交量 ▼

说明：本图是图239 的后续图形

图 241

习题58 请说出下图中画圈处K线组合的名称、特征和技术含义，并说明投资者见此K线组合图形应如何操作？

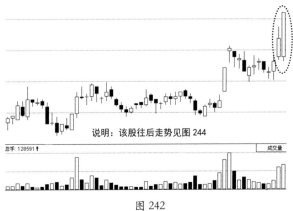

说明：该股往后走势见图244

图 242

参考答案 图中画圈处的K线组合叫"下探上涨形"。其特征是：在上升行情中（少数情况下，也可能会出现下跌途中），某日突然大幅低开（甚至以跌停价开盘），但当日会以涨势收盘（甚至以涨停价报收），从而在图中拉出一根低开高走实体很长的长阳线（见图243）。这就构成了先下跌后上涨的形态，故名为下探上涨形。

下探上涨形K线形状示意图

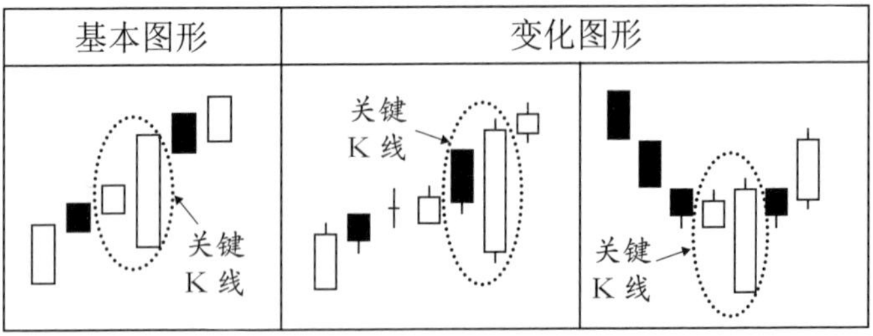

基本图形	变化图形	
关键 K 线	关键 K 线	关键 K 线

图 243

从技术含义来说，盘中出现下探上涨形，往往预示着后面将有一段较好的扬升行情。如果这种K线图形出现在涨势初期，它发出的买进信号就更加可靠（见图244）。因此，投资者见此K线图形，可考虑继续买进，并采取持筹待涨的策略。

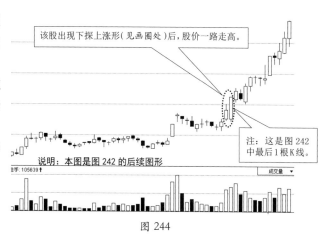

该股出现下探上涨形（见画圈处）后，股价一路走高。

注：这是图242中最后1根K线。

说明：本图是图242的后续图形

图 244

第三十一节　双飞乌鸦、三只乌鸦与下跌三连阴的识别和运用

习题59　有人说，右图中画圈处的K线组合在平时不常出现，但是，如果出现了就应该引起投资者的重视。你知道这是为什么吗？现在请你就此谈谈该K线图形的特征和作用。

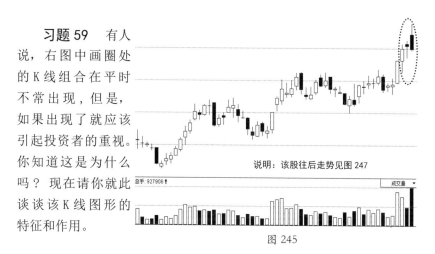

说明：该股往后走势见图247

图 245

参考答案　这是一种较典型的向淡型K线组合。其特征是：在上升市道中，连续出现2根阴线，第一根阴线的实体部分，与上一根K线的实体紧抱在一起，呈起飞状，可惜翅折羽断，没有飞起来，然后

从高处坠落。第二根阴线，重蹈第一根阴线的覆辙，同样走出了高开低走的结局。不过第二根阴线比较长，已把第一根阴线完全吞并了（见图246）。

双飞乌鸦K线形状示意图

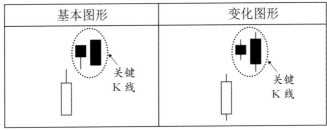

图 246

因为从图形上看，这个K线图形犹如两只乌鸦在空中盘旋，所以人们给它起了个"双飞乌鸦"的名称。双飞乌鸦出现令人生厌，它说明人们对这个市道已很烦腻，盘中做多力量严重不足，后市由升转跌可能性很大（见图247）。

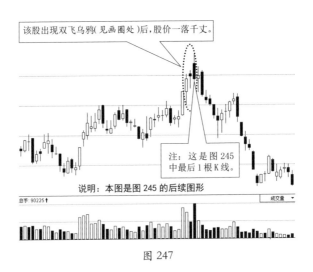

图 247

习题 60 请问：图中画圈处 K 线组合的名称、特征和技术含义是什么？并说明投资者见此 K 线组合图形应如何操作？

参考答案 图中画圈处的 K 线组合叫"三只乌鸦"，又称"暴跌三杰"。其特征是：

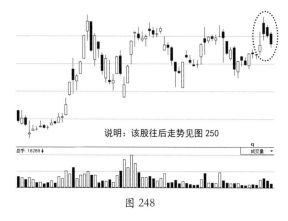

说明：该股往后走势见图 250

图 248

在上升行情中，股价在高位出现 3 根连续跳高开盘，但却以阴线低收的 K 线。这就是三只乌鸦（见图 249）。

三只乌鸦 K 线形状示意图

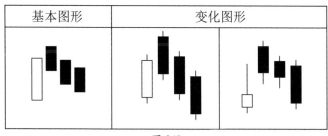

基本图形	变化图形

图 249

在上升行情中出现三只乌鸦，说明上档卖压沉重，多方每次跳高开盘，均被空方无情地打了回去。这是股价暴跌的先兆，是个不详的讯号（见图 250）。因此，投资者见此 K 线图形应及早离场。

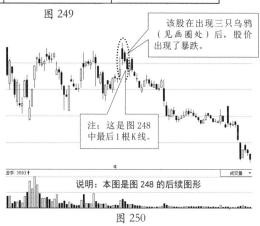

该股在出现三只乌鸦（见画圈处）后，股价出现了暴跌。

注：这是图 248 中最后 1 根 K 线。

说明：本图是图 248 的后续图形

图 250

习题 61 请说出下面 2 张图中画圈处 K 线组合的名称、特征和技术含义，并说明投资者见此 K 线组合图形应如何操作？

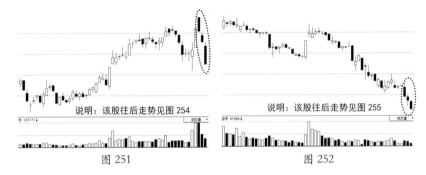

说明：该股往后走势见图 254

说明：该股往后走势见图 255

图 251　　　　　　　　　　　　图 252

参考答案 上面 2 张图中画圈处的 K 线组合叫"下跌三连阴"。它的特征是：在下跌趋势中，接连出现了 3 根大阴线或中阴线（个别情况下也可能夹上一根带有上、下影线的小阴线），每次都以最低价或次低价报收，而且，最后一根阴线往往力度最强（见图 253）。

下跌三连阴 K 线形状示意图

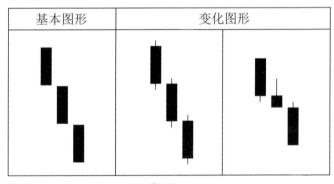

基本图形	变化图形

图 253

下跌三连阴在下跌初期出现，表明空方力量强大，下跌还有空间（见图 254)。因此，投资者此时应果断停损离场，退出观望。下跌三连阴在下跌末期出现，也即在股价连续下挫的情况下出现，是空方能量耗尽的一种表示，如果下跌时成交量也急剧放大，这往往是跌势到头的一种信号（见图 255)，行情将由卖变买，市道由弱转强，因此，投资者此时见到下跌三连阴后不要恐慌，切勿盲目割肉。退一步说，即使股价日后还有下跌空间，也要等到股价出现反弹，空方打击能量重新聚集后，才会继续下跌。所以，投资者从最坏角度考虑，也必须等到三连阴触底反弹时卖出，这样也好减少一些损失。另外在很多情况下，股价三连阴见底后，反转向上的机会也屡见不鲜，投资者如在三连阴后及时买进，说不定就能抱上一个金娃娃。

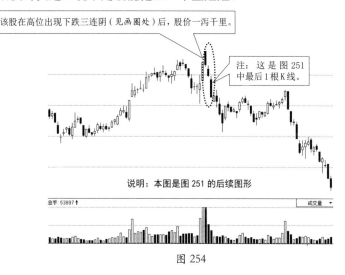

该股在高位出现下跌三连阴（见画圈处）后，股价一泻千里。

注：这是图251中最后1根K线。

说明：本图是图251的后续图形

图 254

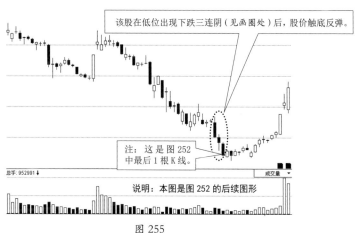

该股在低位出现下跌三连阴（见画圈处）后，股价触底反弹。

注：这是图252中最后1根K线。

说明：本图是图252的后续图形

图 255

第三十二节　下降覆盖线、阳线跛脚形与倒三阳的识别和运用

习题 62　请说出下图中画圈处 K 线组合的名称、特征和技术含义，并说明投资者见此 K 线图形应如何操作？

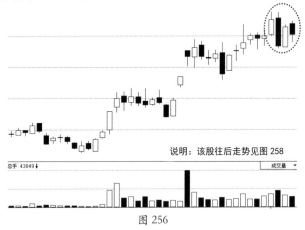

说明：该股往后走势见图 258

图 256

参考答案　图中画圈处的 K 线组合叫"下降覆盖线"。其特征是：在上升行情中，先出现一组穿头破脚的图形，然后收出一根阳线，接着又出现一根阴线，并已深入到前一根阳线之内（深入部分越长，力度越大）。这就是下降覆盖线的主要特征（见图 257）。

下降覆盖线 K 线形状示意图

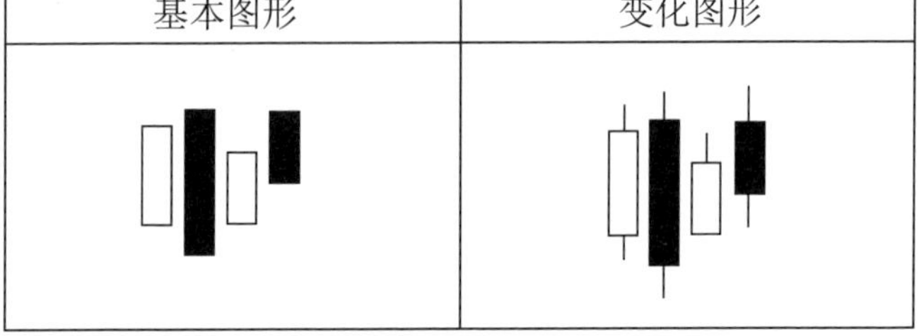

基本图形	变化图形

图 257

股价大涨后出现下降覆盖线,在技术上是一种见顶信号,下跌的可能性很大(见图258)。因此,投资者见此图形应及时停损离场。

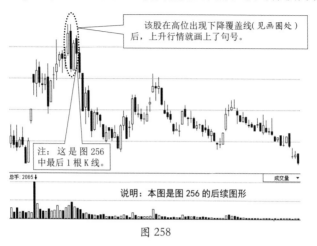

图 258

习题 63 请问:下图中画圈处 K 线组合的名称、特征和作用是什么?并说明投资者见此 K 线图形应如何操作?

图 259

参考答案 图中画圈处的 K 线组合叫"阳线跛脚形"。其特征是:股价经过一段较大幅度的上涨后连续出现 3 根以上的阳线(含 3 根),

后面 2 根阳线都是低开，且最后一根阳线收盘价比上一根阳线收盘价要低。这在图形上就构成了一个"跛脚"状态（见图 260）。

阳线跛脚形 K 线形状示意图

基本图形	变化图形

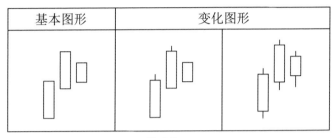

图 260

在涨势中出现阳线跛脚形，说明上档抛压沉重，是一种卖出信号，如果它出现在股价有一段较大涨幅之后，这种卖出信号就较为可靠（见图 261）。因此，投资者见此 K 线图形后应考虑适时做空，避免股价下跌带来的风险。

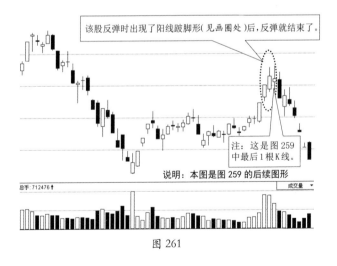

该股反弹时出现了阳线跛脚形(见画圈处)后，反弹就结束了。

注：这是图 259 中最后 1 根 K 线。

说明：本图是图 259 的后续图形

总手: 712476↑　　　　　　　成交量 ▼

图 261

习题 64 请问：下图中画圈处 K 线组合的名称、特征和作用是什么？并说明投资者见此 K 线组合图形应如何操作？

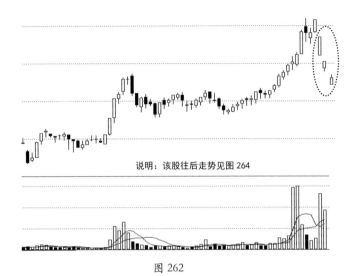

说明：该股往后走势见图 264

图 262

参考答案 图中画圈处 K 线组合叫"倒三阳"，又称"假三阳"。倒三阳，顾名思义，这种形式的阳线与众不同，是倒着走的，是地道骗人的假阳线。其特征是：K 线图中出现连拉 3 根阳线的现象，但其走势同连拉 3 根阴线一般，股价一天比一天低（见图 263）。

一般而言，"倒三阳"常出现在庄家股上，而且多半是股价高位见顶的转势信号。一旦 K 线图中出现了倒三阳的图形，即意味着股价

倒三阳 K 线形状示意图

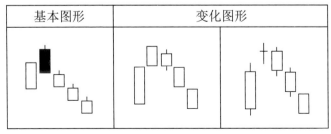

图 263

步入了跌势。投资者不要被这种假阳线所迷惑，而要趁早卖出股票离场为妙（见图264）。

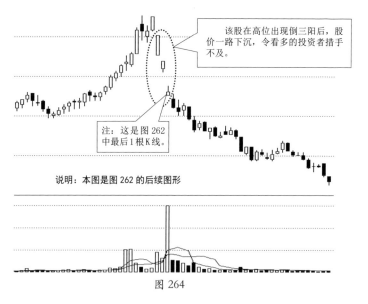

该股在高位出现倒三阳后，股价一路下沉，令看多的投资者措手不及。

注：这是图262中最后1根K线。

说明：本图是图262的后续图形

图 264

销量超8个珠穆朗玛峰

你知道吗？市场上的股票书，林林总总数千种，但大多数股票书只能印上几千册，能印上1万册的已很少，印上5万册的更为罕见。而上海三联书店的重点品牌书《股市操练大全》因题材新颖实用，自它问世以来盛销不衰，总印数已突破350万册。有人计算过，若将这些书一本一本叠起来，超过了8个世界最高峰珠穆朗玛峰的高度。很多读者用"拍案叫绝"、"如获至宝"、"茅塞顿开"、"相见恨晚"等赞誉之词，来表达他们喜购《股市操练大全》的激动心情（有全国各地读者大量来信来电为证），这足以证明它是当今股市中深受投资者喜爱的超级畅销书。

第三十三节　加速度线与弧形线
的识别和运用

习题 65　下面 4 张图中画圈处的 K 线组合都属于同一种类型，你知道它们的名称、特征和作用吗？

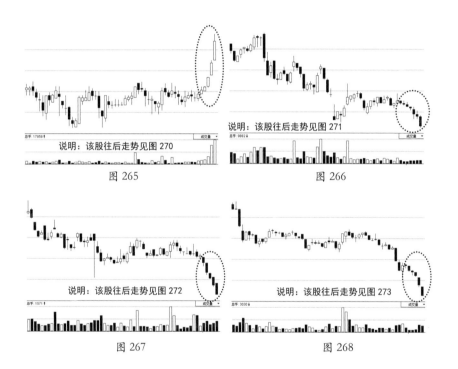

图 265

图 266

图 267

图 268

参考答案　这 4 张图中画圈处的 K 线组合叫"加速度线"，意即它像一个长跑运动员，越接近终点，步伐越快。股市走势有时也和长跑一样，越是接近目标位置，如峰顶或谷底，其涨幅或跌幅都会出现加速现象（见图 269）。

加速度线 K 线形状示意图

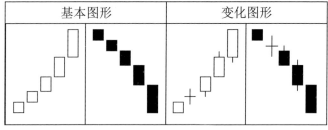

基本图形	变化图形

图 269

正因为如此，我们看到在上升行情中，一些个股先是缓慢地爬升，后来就越涨越快，接连拉出很有力度的中阳线或大阳线。此时上升行情也就走到了尽头。反之，在下跌行情中，一些个股先是缓慢地下滑，后来越跌越快，接连拉出很有力度的中阴线或大阴线，这时，下跌行情一般也就到了终结的时候。

据了解，加速度线在上涨行情中所产生的转向作用，比在下跌行情中所产生的转向作用更可靠。也就是说，当股价上升

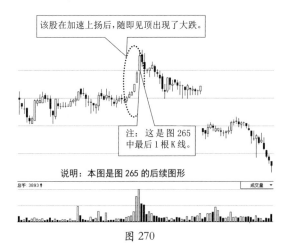

该股在加速上扬后，随即见顶出现了大跌。

注：这是图 265 中最后 1 根 K 线。

说明：本图是图 265 的后续图形

总手: 3893↑   成交量

图 270

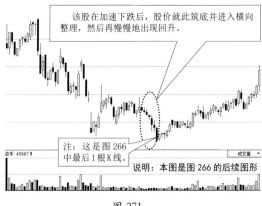

该股在加速下跌后，股价就此筑底并进入横向整理，然后再慢慢地出现回升。

注：这是图 266 中最后 1 根 K 线。

说明：本图是图 266 的后续图形

总手: 45667↑   成交量

图 271

— 138 —

时先是慢涨，后加速上扬，这时股价十有八九会在短时期内掉头向下（见图270）。

而当股价下跌时，先是慢跌，后来加速下跌，虽然这时候股价见底的可能性较大，但不一定会马上产生上升行情。此时它有几种表现形式：①有可能在此见底后就震荡向上了（见图271）。

②也有一种可能是先快速反转，然后再震荡向上（见图272）。

③另外，还有一种可能是先反弹一下，然后重归跌势，再继续向下（见图273）。

出现以上几种情况，正是应验了一句

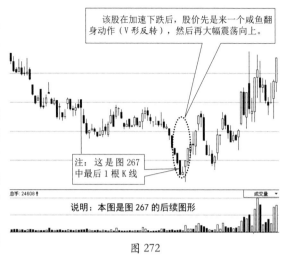

该股在加速下跌后，股价先是来一个咸鱼翻身动作（V形反转），然后再大幅震荡向上。

注：这是图267中最后1根K线

说明：本图是图267的后续图形

图 272

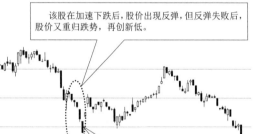

该股在加速下跌后，股价出现反弹，但反弹失败后，股价又重归跌势，再创新低。

注：这是图268中最后1根K线。

说明：本图是图268的后续图形

图 273

古话：下跌容易上涨难。故投资者对暴跌后的筑底行情要多看少动。即持筹者不要再盲目割肉，待股价反弹或上涨时，再考虑卖出；持币者应该等待股价筑底后，出现明确向上行情时，再考虑中线建仓。

习题 66　请说出下面 2 张图中画圈处的 K 线组合的名称、特征和技术含义，并说明投资者见此 K 线组合图形应如何操作？

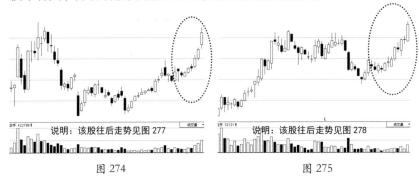

图 274　　　　　　　　　　　　　图 275

参考答案　上面 2 张图画圈处的 K 线组合叫"弧形线"。其特征是：股价升幅缓慢，在上上下下波动中，底部逐渐抬高，呈现出一个向上的抛物线形状（见图 276）。

弧形线 K 线形状示意图

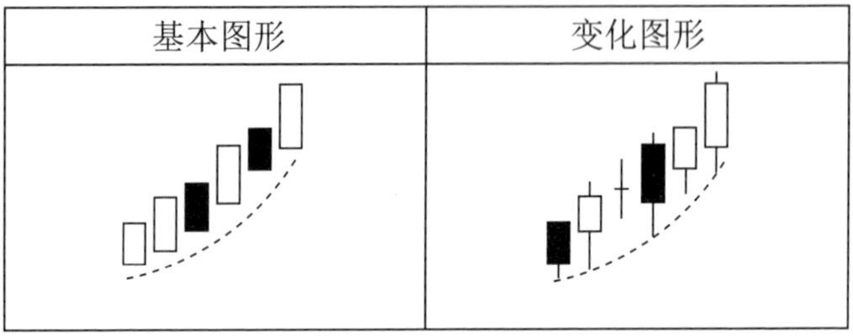

基本图形	变化图形

图 276

弧形线一旦形成，被市场认可后，上升周期较长，涨幅也较大。这里我们看上面 2 张图出现弧形线后的走势（见图 277、图 278），就可以发现其后都出现了令人欣喜的攀升行情。因此，有人建议买到这种股票后，千万不要轻易放过它，持股时间可以相对长一些。在实际操作中，一般的技术指标都可暂不理会，只要紧盯着技术指标 MACD[注]的信号，顺势操作即可。

[注]　关于技术指标 MACD 的识别和运用方法，《股市操练大全》第二册会作详细介绍。

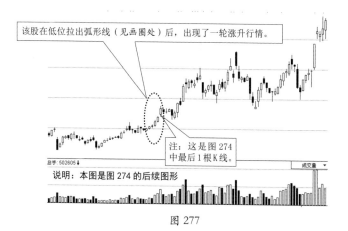

该股在低位拉出弧形线（见画圈处）后，出现了一轮涨升行情。

注：这是图 274 中最后 1 根 K 线。

总手：502605↓

成交量 ▼

说明：本图是图 274 的后续图形

图 277

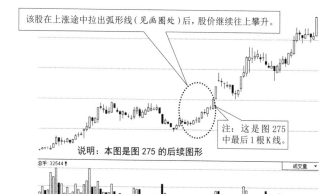

该股在上涨途中拉出弧形线（见画圈处）后，股价继续往上攀升。

注：这是图 275 中最后 1 根 K 线。

总手：32544↑

成交量 ▼

说明：本图是图 275 的后续图形

图 278

修订者絮语之六

《股市操练大全》第一册亮点

①已连续重印 90 多次，是名副其实的超级畅销书。

②易学易懂、学练结合，是穿越牛熊的 K 线教科书。

③新颖实用、好评如潮，是股民深爱的炒股工具书。

第三十四节　镊子线、尽头线与搓揉线的识别和运用

习题 67　下面 2 张图中画圈处属于什么 K 线组合？请你说出它们的名称、特征和技术含义，并说明投资者见此 K 线图形应如何操作？

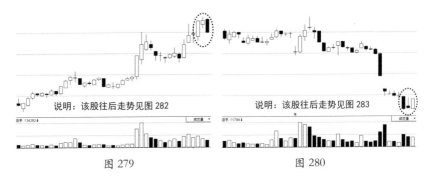

图 279　　　　　　　　　图 280

参考答案　上面 2 张图中画圈处的 K 线组合叫"镊子线"。镊子线中间那根 K 线，几乎是位于左右两根 K 线的顶端或尾端，而且这 3 根 K 线的最高价或最低价基本上处于同一个价位。当然，镊子线 K 线之间有时也会略有高低的情况出现（见图 281）。

镊子线 K 线形状示意图

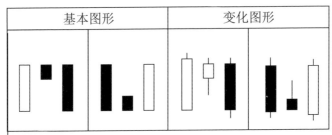

图 281

为何叫镊子线呢？因为它的形状像有人拿着镊子，小心翼翼地夹着一块小东西，生怕它掉下去的样子，故名为镊子线。镊子线出现在上涨趋势中，尤其是有了一段较大涨幅后，往往预示着股价将会见顶

回落（见图 282）；镊子线若出现在下跌趋势中，尤其是在有了一段较大跌幅后，往往预示着股价会见底回升（见图 283）。

根据以上道理，投资者在涨势中看到镊子线就不能再盲目看多，而要进行减仓操作，若发现股价掉头向下，则要果断地抛空离场；投资者在跌势中看到镊子线就不能再盲目看空，待股价企稳时，可适量买进一些股票。

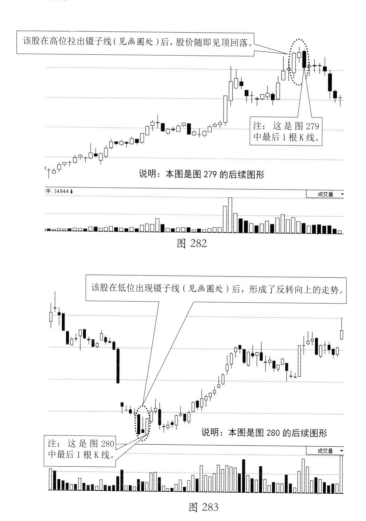

该股在高位拉出镊子线(见画圈处)后，股价随即见顶回落。

注：这是图 279 中最后 1 根 K 线。

说明：本图是图 279 的后续图形

手:34944

成交量

图 282

该股在低位出现镊子线（见画圈处）后，形成了反转向上的走势。

说明：本图是图 280 的后续图形

注：这是图 280 中最后 1 根 K 线。

成交量

图 283

习题 68 下面 2 张图中画圈处是属于同一种 K 线组合。请你说出它们的名称、特征和技术含义，并说明投资者见此 K 线图形应如何操作。

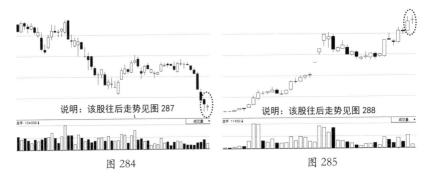

图 284

图 285

参考答案 上面 2 张图中画圈处的 K 线组合叫"尽头线"。顾名思义，尽头线就是表示行情到头的意思。其特征是：在上升趋势中，原行情进行得相当顺利，一般都认为这个趋势会延续，结果在一根大阳线或中阳线的上影线右方，却出现了一根完全涵盖在上影线范围内的小阴（小阳）线或短十字线，这就是尽头线。反之，在下跌趋势中亦然，不过其图形正好相反，尽头表现在下影线中（见图 286）。

尽头线 K 线形状示意图

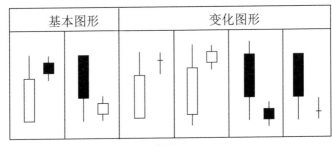

图 286

尽头线是转势信号，它在上涨行情中出现，预示股价要下跌，这时，投资者要考虑卖出。它在下跌行情中出现，预示股价要上涨，这时投资者要考虑买进。另外，这里要注意的是，在股市中出现标准的尽头线（即基本图形的）机会并不多，大多数情况下，股市中出现的都是不太标准（即变化图形）的尽头线[注]。但是即使如此，这种不太标准的尽头线所发出的股价转向信号，对投资者仍然有相当大的参考价值。如本题图284、图285二张图中出现的尽头线，就不是标准形态。但它们出现后，股价运行方向确确实实发生了逆转（见图287-图288）。可见，只要是尽头线，不论形态是否标准，投资者都要密切加以关注。在涨势中出现尽头线，要进行减仓操作，并随时做好退场准备；在跌势中出现尽头线，不应再盲目看空，可在股价回升时适时做多。

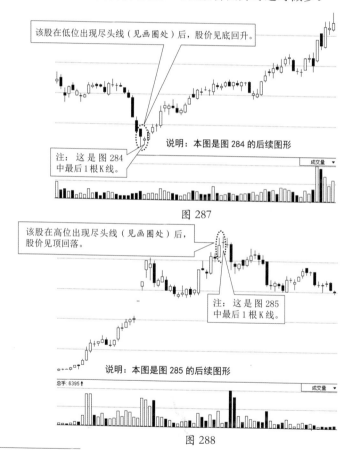

该股在低位出现尽头线（见画圈处）后，股价见底回升。

注：这是图284中最后1根K线。

说明：本图是图284的后续图形

成交量

图 287

该股在高位出现尽头线（见画圈处）后，股价见顶回落。

注：这是图285中最后1根K线。

说明：本图是图285的后续图形

总手：6395↑

成交量

图 288

　　[注]　如果第二根K线的上下影线较长，但只要它的实体较短，且完全被第一根K线的影线所包容，也可以看作是尽头线。

习题 69　请说出下图中画圈处 K 线组合的名称、特征和技术含义，并说明投资者见此 K 线图形应如何操作？

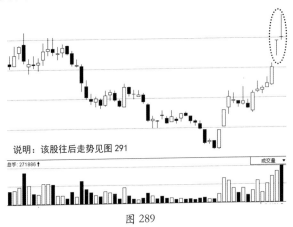

说明：该股往后走势见图 291

图 289

参考答案　图中画圈处的 K 线组合叫"搓揉线"。其特征是：它由一根 T 字线和一根倒 T 字线组成（见图 290）。

搓揉线 K 线形状示意图

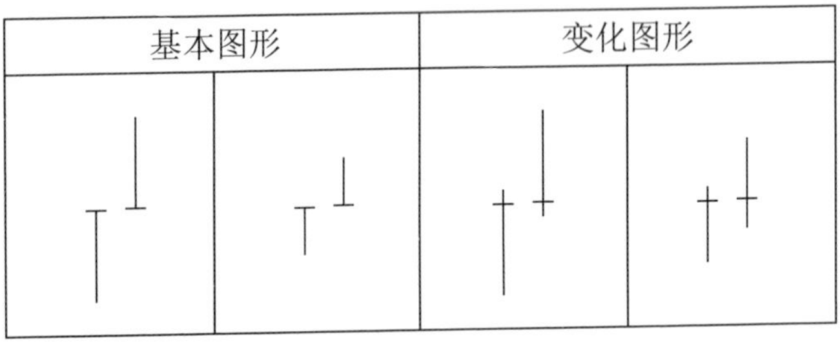

基本图形		变化图形	

图 290

搓揉线，顾名思义股价就像织物一样在洗衣机中反复受到搓揉的意思。很明显，有这般能耐对股价进行反复搓揉的必然是主力所为。主力这样做的目的无非是两个：（1）洗盘；（2）变盘。因此，在上涨途中，尤其是涨势初期，出现搓揉线，大多是主力用此方法来清洗浮筹，以此减轻上行压力，而在上涨末期，尤其是股价已有了很大涨幅后出现搓揉线，这大多是主力通过上下震荡搅乱人们视线，以达到高位出货的目的。所以，当高位出现搓揉线，成交量有明显放大时，应警惕主力出逃，大盘随时有变盘的可能（见图291）。

一般而言，投资者见到搓揉线，应考虑主力的所作所为，及时作好应变的准备。如判断是洗盘可适量买进；如判断是变盘应及时减仓。那么，如何来辨别主力利用搓揉线是进行洗盘还是变盘呢？当然首先要看股价的上涨幅度，譬如说股价短时期就涨了几倍，或是其绝对价位已远远超过同类性质股票的股价，就有变盘嫌疑。反之，则可看成是洗盘。但是，在超强市场、超强个股中，一些个股常常会出现超涨了还会再超涨的现象，一时很难断定它是否"涨幅过大"。这时投资者可改用别的方法来辨别搓揉线性质，这里我们介绍几种区别方法：第一，如果是上涨途中的洗盘，T字线和倒T字线的影线一般都较短，为小K线形态，而上涨末端的变盘，T字线和倒T字线的影线都很长，为大K线形态。第二，如果是上涨途中的洗盘，成交量较小，而上涨末端的变盘，成交量很大。第三，如果是上涨途中的洗盘，日后股价重心必然上移，而上涨末端的变盘，日后股价重心必然下沉。可见，投资者只要掌握好这几个要点，还是比较容易辨别搓揉线的性质的。

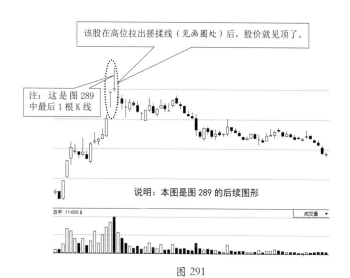

图 291

综 合 练 习 一
——K 线概念的辨析

习题 70 按照 K 线理论，下列 K 线图形只要放在不同地方，表达的意思就完全不同。现在请你说出这几种 K 线的名称，并说明它们在什么情况下会产生截然不同的含义。

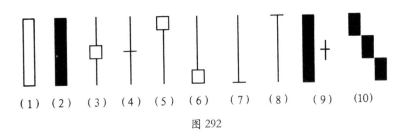

（1）（2）（3）（4）（5）（6）（7）（8）（9）（10）

图 292

参考答案 上面 10 种 K 线图形依次分别为：(1) 大阳线、(2) 大阴线、(3) 螺旋桨、(4) 长十字线、(5) 锤头线（吊颈线）、(6) 倒锤头线（射击之星）、(7) 倒 T 字线、(8) T 字线、(9) 身怀六甲、(10) 下跌三连阴。一般来说，它们在下列情况下，会产生截然不同的含义：在连续下跌行情中，尤其是大幅下跌后出现，发出的是止跌信号，可作为买进的重要参考依据；在连续上涨行情中，尤其是大幅上扬后出现，发出的是见顶信号，可作为卖出的重要参考依据。

习题 71 下面的 K 线组合，可以分成两类：一类为顶部形态，是卖出信号；一类为底部形态，是买进信号。现在请你将它们分一下类，并说出它们的名称。

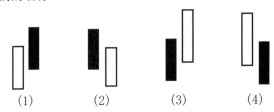

（1）　　　（2）　　　（3）　　　（4）

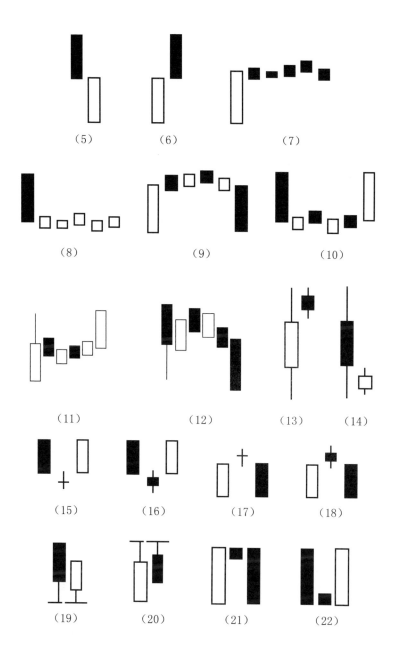

（5）　　　　（6）　　　　　（7）

（8）　　　　　（9）　　　　　（10）

（11）　　　　　（12）　　　　（13）　　（14）

（15）　　　　（16）　　　（17）　　　　（18）

（19）　　　（20）　　　（21）　　　（22）

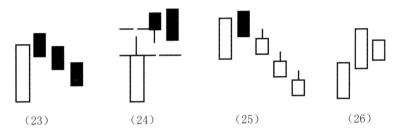

（23）　　　　　（24）　　　　　（25）　　　　　（26）

图 293

参考答案

属于顶部形态的 K 线组合有：

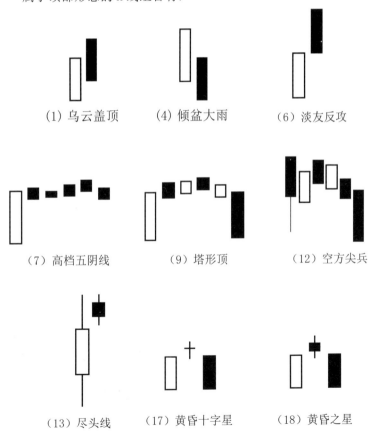

（1）乌云盖顶　　　　（4）倾盆大雨　　　　（6）淡友反攻

（7）高档五阴线　　　　（9）塔形顶　　　　（12）空方尖兵

（13）尽头线　　　　（17）黄昏十字星　　　　（18）黄昏之星

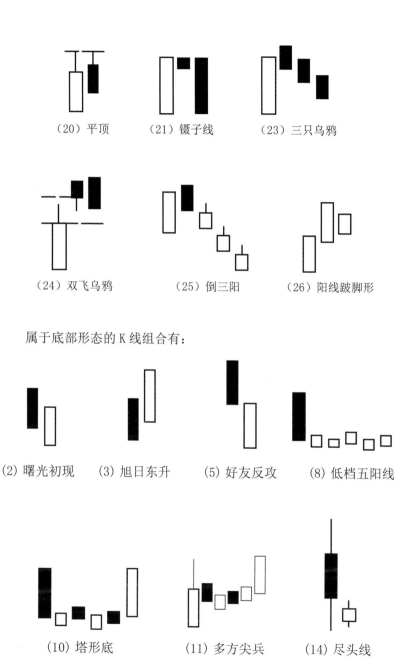

（20）平顶　　　　（21）镊子线　　　　（23）三只乌鸦

（24）双飞乌鸦　　　（25）倒三阳　　　（26）阳线跛脚形

属于底部形态的 K 线组合有：

（2）曙光初现　（3）旭日东升　（5）好友反攻　（8）低档五阳线

（10）塔形底　　　　（11）多方尖兵　　　（14）尽头线

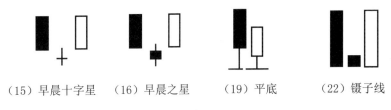

（15）早晨十字星　　（16）早晨之星　　　（19）平底　　　　（22）镊子线

图 294

习题 72　我们将下面的 K 线图形分成 4 组，每一组的 K 线图形的性质、名称都是一样的，但它们之间的信号强弱有较大差异。现在请你说出各组 K 线图形的名称，另按其信号强弱的秩序，依次将它们排成队（由强到弱），并简要说明其中理由。

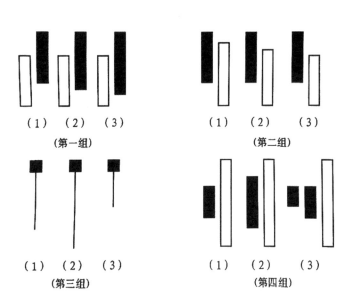

（1）　（2）　（3）　　　　　（1）　　（2）　　（3）

（第一组）　　　　　　　　　（第二组）

（1）　（2）　（3）　　　　　（1）　（2）　（3）

（第三组）　　　　　　　　　（第四组）

图 295

参考答案 第一组 K 线图形叫乌云盖顶；第二组 K 线图形叫曙光初现；第三组 K 线图形在底部出现叫锤头线，在顶部出现叫吊颈线；第四组 K 线图形叫穿头破脚。

第一组乌云盖顶图形由强到弱的秩序是：(3)、(2)、(1)。理由：阴线实体深入阳线实体部分越多，信号就越强。第二组曙光初现图形由强到弱的秩序是：(1)、(2)、(3)。理由：阳线实体深入阴线实体部分越多，信号就越强。第三组锤头线（吊颈线）图形由强到弱的秩序是：(2)、(1)、(3)。理由：下影线越长，信号就越强。第四组穿头破脚图形由强到弱的秩序是：(3)、(1)、(2)。理由：阳线包容前面的 K 线越多，转势力度就越大；阳线与阴线比例越悬殊，信号就越强。

习题 73 试写出各组对立 K 线或 K 线组合的名称：

(1) 大阳线 （　　　　） 　　(2) 倒锤头线 （　　　　）
(3) 早晨十字星 （　　　　） 　　(4) 乌云盖顶 （　　　　）
(5) 空方尖兵 （　　　　） 　　(6) 好友反攻 （　　　　）
(7) 塔形顶 （　　　　） 　　(8) 平顶 （　　　　）
(9) 红三兵 （　　　　） 　　(10) 下降抵抗形 （　　　　）

参考答案 (1) 大阴线 (2) 射击之星 (3) 黄昏十字星 (4) 曙光初现 (5) 多方尖兵 (6) 淡友反攻 (7) 塔形底 (8) 平底 (9) 黑三兵 (10) 上升抵抗形

修订者絮语之七

若要了解股市运行规律，首先要认识 K 线，因为 K 线技术是股市中最重要的操盘技术。投资者认识 K 线的第一步就是要认识 K 线的一些基本概念，K 线概念说起来似乎很简单，但若要真正理解它还是有一定难度的。所以投资者平时要加强这方面的训练，练习做多了就会有感觉，量变就能引起质变。

综 合 练 习 二
——K线图形的辨认

习题 74　下面20张小图画圈处和画线处的K线形态，反映了多空双方搏斗时，多方占据一定的优势。如果我们将多方对空方攻击的过程，分成攻击刚开始、攻击在继续、攻击已接近尾声3个时段。那么，我们就要根据情况采取不同的对策。比如，多方攻击刚开始，可大胆建仓；多方攻击还在继续，可继续买进；多方攻击已近尾声，应适时减仓。现在请你将下面图中画圈处或画线处的K线形态，按这3个时段归类，并说明每种K线形态的名称。

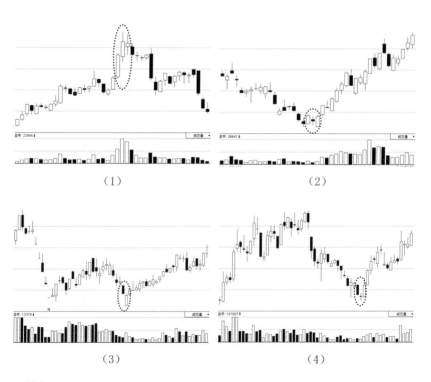

（1）　　　　　　　　　　（2）

（3）　　　　　　　　　　（4）

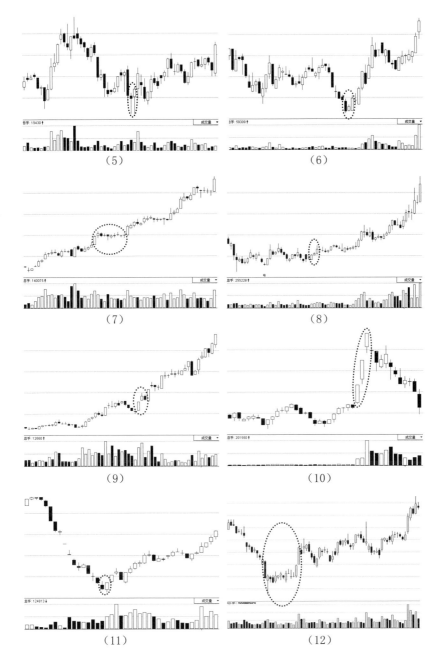

（5）

（6）

（7）

（8）

（9）

（10）

（11）

（12）

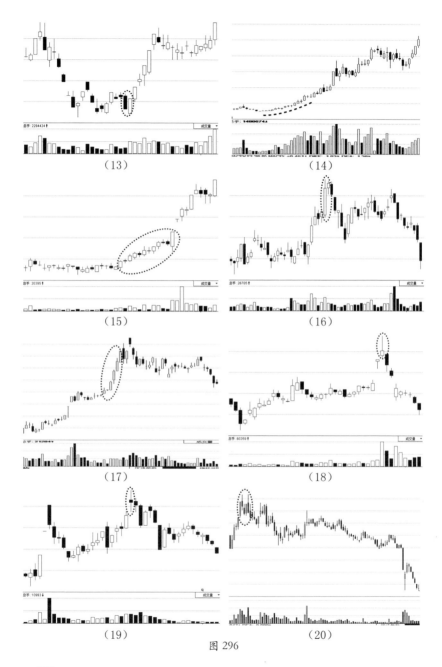

（13）　　　　　　　　　　　　　（14）

（15）　　　　　　　　　　　　　（16）

（17）　　　　　　　　　　　　　（18）

（19）　　　　　　　　　　　　　（20）

图 296

参考答案 属于多方攻击刚开始的 K 线形态有：(2) 两红夹一黑，(3) 好友反攻，(4) 早晨十字星，(5) 平底，(6) 镊子线，(8) 红三兵，(11) 穿头破脚，(12) 塔形底，(13) 曙光初现。

属于多方攻击还在继续的 K 线形态有：(7) 上档盘旋形，(9) 跳空上扬形，(14) 弧形线，(15) 稳步上涨形。

属于多方攻击已接近尾声的 K 线形态有：(1) 阳线跛脚形，(10) 连续跳空三阳线，(16) 尽头线，(17) 加速度线，(18) 射击之星，(19) 螺旋桨，(20) 平顶。

习题 75 下面 20 张小图中画圈处的 K 线形态，反映了多空搏斗时，空方占据一定的优势。如果我们将空方对多方打击的过程，分成打击刚开始、打击还在进行、打击已到尾声 3 个时段。那么，我们就要根据不同情况采取不同的对策。空方打击刚开始，必须全线清仓；空方打击还在进行，应继续减仓；空方打击已到尾声，要坚决守仓。现在请你将下面图中画圈处的 K 线形态，按这 3 个时段归类，并说明每种 K 线形态的名称。

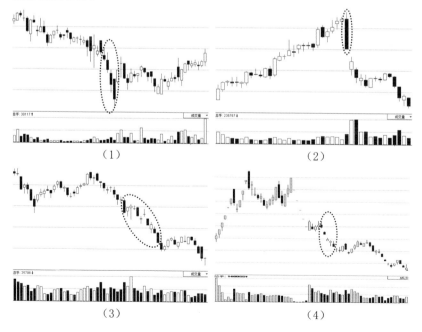

（1）　　　　　　　（2）

（3）　　　　　　　（4）

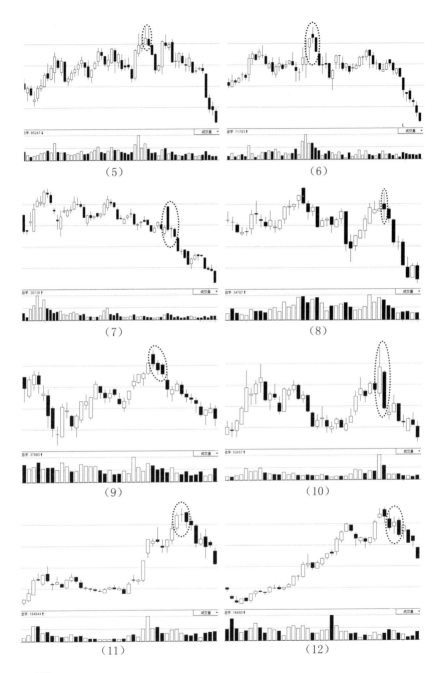

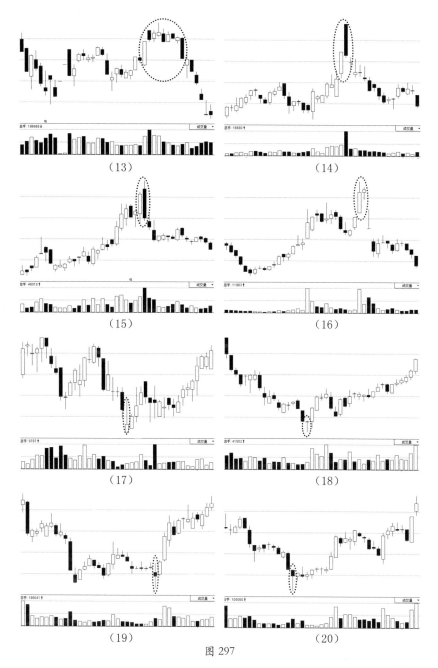

图 297

参考答案 属于空方对多方打击刚开始的K线形态有：(2) 大阴线，(5) 平顶，(6) 黄昏之星，(8) 螺旋桨，(9) 三只乌鸦，(10) 倾盆大雨，(11) 黄昏十字星，(12) 两黑夹一红，(13) 塔形顶，(14) 淡友反攻，(15) 穿头破脚，(16) 尽头线。

属于空方对多方打击还在进行的K线形态有：(3) 下跌不止形，(4) 下跌抵抗形，(7) 高开出逃形。

属于空方对多方打击已到尾声的K线形态有：(1) 加速度线，(17) 倒锤头线，(18) T字线，(19) 螺旋桨，(20) 锤头线。

习题 76 下面 8 张小图中画圈处都是反映头部信号的K线形态，每种K线形态内部均包括两种以上（含两种）的K线或K线组合，这种复合形头部K线形态发出的信号，比一般头部K线形态发出的信号要可靠得多，在实战中有很大的参考价值。现在请你分别说出这些复合形头部K线形态中的K线组合（包括K线）的名称。

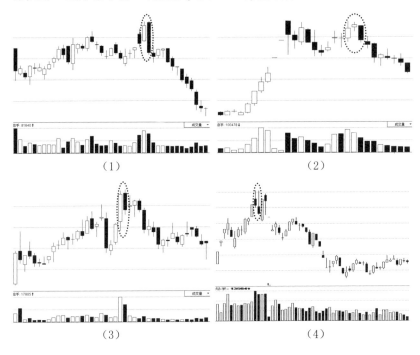

(1)　　　　　　　　　　　(2)

(3)　　　　　　　　　　　(4)

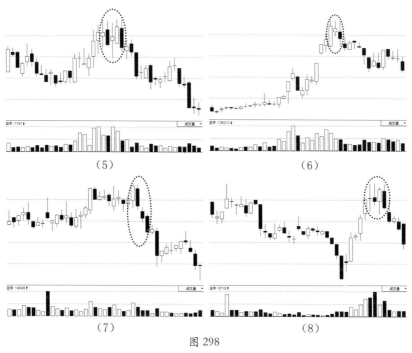

图 298

参考答案 图 (1) 中画圈处的 K 线形态既是平顶，又是穿头破脚。图 (2) 中画圈处的 K 线形态既是黄昏之星，又是尽头线、大阴线。图 (3) 中画圈处的 K 线形态既是平顶，又是乌云盖顶。图 (4) 中画圈处的 K 线形态既是平顶，又是射击之星。图 (5) 中画圈处的 K 线形态既是平顶，又是螺旋桨、穿头破脚、倾盆大雨。图 (6) 中画圈处的 K 线形态既是平顶，又是射击之星、螺旋桨、身怀六甲。图 (7) 中画圈处的 K 线形态既是倾盆大雨，又是下跌三连阴。图 (8) 中画圈处的 K 线形态既是平顶，又是长十字线、射击之星、倾盆大雨。

习题 77 下面 8 张小图中画圈处都是反映底部信号的 K 线形态，每种 K 线形态内部均包括两种以上(含两种)的 K 线或 K 线组合，这种复合形底部 K 线形态发出的信号比一般底部 K 线形态发出的信号要可靠得多，在实战中有很大的参考价值。现在请你分别说出这些复合形底部 K 线形态中的 K 线组合(包括 K 线)的名称。

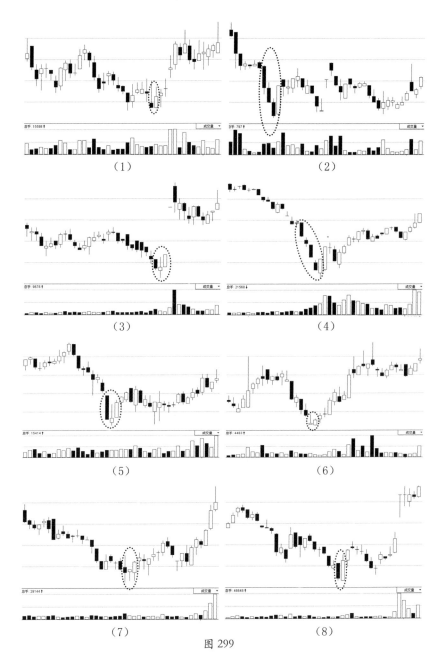

图 299

参考答案　图(1)中画圈处的K线形态既是平底，左边又是倒锤头线。图(2)中画圈处的K线形态既是下跌三连阴，又是旭日东升。图(3)中画圈处的K线形态既是早晨之星，中间又是螺旋桨。图(4)中画圈处的K线形态既是连续跳空三阴线，又是穿头破脚。图(5)中画圈处的K线形态既是早晨之星，中间又是倒锤头线。图(6)中画圈处的K线形态既是平底，左边又是倒锤头线。图(7)中画圈处的K线形态既是平底，又是螺旋桨、锤头线。图(8)中画圈处的K线形态既是平底，又是穿头破脚。

习题78　下面有8张小图，每张图都画了两个圈。现在请你说出各张小图画圈处的K线形态的名称。

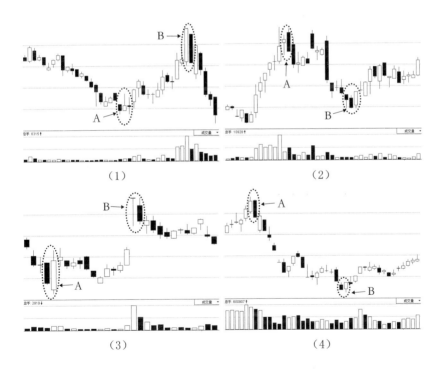

（1）　　　　　　　　　　　　（2）

（3）　　　　　　　　　　　　（4）

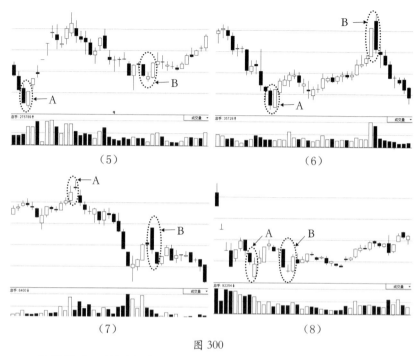

图 300

参考答案 图（1）中画圈处的 K 线形态是：A. 平底，B. 倾盆大雨。图（2）中画圈处的 K 线形态是：A. 穿头破脚，B. 平底。图（3）中画圈处的 K 线形态是：A. 穿头破脚，B. 平顶。图（4）中画圈处的 K 线形态是：A. 穿头破脚，B. 旭日东升。图（5）中画圈处的 K 线形态是：A. 曙光初现，B. 早晨之星。图（6）中画圈处的 K 线形态是：A. 穿头破脚，B. 乌云盖顶。图（7）中画圈处的 K 线形态是：A. 尽头线；B. 高开出逃形。图（8）中画圈处的 K 线形态是：A. 好友反攻，B. 早晨十字星。

以前我也用 K 线指导炒股，但效果不佳，还以为 K 线作用不大。现在认真做了练习后才明白，K 线作用大着呢！关键是要静下心来，把 K 线学深学透才行。

综 合 练 习 三
——K线图形的运用

习题 79　　仔细观察下图，并回答后面的问题：图中画圈处是一种什么样的K线形态？　在这个K线形态里包含哪些K线和K线组合？它向市场发出了什么信号？投资者见此K线图形应如何操作？

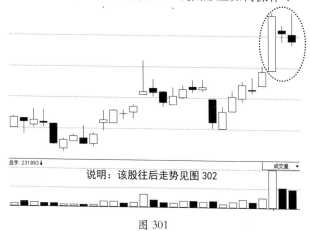

图 301

参考答案　　图中画圈处是一种复合形的K线形态。所谓复合形的K线形态，即一组K线里同时包括几种K线或K线组合。在图301中复合形的K线形态中包括的K线和K线组合有：大阳线、平顶、身怀六甲、射击之星。

首先看大阳线，这是在股价连续上升情况下出现的，并且成交放出了近期天量。从K线理论上说，此时拉出大阳线并伴有大成交量，暗示股价已涨到了头。再看大阳线和最后一根K线，它们的结合构成了一个平顶的走势，在涨势中出现平顶K线组合是一种见顶信号。另外，这根大阳线肚里又怀了两个小宝宝，即和后面两根K线组合成身怀六甲的 K 线形态。这种在升势末端出现的身怀六甲,肚子里怀的"小宝宝"越多,市场向淡的可能性就越大。如果我们再把大阳线后面第二根 K 线(即图 301 中最后一根 K 线)单独拎出来看,这又是令人生厌的射击之星。射击之星 K 线的出现,常为股价上涨画上了句号。因此,图 301 中画圈处的 K 线形态,无论出现哪一种,对多方都极为不利,都有见顶意味。况且它们在同一个场合出现,形势已变得十分严峻,股价下跌,甚至暴跌都随时可能发生(见图 302)。故而我们认为,在该股走势向市场发出强烈的见顶信号情况下,投资者此时最佳策略是退出观望。

习题 80 图 303 中的个股下跌了很长时间,今天总算收了一根大阳线。甲说这是超跌反弹,过后很快仍会下跌,现在还不能买。乙说这是见底回升,现在买进正是个好机会。请你根据 K 线理论,分析一下谁的意见正确?

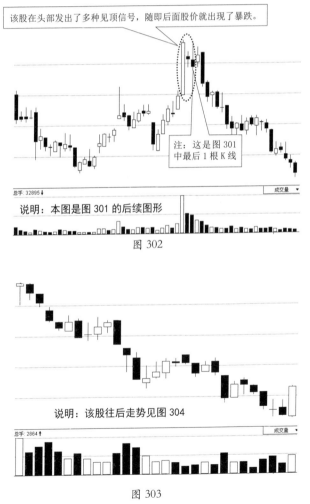

该股在头部发出了多种见顶信号,随即后面股价就出现了暴跌。

注:这是图 301 中最后 1 根 K 线

总手:32895↓

成交量 ▼

说明:本图是图 301 的后续图形

图 302

说明:该股往后走势见图 304

总手:2864↑

成交量 ▼

图 303

参考答案　乙的意见正确。因为从 K 线走势图上来看，最近的 3 根 K 线 (见图 303) 包含了几组 K 线信息。首先，今天的这根大阳线和昨天的阴线构成了一个"平底"。平底是个见底信号，而且这个平底又是以一根大阳线包容一根小阴线的形式出现的，这种形式的 K 线组合称之为穿头破脚。穿头破脚在 K 线形态中是较有代表性的转势信号，它出现在下跌途中，表示行情有可能转跌为升。从 K 线理论上说，如若穿头破脚的大阳线包容的阴线越多，则力度越强，而今天的大阳线就一连吞吃了前面的二根阴线与一根十字线，这个力度就不可小觑。只要我们仔细观察一下大阳线之前的第二根 K 线，就会发现它是一根十字线，十字线是在大幅下跌后出现的，这同样是个见底信号。再说今天的大阳线是在股价连连下滑后突然出现的，与此同时，成交量开始明显放大。这样的话，图 303 最后几天的 K 线走势，就不仅有见底的意味，而且还反映了做多主力在前期该股下跌时已吸足了筹码，现在有一种按捺不住急切上攻的愿望。

　　股价在下跌趋势中，同时出现这么多的见底信号，这就明确告诉投资者，现在股价很可能是真正见底了，此时不买更待何时呢 (见图 304) ？有人会说，难道你能肯定它就一定会上涨。要知道，在股市中

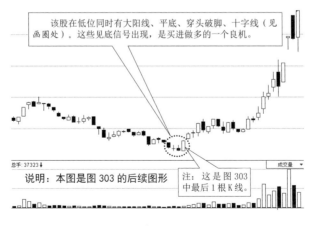

图 304

百分之一百的事是没有的。要做到百分之一百，那只有退出股市去存银行。因此，我们只要推测它上涨的概率很大，就可以大胆去买，这有什么不对呢？

其实，聪明的投资者就是要善于发现市场中的机会，机会来了，一定要抓住它。只有这样做才是对的。就本案例来说，现在可先买进一些股票，如果明天股价继续高开高走，再加码追进。这样的投资策略无疑是最正确的。

习题 81　下图是上海证交所成立以来至 1999 年 6 月的月 K 线走势图。请仔细观察这张图回答下面问题：(1) 什么是月 K 线，如何绘制月 K 线？(2) 研究月 K 线有何意义？(3) 从月 K 线图上看，截至 1999 年 6 月，上海股市曾出现过 6 次头部、6 次底部 (见图中画圈处)；而每次头部或底部，月 K 线都向我们发出过明显的转势信号。请问：这些转势信号的 K 线形态叫什么名称？请一一指明。

图 305

参考答案　(1) 月 K 线是指记录一个月交易的 K 线图形。月 K 线绘制方法是：以每月第一个交易日的开市价为月 K 线的开盘价，每月最后一个交易日的收盘价为月 K 线的收盘价，每月当中的最高价为上影线顶端，每月当中的最低价为下影线的尾端。

（2）月 K 线的时间跨度大，信息集中、明确。上海股市第一个 10 年来的走势在一幅月 K 线图中就可以清晰地表示出来。这是一般的日 K 线图、周 K 线图无法表现的。因此，投资者若要看清大势就必须研究月 K 线图。例如，当上涨途中出现月 K 线转势信号时，即应抛空离场，这样就可以避免因股市继续下跌带来的风险；当下跌途中出现月 K 线转势信号时，即应买进股票，并持股待涨，以求争取投资收益的最大化。据了解，一些股市高手就是深入研究了月 K 线图，并按月 K 线走势顺势操作，最后才成为股市大赢家的。可见，正确地研判月 K 线走势，对股市实战，尤其是把握股市中长期走势具有重要的现实意义。

（3）上海股市从开始以来（注：指 1990 年 12 月～1999 年 6 月这段时间）的 6 次头部是：① 顶部十字胎，② 射击之星，③ 上档倒 T 字线，④ 平顶，⑤ 乌云盖顶，⑥ 顶部穿头破脚。当这些头部信号显示出来之后，及时卖出股票者都可有效地规避市场风险，为日后抄底保存了资金实力。上海股市从开始以来（注：指 1990 年 12 月～1999 年 6 月这段时间）的 6 次底部是：⑦ 底部穿头破脚，⑧ 旭日东升，⑨ 早晨十字星，⑩ 塔形底，⑪ 身怀六甲，⑫ 塔形底。当这些底部信号显示出来之后，及时买进股票者，日后都获得了丰厚的投资回报。

修订者絮语之八

根据成功者的经验，投资者要想在炒股中胜出，必须做到以下 3 点：① 不经过系统的 K 线练习（即最起码要将本书中的练习完整做一遍）不上岗；② K 线练习不达标（即答题的准确率 ≥80%）不上岗；③ 上岗后操作连续失误 2 次，或操作 5 次失败 3 次，即要重新回炉，加强 K 线练习，在系统训练达标后再重新上岗（注：增加的 K 线练习，可参见《股市操练大全》习题集②，里面有大量 K 线实战题目可供大家练习）。

投资者只要做到这 3 点，就能打好股市翻身仗，在股市中成为输少胜多的赢家。

K线图形的识别和运用测验一

一、是非题（每题 2 分，共 8 分）

在下面的括号里填上"对"或"错"。

1. 图①中画圈处的 K 线组合是平顶。 （　　）

2. 图②中画圈处的 K 线组合是穿头破脚。 （　　）

图①

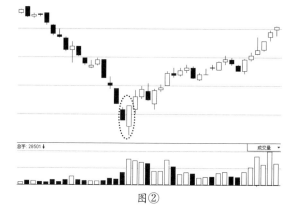

图②

3. 图③中画圈处的 K 线组合是淡友反攻。   （   ）

4. 图④中画圈处的 K 线组合是双飞乌鸦。   （   ）

图③

图④

二、判断题（每题 2 分，共 8 分）

下面各个小题中都有两句话，其中有一句是正确的。请在正确的话后面打上"√"。

第一题：

（1）股价在连续大幅上升后，拉出一根大阳线，成交量急剧放大，这是买进信号。   （   ）

(2) 股价在连续大幅上升后，拉出一根大阳线，成交量急剧放大，这是卖出信号。　　　　　　　　　　　　　　　　　（　　　）

第二题：

(1) 射击之星的上影线与 K 线实体之间的比例越悬殊，信号就越有参考价值。　　　　　　　　　　　　　　　　　　　　（　　　）

(2) 射击之星的上影线与 K 线实体之间的比例越小，信号就越有参考价值。　　　　　　　　　　　　　　　　　　　　（　　　）

第三题：

(1) 在下跌趋势中，尤其是在股价大幅下跌后出现连续跳空三阴线，是继续下跌信号。　　　　　　　　　　　　　　　　（　　　）

(2) 在下跌趋势中，尤其是在股价大幅下跌后出现连续跳空三阴线，是见底信号。　　　　　　　　　　　　　　　　　　（　　　）

第四题：

(1) 穿头破脚包容前面的 K 线越多，则转势信号越强。（　　　）

(2) 穿头破脚包容前面的 K 线越少，则转势信号越强。（　　　）

三、填空题（每题 2 分，共 8 分）

1. 图①中画圈处的 K 线是（　　　　　　）。它在跌势中，尤其是在股价大幅下挫的情况下出现，是（　　　　　　）的信号。

图①

2. 图②中画圈处的 K 线组合是（ ）。在连续下跌的行情中，出现这种 K 线形态，说明空方的打击已近尾声，因而具有很强的（ ）作用。

图②

3. 图③中画圈处的 K 线是（ ）。在涨势中出现这种 K 线形态，是一种（ ）信号。

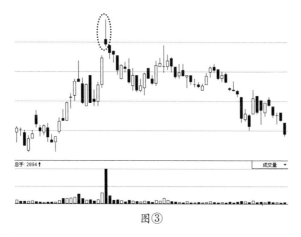

图③

4. 图④中画圈处的 K 线组合是（ ）。在涨升初期出现这种 K 线形态，是（ ）的信号。

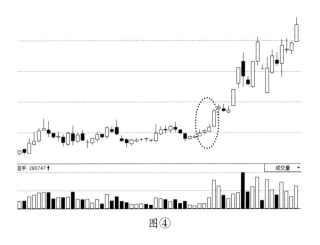

图④

四、选择题（每题 2 分，共 8 分）

1. 图①中画圈处的 K 线组合是（　　　）

A、红三兵　　　　　　　　　B、升势停顿

C、连续跳空三阳线　　　　　D、升势受阻

图①

2. 图②中画圈处的 K 线组合是（　　　）

A、身怀六甲　　　　　　　　B、镊子线

C、尽头线　　　　　　　　　D、吊颈线

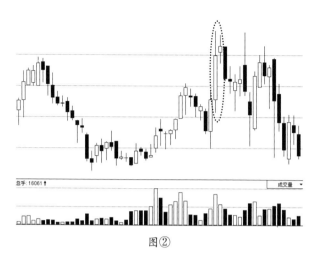

图②

3. 图③中画圈处的K线组合是（   ）

A、平底   B、平顶

C、曙光初现   D、好友反攻

图③

4. 图④中画圈处的K线组合是（   ）

A、早晨十字星   B、早晨之星

C、黄昏十字星   D、黄昏之星

图④

五、简答题（每题 4 分，共 32 分）

1. 下图是深市某股日 K 线图的一个片断。请问：(1) 图中画圈处的 K 线组合叫什么名称？（2) 出现这种 K 线形态，后市一般会朝什么方向发展？投资者见此 K 线形态应如何操作？

2. 仔细观察下图，回答后面的问题：(1) 图中画圈处的 K 线组合叫什么名称？（2) 投资者见此 K 线形态应如何操作？

3. 仔细观察下图，回答后面的问题：(1) 图中画圈处的 K 线组合叫什么名称？(2) 投资者见此 K 线形态应如何操作？

4. 仔细观察下图，回答后面的问题：(1) 图中画圈处的 K 线组合叫什么名称？(2) 投资者遇到这种 K 线形态应怎样操作？

5. 仔细观察下图，回答后面的问题：(1) 图中画圈处的 K 线组合叫什么名称？ (2) 投资者这时候应该怎么操作？

6. 仔细观察下图，回答后面的问题：(1) 图①和图②中画圈处的 K 线叫什么名称？ (2) 它们有何相同和不同之处？

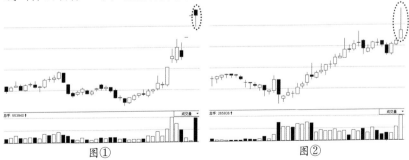

图①　　　　　　　　　　　　图②

7. 仔细观察下图，回答后面的问题：(1) 图中画圈处的K线组合叫什么名称？(2) 投资者见此K线形态应如何操作？

8. 仔细观察下图，回答后面的问题：(1) 图中画圈处的K线组合叫什么名称？(2) 它的技术含义是什么？(3) 投资者如遇此种K线组合应如何操作？

六、问答题（每题9分，共36分）

1. 仔细观察下图，回答后面的问题：(1) 图中画圈处包含几组K线组合，它们叫什么名称？(2) 跌势中出现这样的复合形K线形态，它的作用是什么？(3) 投资者见此 K 线形态应如何操作？

2. 下图中有 2 根 K 线打了圈，请问：(1) 这 2 根 K 线有什么相似和不同之处？(2) 它们现在各自表示什么意思？

3. 甲、乙两人看了下面图中画圈处的 K 线形态后，提出了以下不同的看法：甲认为该股在强势上攻后，出现了短暂回调，虽然拉出了 2 根阴线，但成交量大幅萎缩。阴线仍在第一根阳线包容之中，说明反弹并未结束，多方仍占据着优势，后市仍可持股待涨。乙认为该股 K 线形态变坏，反弹已结束，下跌将成定局，现在应该赶快停损离场。请问：甲、乙两人的意见谁对？请你运用 K 线理论对此进行一番评说。

4. 请仔细观察下面 4 张走势图，然后回答后面的问题：(1) 这 4 张走势图都有一个共同的特征，这共同特征是什么？ (2) 产生这种特征的原因是什么？ (3) 投资者遇此情况应该如何操作？

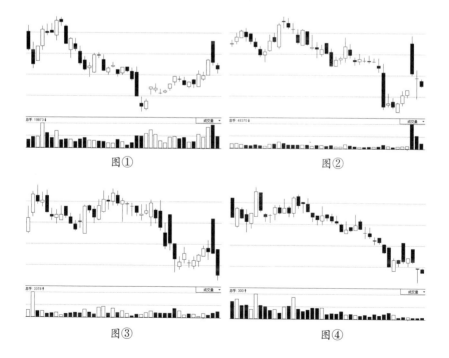

图①　　　　　　　　　　　　　　图②

图③　　　　　　　　　　　　　　图④

K 线图形的识别和运用测验一
参考答案

一、是非题
1.（错）　2.（对）　3.（错）　4.（对）

二、判断题
第一题 (2) √　　第二题 (1) √　　第三题 (2) √　　第四题 (1) √

三、填空题
1. 倒锤头线、见底回升

2. 连续跳空三阴线、止跌

3. 射击之星、见顶

4. 徐缓上升形、继续上涨

四、选择题
1. C　2. C　3. A　4. B

五、简答题
1. 参考答案：(1) 图中画圈处的 K 线组合叫升势停顿。(2) 一般来说，出现这种 K 线形态，后市在短期内会走弱，并很有可能引发一轮跌势。因此，投资者见此 K 线形态应适时减仓，如发现日后股价掉头下行，应及时抛空离场（见下图）。

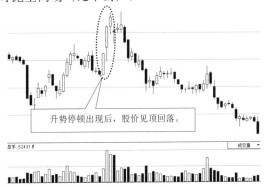

升势停顿出现后，股价见顶回落。

总手：52431↑　　　　　　　　　　　　　　　　　成交量▼

2. 参考答案：（1）图中画圈处的 K 线组合叫多方尖兵。（2）在股价上涨时，出现多方尖兵的走势常常是多方主力在发动上攻前的一种试盘动作。因此，投资者不必惧怕 K 线上的长长上影线。如若投资者发现日后股价有效地收于这根长上影线的上方，即可大胆地买进。（见下图）

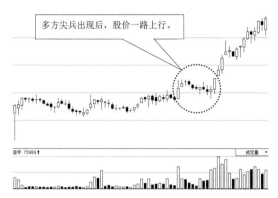

多方尖兵出现后，股价一路上行。

3. 参考答案：（1）图中画圈内的 K 线组合不是圆顶，而是塔形顶。(2)投资者如遇到塔形顶的走势，就应意识到股价将出现调整（见下图），可适时做空，另觅更好的投资机会。

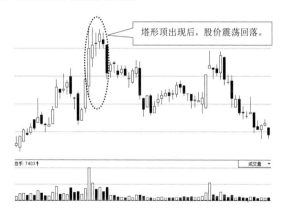

塔形顶出现后，股价震荡回落。

4. 参考答案：（1）图中画圆处的 K 线组合叫三只乌鸦。（2）投资者如遇到这种 K 线组合就应卖出股票，加入空方队伍，以避免往后下跌带来的损失（见下图）。

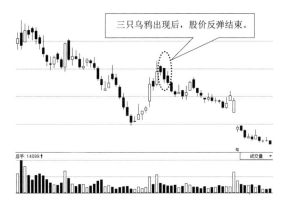

三只乌鸦出现后，股价反弹结束。

总手: 14099↑　　　　　　　　　　　　成交量 ▼

5. 参考答案：(1) 图中画圈处的 K 线组合叫穿头破脚。(2) 在低位出现穿头破脚 K 线形态是见底信号，表明多方重新获得主动权，所以投资者此时不应该再看空，可考虑适量买进（见下图）。

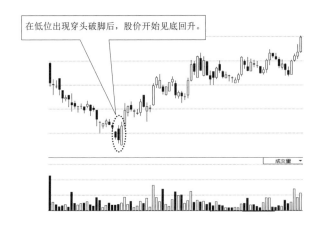

在低位出现穿头破脚后，股价开始见底回升。

成交量 ▼

6. 参考答案：(1) 图①中画圈处的 K 线叫吊颈线，图②中画圈处的 K 线叫射击之星。(2) 它们的相同之处是：吊颈线和射击之星都出现在上涨趋势中，实体很小，都是一种见顶信号，预示股价将由升势转为跌势（见下页图 A、图 B）。它们的不同之处是：吊颈线有很长的下影线，而射击之星有很长的上影线。

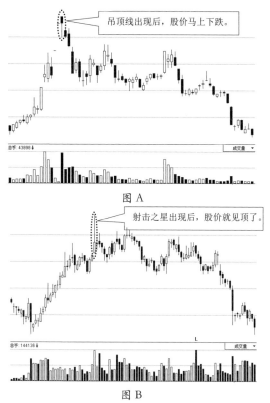

图 A

图 B

7. 参考答案：(1) 图中画圈处的 K 线组合叫下探上涨形。在涨势中出现这种 K 线形态，是股价继续上涨的信号。(2) 投资者如遇到下探上涨形的 K 线组合，应增强持股信心，空仓者可跟进适量做多（见下图）。

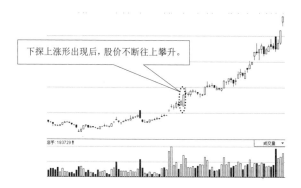

8. 参考答案: (1) 图中画圈处的 K 线组合叫红三兵。(2) 红三兵出现在上涨初期是继续看涨信号。(3) 该股经过较长时间横向整理, 出现红三兵走势, 成交量又随之大幅增加, 这表明多方近期将会展开一轮上攻行情, 投资者可跟进积极做多 (见下图)。

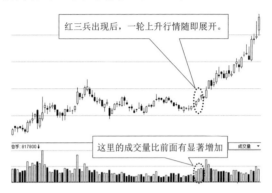

红三兵出现后, 一轮上升行情随即展开。

这里的成交量比前面有显著增加

六、问答题

1. 参考答案: (1) 图中画圈处包含两组 K 线组合。从整体上看是个平底的 K 线组合, 但后面的一根长阳线完全吞吃了前面几根 K 线 (包括几根小阴线、小阳线), 这样又构成了穿头破脚的 K 线组合。(2) 在跌势中同时出现平底、穿头破脚这样复合形的 K 线组合形态, 其信号有叠加效应, 它发出的见底信号要比单一的 K 线组合见底信号可靠得多。(3) 投资者若遇到这种 K 线走势, 应考虑积极做多, 如果成交量能同时放大, 就应该大胆地买进 (见下图)。

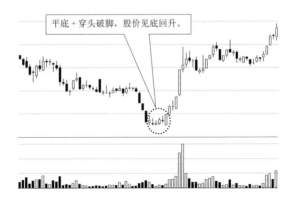

平底 + 穿头破脚, 股价见底回升。

2. 参考答案：(1) 从图形上看，这2根K线都是实体很小的小阳线，左边圈上的小阳线带有一根较长的下影线，右边圈上的小阳线带有一根较长的上影线。由于左边的小阳线形状象一个锤子，因而称之为阳锤头线。右边的小阳线，因锤柄（即上影线）朝上，锤头在下，因而称它为阳倒锤头线。(2) 股市中人们想象力是很丰富的。右边的那个阳倒锤头线，人们把它想象成即将要发射出去的箭，因而给它起了一个雅名，称之为射击之星。这个雅名已为市场所接受，并达成共识，因此，现在人们把在低位出现的阳锤头线或阴锤头线统称为锤头线。把高位出现的阳倒锤头线，或阴倒锤头线统称为射击之星。从K线理论上分析，锤头线、射击之星都是一种反转形态。通常，在跌势中，尤其在大幅下跌后出现的锤头线，其较长的下影线表示下档承接盘较强，是一种见底回升的信号。在涨势中，尤其在大幅上涨后出现的射击之星，其较长的上影线表示上档卖压沉重，是一种见顶回落的信号。

3. 参考答案：乙的意见正确。从图中画圈处看，这是个复合形的K线组合，它包含乌云盖顶、两黑夹一红两组K线组合。该股在拉出一根长阳线后，接着就出现了一根高开低走的中阴线，这一阳一阴两根K线构成了一种乌云盖顶的K线走势。另外，画圈处的2根较长的阴线中间夹着一根较短的阳线，又形成了一幅令人生畏的两黑夹一红的K线图形。一般来说，在涨势中出现的乌云盖顶、两黑夹一红都是见顶信号。如果某一股票在上涨途中同时出现这两个见顶信号，下跌的可能性就很大了。现在我们把目光再移到前面那张图，这个复合形的见顶K线形态是在股价反弹，并呈现加速上涨途中出现的，这就更增加了市场对它的下跌预期。从图中可以看出，该股在上扬时连拉数根阳线，且最后拉出一根大阳线，与此同时，成交量也急剧放大。从K线理论上来说，股价加速上扬，连拉阳线，成交量剧增，这本身就说明多方能量消耗过大，是股价反弹能量穷尽的信号。如果在这之后，再出现见顶的K线组合，几种力量加在一起，股价反弹就终止了，后面就非跌不可了。有人认为下跌时不放量就不要紧，这实际上是一种误识。股价上涨一定要有成交量支持，下跌时无量也可以空跌，这已为股市实践反复证明。再说，该股急速拉升时放出天量，说明庄家早已趁机高位派发，因此，下跌时成交量大幅萎缩，也就是很自然的事了。总之，我们认为甲在这个问题的认识上有很多误区。现在对投资者来说，当务之急是要赶快寻机离场，这样多少可减少一点损失（见下图）。

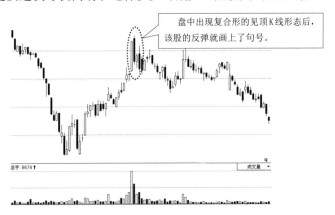

盘中出现复合形的见顶K线形态后，该股的反弹就画上了句号。

4. 参考答案：(1) 这 4 张图的共同特征是：在股价下跌途中都出现了高开低走的长阴线（见下页图 A～图 D 中画圈处），随后股价就呈加速下滑的态势。

(2) 我们认为产生这种现象的根本原因是，庄家利用反弹大量减磅所致。从图①中可以明显看出庄家在高开低走的长阴线掩护下，抛掉了手中的筹码，实现了胜利大逃亡。从图②中可以看出股价在收出这根长阴线时，放出了天量，显然被套庄家顺利派发了大量筹码。图③显示的 2 根长阴线间隔一段时间，十分引人注目，虽然成交量不大，但庄家总算借此机会出了一些货，减轻了负担。图④中紧靠在一起的 2 根长阴线，反映了庄家心情浮躁，出货心切，但无奈下面接盘稀少，庄家并未达到目的。总之，这几张图上十分显眼的长阴线，都表示一个意思，即庄家在寻机出逃，故我们将这种 K 线形态称之为"高开出逃形"。

(3) 投资者面对高开出逃形的 K 线走势，应如何操作呢？最好的办法是不参与。大家千万不要被股价突然高开所迷惑，如果一追进去，准会中了庄家的圈套。有人说，高开低走是事后才知道的，如果当日高开高走，不追进去岂不是踏空了吗？股市操作有一个原则，叫做"宁可错过，不可做错"。当你面对股价突然之间的高开，还没有弄清原委，不知究竟是何原因高开，并且后面是高开低走，还是高开高走时，你就一头扎进去，这岂不是太盲目了吗？因此，投资者对在跌势中出现股价莫名其妙的高开现象，一定要先冷眼观之。如真的是该股有什么重大利好消息促使股价劲升，在走势图上也会反映出来，例如高开高走，第二天继续往上攀升等等，到时再作定夺追进去也不迟。这样做总比眼睛一闭瞎碰乱撞把握大得多。另外还要注意的是，在下跌中形成高开出逃形走势后，就应该远离此股。经验告诉我们，股价遭此重创后，往往有一段较大的跌势，投资者暂时应以不碰它为妙。

附：图①～图④出现高开出逃形后的走势图。

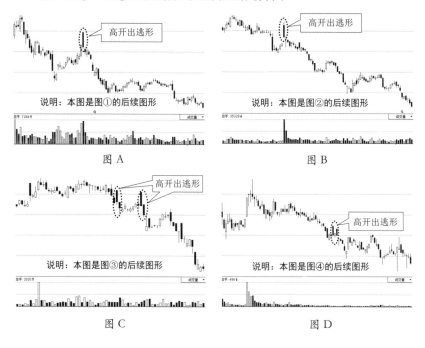

说明：本图是图①的后续图形

图 A

说明：本图是图②的后续图形

图 B

说明：本图是图③的后续图形

图 C

说明：本图是图④的后续图形

图 D

学习K线，挑战未来，攻坚克难，勇攀高峰！

K 线图形的识别和运用测验二

姓名_____ 得分_____

一、是非题（每题 2 分，共 8 分）

在下面的括号内填上"对"或"错"。

1. 图①中画圈处的 K 线组合是早晨之星。 （   ）

2. 图②中画圈处的 K 线组合是穿头破脚。 （   ）

图①

图②

3. 图③中画圈处的 K 线组合是徐缓下降形。　　（　　）

4. 图④中画圈处的 K 线组合是乌云盖顶。　　（　　）

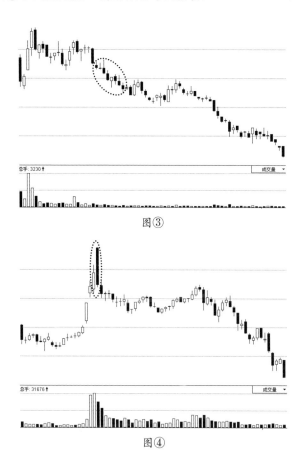

图③

图④

二、判断题（每题 2 分，共 8 分）

下面每组两句话，只有一句是正确的。请你在正确的一句话后面打上"√"。

第一题：

（1）在高位出现的 T 字线，长长的下影线，表示接盘能力很强，股价还会大幅上扬。　　　　　　　　　　　（　　）

(2) 在高位出现的 T 字线，长长的下影线，表示庄家做盘痕迹明显，股价有可能转升为跌。　　　　　　　　　　　　（　　　）

第二题：

(1) 所谓的平底，就是 2 根或 2 根以上的 K 线，其最低价处于同一水平位置上。　　　　　　　　　　　　　　　　　（　　　）

(2) 所谓的平底，就是 2 根或 2 根以上的 K 线，其收盘价处于同一水平位置上。　　　　　　　　　　　　　　　　　（　　　）

第三题：

(1) 曙光初现中的阳线实体深入阴线实体的部分越多，则转势信号越强。　　　　　　　　　　　　　　　　　　　　（　　　）

(2) 曙光初现中的阳线实体深入阴线实体的部分越少，则转势信号越强。　　　　　　　　　　　　　　　　　　　　（　　　）

第四题

(1) 在上涨途中出现上档盘旋形，如盘旋时间太久，说明多方上攻愿望不强，因而下跌的可能性很大。　　　　　　　（　　　）

(2) 在上涨途中出现上档盘旋形，如盘旋时间越久，越能说明多方在蓄势待涨，因而上升的可能性很大。　　　　　　（　　　）

三、填空题（每题 2 分，共 8 分）

1. 图①中的个股一路下跌后，在画圈处形成（　　　　　）的走势。

图①

该 K 线组合出现在连续下跌过程中，（   ）信号强烈。果然在此不久，该股出现了一轮飚升行情。

2. 图②中画圈处的 K 线组合是（   ）。在跌势中出现这样的 K 线组合，如（   ）也能随之放大，向上的概率很大。

图②

3. 图③中画圈处的 K 线叫（   ）。在连续上扬过程中，出现这样的 K 线是一种（   ）信号，如若日后几天股价重心下移，一轮跌势就不可避免。

图③

4. 图④中画圈处的 K 线组合既是（   ），又是（   ），并且（   ）也放出了（   ），所以其见顶信号相当强。

图④

四、选择题（每题2分，共8分）

1. 图①中画圈处的K线组合是　　　　　　　　　　　　　（　　）

A、连续跳空三阴线　　　　　　　B、下跌三连阴

C、三只乌鸦　　　　　　　　　　D、双飞乌鸦

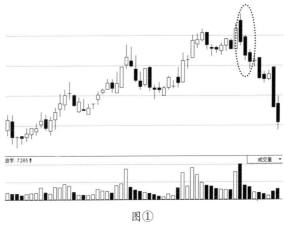

图①

2. 图②中画圈处的K线是　　　　　　　　　　　　　　（　　）

A、射击之星　　　　　　　　　　B、吊颈线

C、螺旋桨　　　　　　　　　　　D、十字线

图②

3. 图③中画圈处的 K 线组合是 （　　）

A、淡友反攻　　　　　　　　　B、乌云盖顶

C、升势受阻　　　　　　　　　D、升势停顿

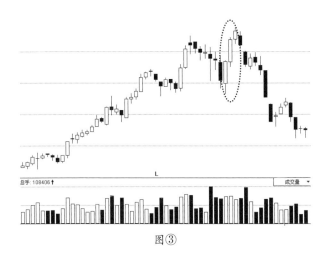

图③

4. 图④中画圈处的 K 线组合是 （　　）

A、黑三兵　　　　　　　　　　B、加速度线

C、下跌三连阴　　　　　　　　D、连续跳空三阴线

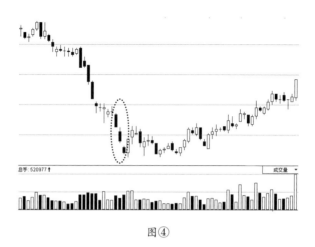

图④

五、简答题（每题 4 分，共 32 分）

1. 仔细观察下图，回答后面的问题：(1) 图①、图②中画圈处的是什么 K 线组合？(2) 投资者见到上述 K 线形态应如何操作？

图①   图②

2. 仔细观察下图，回答后面的问题：(1) 图中箭头 A、B、C 所指的 K 线叫什么名称？(2) 它们在技术上有何相同和不同之处？

3. 仔细观察下图，回答后面的问题：(1) 图中画圈处的是什么K线组合？(2) 投资者见此K线形态应如何操作？

4. 仔细观察下图，回答后面的问题：(1) 图中画弧线处是什么K线组合？(2) 投资者见此K线形态应如何操作？

5. 仔细观察下图，回答后面的问题：(1) 图中画圈处的是什么 K 线组合？(2) 投资者见此 K 线形态应如何操作？

6. 仔细观察下图，回答后面的问题：(1) 图中画圈处的是转势形态的 K 线组合，它先后 3 次向投资者发出见顶信号。请问：这 3 次见顶信号的 K 线或 K 线组合的名称和作用是什么？

7. 下图是深市某股周 K 线图的一个片断。请你仔细观察该图后，回答下面的问题：(1) 图中画圈处属于哪一种 K 线组合？(2) 投资者如遇到此 K 线组合应继续做多，还是退出观望？

8. 下图显示：某股在连续下跌中,今天又拉出了一根长阴线。请问:
投资者现在要不要卖出股票?

六、问答题（每题 9 分, 共 36 分）

1. 该股是一个投机性很强的股票,因而出现"T字线"、"倒T字线"
的情况特别多。现在请你说说,箭头 A、B、C、D 所指的 4 根"T字线"、
或"倒 T 字线"的技术含义,各自有什么区别?

2. 下图中画圈处是转势形态的 K 线组合，它向投资者发出了 3 种见底回升的信号。请问：这 3 种见底回升信号的 K 线或 K 线组合的名称和作用是什么？

3. 下图中的个股今日放量下跌，一位投资者已经把前期获利筹码全部抛空，近期也不打算再买进该股。请问：这位投资者的操作是否正确？

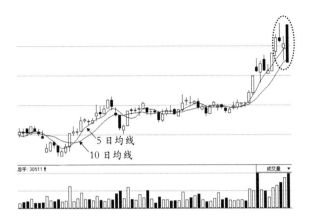

4. 下图中的个股前期一直在横盘整理，今天大势下调，满盘皆绿，它却不跌反涨，拉出了一根光头光脚的大阳线，成交量也随之放大，有人认为这是庄家在逆势操作，该股日后一定会补跌；也有人认为这是庄家有实力的表现，该股日后极有可能成为一匹黑马。请问：你认为这两种意见哪一种正确，投资者应如何操作？

朋友，请仔细辨别。如果不看答案，就能对上面的问题作出正确的抉择，说明你看图已看出门道，很有功力了。

K线图形的识别和运用测验二
参考答案

一、是非题
1.（对） 2.（对） 3.（错） 4.（对）

二、判断题
第一题（2）√ 第二题（1）√ 第三题（1）√ 第四题（1）√

三、填空题
1. 身怀六甲、止跌或见底 2. 穿头破脚、成交量
3. 螺旋桨、见顶 4. 平顶、穿头破脚、成交、巨量

四、选择题
1. C 2. A 3. D 4. D

五、简答题
1. 参考答案：(1) 图①中画圈处的 K 线组合叫旭日东升，图②中画圈处的 K 线组合叫倾盆大雨。(2) 投资者见到旭日东升的 K 线形态，应意识到股价有可能见底回升，此时可考虑试着买进一些股票（见下图A）。投资者见到倾盆大雨的 K 线形态，应意识到股价有可能见顶回落，此时应采取退出的策略（见下图 B），避免股价下跌带来的风险。

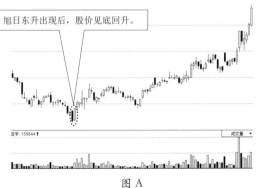

图A

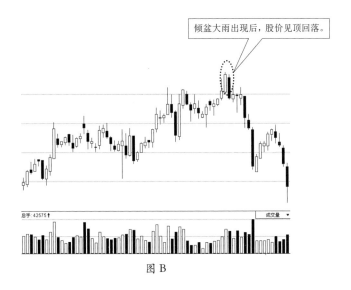

倾盆大雨出现后，股价见顶回落。

图 B

2. 参考答案：(1)A 为尽头线，B 为长十字线，C 为螺旋桨 K 线。(2)它们在技术上的共同特征：都是转势信号，可改变股价运行的方向（见下图）。所不同的是：A、C 为见底回升的信号，B 为见顶回落的信号。

3. 参考答案：(1) 图中画圈处的 K 线组合是二黑夹一红。(2) 当股价有一段较大涨幅后，出现二黑夹一红时，说明股价升势已尽。这时投资者要提高警惕，可先卖出一些股票，进行减仓操作，如在二黑夹一红后，股价重心继续向下，就应及时抛空离场（见下图）。

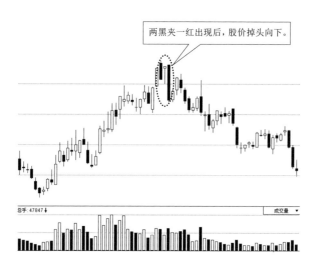

两黑夹一红出现后，股价掉头向下。

4. 参考答案：(1) 图中画弧线处的 K 线组合叫弧形线，弧形线是股价继续上涨的信号。(2) 当 K 线图上形成弧形线走势，成交量也随之放大时，可适时买进一些股票（见下图）。

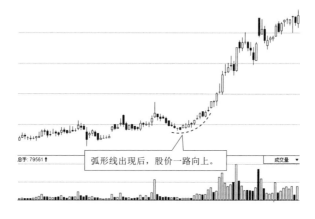

弧形线出现后，股价一路向上。

5. 参考答案：(1) 图中画圈处的 K 线组合是两红夹一黑。(2) 两红夹一黑是股价继续上涨的信号，因此投资者见此图形可持股不动，空仓者可适量买进（见下图）。

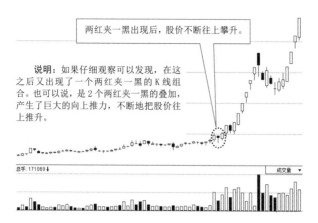

两红夹一黑出现后，股价不断往上攀升。

说明：如果仔细观察可以发现，在这之后又出现了一个两红夹一黑的 K 线组合。也可以说，是 2 个两红夹一黑的叠加，产生了巨大的向上推力，不断地把股价往上推升。

总手：171069↓　　　　　　成交量 ▼

6. 参考答案：这 3 次见顶信号的 K 线或 K 线组合按先后次序分别是螺旋桨、射击之星、穿头破脚（见下面图形分解说明）。股价就是在这 3 次见顶信号的合力作用下，出现了深幅下挫。

图形分解说明

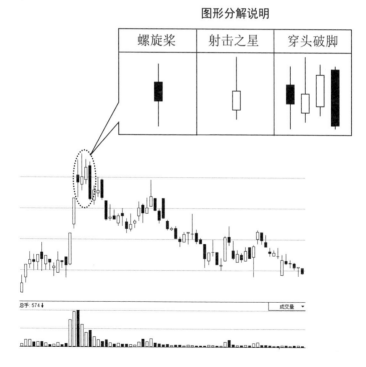

7. 参考答案：(1) 图中画圈处的K线组合属于上涨二颗星。(2) 投资者遇到这种K线走势应继续做多。因为上涨二颗星是继续上涨的信号，所以，此时投资者仍可持股不动，或适时追加一些筹码（见下图）。

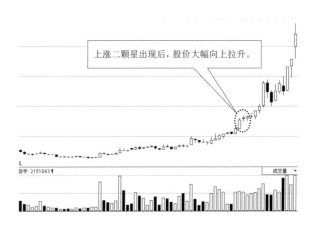

上涨二颗星出现后，股价大幅向上拉升。

总手: 2151843↑   成交量 ▾

8. 参考答案：投资者要马上停损离场。因为今天这根长阴线是在前期平台整理失败向下破位时产生的，与此同时，下跌时成交量也明显放大，说明股价将继续往下探底（见下图）。

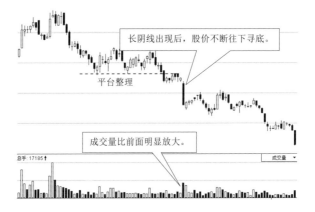

长阴线出现后，股价不断往下寻底。

平台整理

成交量比前面明显放大。

总手: 17185↑   成交量 ▾

六、问答题

1. **参考答案**：箭头 A 指的"T 字线"是在连续上涨过程中出现的，并伴有成交量急剧放大，是一个明显的顶部转势信号。箭头 B 指的"倒 T 字线"，是在股价见顶时出现的，说明上方做空力量很强，过后股价仍会继续下跌。箭头 C 指的"倒 T 字线"，是一根上影线很短的小倒 T 字线，并且下面的成交量很小，说明经过连续下跌后，在这个位置上多空力量达到了相对平衡，股价暂时再难以深跌，是一个阶段性止跌信号。箭头 D 指的"T 字线"，是在股价连续大幅下挫的情况下出现的，此时，成交量已十分萎缩，说明做空的力量已得到充分释放，是一个底部转势信号。（见下图）

2. **参考答案**：从整体上看，图中画圈处的 K 线组合是穿头破脚，而且构成穿头破脚的最后一根 K 线一连吞吃了前面 3 根小 K 线，因此它发出的止跌信号十分强烈。如果我们分开来看，图中画圈处的最后一根 K 线是一根大阳线，在跌势中，尤其是股价大幅下跌过程中拉出大阳线，反映了多方强烈的上攻愿望。如果我们再仔细观察，就可以发现大阳线前面的一根 K 线是个倒 T 字线。倒 T 字线出现在股价深幅下跌之时，有明显的止跌作用。该股正是在这 3 种见底信号的合力作用下，才形成了 V 形反转走势（见下图）。

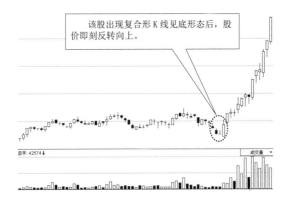

该股出现复合形 K 线见底形态后，股价即刻反转向上。

3. 参考答案：这位投资者操作是正确的。今日的光头光脚大阴线从高处一举跌破了 5 日、10 日两条平均线（注：关于均线知识，《股市操练大全》第二册将作详细介绍），是空方对多方一次成功的突然袭击，多方溃不成军，日后空方很有可能乘胜追击，扩大胜利成果。另外，在今天的这根大阴线之前，已出现了射击之星和螺旋桨的见顶 K 线。今天的阴线还一连吞吃了前面数根 K 线，形成了一个力度很强的顶部穿头破脚的 K 线组合。而射击之星、螺旋桨和穿头破脚都是见顶信号。一个股票在升势中同时出现大阴线、射击之星、螺旋桨和穿头破脚的转势图是很少见的，再加上下跌时放出巨量，对多方来说目前局势已到了万分危急的关头。该股的技术走势已明白无误地告诉我们：一轮调整正在或已经开始。所以，投资者见此图形要赶快停损离场，出局越早，损失越小（见下图）。

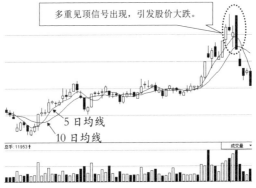

多重见顶信号出现，引发股价大跌。

5 日均线

10 日均线

4. 参考答案：后一种意见正确。该股横盘后拉出一根光头光脚的大阳线，成交量随之放大，这是看涨的信号。况且，这根大阳线是在大势下调，其他各股纷纷回落时出现的，颇有点万绿丛中一点红的意味。庄家敢于在大势下调之时发力上攻，说明前期已吸足了筹码。这样做的目的，一是为了显示自己做庄的实力，二是为了引起市场对该股的注意，吸引跟风盘。在沪深股市中，一些具有独特题材和潜在利好消息的个股，往往就是通过这种形式而成为市场追捧的对象，变成一匹大黑马的。

投资者见到该图形可这样操作：如果你是激进型投资者，可在拉大阳线后的第二天适量买进，若日后股价站稳 10 日均线可加码跟进。如果你是稳健型投资者，先不要马上买进，可等到股价站稳 10 日均线后再买进。这样投资的风险比前者要小一些。有人担心，如果这根大阳线是庄家诱多而设置的骗线，买进去不正是中了庄家圈套吗？当然这种情况有可能会发生，但出现的概率很小。况且真的出现这种情况，K线走势上也会有所反映，如上涨无量，或是拉出大阳线即显疲态，成交量放大而股价始终上不去等等，这时，投资者可见机反手做空，停损离场，一般损失也不会很大。但是若因为担心风险而迟迟不买进，等走势完全明朗时，股价早已飞上了天，大黑马就会与你擦肩而过。可见在股市中，只要机会大于风险，这个事情就值得去尝试。（见下图）

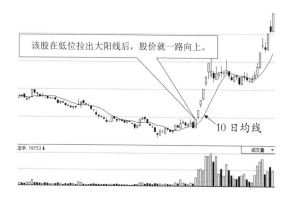

该股在低位拉出大阳线后，股价就一路向上。

10 日均线

总手: 78752   成交量

K 线的识别与练习小结

所谓 K 线走势图，就是股价(指数)在一定时间内的开盘价、收盘价、最高价、最低价，用阴线、阳线表示的走势图，以便投资者观察目前的涨跌趋势，作出正确的投资决策。K 线的内容极为丰富，如果从量上统计，其他所有的技术分析内容加起来至多也只能和它打个平手。从这一点上，就可知道 K 线在技术分析中的地位有多么重要。在股市实战中，K 线分析是投资者用得最广、频率最高、效果最好的一种实用性操盘技巧。因此，作为股市中人要想获得投资成功，就一定要认真学习和研究 K 线，并在实践中真正掌握它。这里必须注意以下几个问题：

(1) 要牢记各种 K 线图形的特征。不仅要记住它的基本图形，还要记住有关图形特征的文字表述。本章所列的常用 K 线图形有 70 几种，这已经是够多的了。但这 70 余种的 K 线图形还只是它们最基本的图形，书中不可能也没有必要将在基本图形上演变出来的各种图形都列举出来。譬如说平底吧，尽管它变化的图形有几十种之多，但投资者只要记住临近的几根 K 线"最低价位(最低点)处于同一水平位置"这一特征，那么无论平底的图形如何变化，都很容易把它识别出来。

(2) 要反复比较，不要张冠李戴。在 K 线图形中，尤其是一些 K 线组合，形状相似的很多，稍不注意就会认错。为了避免误认，读者对一些相似、相近的图形要反复比较，真正搞清楚它们的区别所在。比如同是 3 根阳线的图形，但由于阳线实体的变化，就会出现三个白色武士、升势停顿、升势受阻、连续跳空三阳线、倒三阳等几种不同的图形。它们各自的特征、技术含义不同，与之相对应的操作方法也不同。这就不能把它们混为一谈，张冠李戴，以免遭受不必要的损失。

(3) 要知其然，更要知其所以然。很多 K 线，因它所处的位置不同，其含义也就不同，对此读者一定要留意。我们就拿大阳线来说，很多人认为，凡是大阳线就是涨的信号，其实这样理解是很片面的。比如，在股价快速上扬之后拉出大阳线往往有见顶的意味，它就不是买进信号。如果有谁不问三七二十一，在高位看见大阳线也追涨，势必要成为股市中的套牢人。因此，读者对 K 线的特征和技术含义要认真加以研判，知其一，更要知其二，这样在使用 K 线技巧时才不会发生差错。

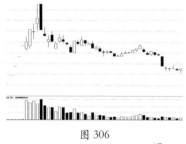

图 306

(4) **要学会 K 线的综合分析技巧。**所谓 K 线的综合分析技巧，是指当某一组 K 线同时发出多种市场信号时，投资者能对其正确地加以疏理，从而推断出一个符合客观实际的结论，以此来指导自己的投资行为的一种技巧。比如，在股价连续上升的情况下，高位出现"▯▮"这样的 K 线组合（见图 306），如果仅靠一般的 K 线分析就会认为它是一种普通的滞涨信号，很难促使投资者下决心将股票卖出（生怕卖错）。但如果运用 K 线的综合分析技巧，就能帮助投资者看清它的内中奥秘，从而促使他们作出抛空离场的正确决断。因为"▯▮"不是一种简单的 K 线组合，它里面同时包含了多种市场信息。我们先把它们分开来看，左边一根 K 线是螺旋桨，右边一根 K 线是长阴线。我们再把它们合起来看，这既是一个典型的穿头破脚，又是一个完整的平顶 K 线组合。从 K 线理论上来说，螺旋桨、长阴线、穿头破脚、平顶都是见顶信号。当它们在高位同时出现，并集中体现在一组 K 线上，再加上又是在股价前期上冲放出巨量之后形成的，这个见顶信号的可信度就大大提高了。如此时投资者按见顶信号操作，卖出股票，一般就不会发生什么差错。从股市成功人士的经验来看，K 线的综合分析技巧运用得越多、越娴熟，对股价走势的判断也就越准确，这一点必须引起投资者的高度重视。

(5) **要同其他技术分析技巧结合起来使用。** K 线分析如能同其他技术分析方法(如均线技巧、MACD 技巧等)结合起来使用，效果会更好些。本书以后几册中会陆续对此进行介绍，这里就不作展开了。

第二章 技术图形的识别与练习

在股市实战中，技术图形分析方法是另一种重要的技术分析手段。股市中的技术图形好比气象台的卫星云图，你能看懂它，就能知道它日后的运行方向。是风，还是雨；是买进，还是卖出。各种各样的技术图形都为投资者作出了明确的提示。股市中有一句名言：识大势者赚大钱，能看懂股市技术图形的人就是一个识大势者。作为股市中人，要在风险很高的股市中生存和发展下去，就必须对股市的技术图形有个全面透彻的了解。然而遗憾的是，许多投资者对股市的技术图形知之甚少，或是对它一知半解。例如，有的股民至今不知道什么是"颈线"、"头肩底"；有的股民对技术图形平时也能说上几句，但一到股市，面对眼花缭乱的个股走势，就晕了头，感到无所适从；更有甚者，有的股民在实际操作时，常常把形相似而质不同的图形搅在一起，生搬硬套，闹出指鹿为马的笑话，使投资出现了巨大亏损。

有鉴于此，在本章中，我们加强了技术图形的系统学习和训练。本章开头先将常用的和比较常用的 20 余种技术图形的特征、性质、作用作了系统归类，以方便读者做练习时的速查、核对之用。初学者，也可将它作为技术图形入门的学习向导。在正文部分，我们把深沪股市中历年来发生的各种相似图形放在一起，让读者辨识、练习。此外，在本章中，我们还安排了其他一些练习、测验。这些练习、测验从不同角度探视了技术图形的变化，目的都是为了强化读者对技术图形的理解和认识，真正能做到学以致用。我们相信，读者只要认真做好这些练习，一定会掌握好技术图形的分析技巧，从而在股市上做到领先一步，成为一个成功的投资者。

第一节　技术图形概述

无论是国内还是国外股市，也无论是什么股票，只要交易时间一长，就会在其走势图上形成各种不同的图形，有的像一座山，有的像一座岛，有的像一面旗子……开始人们对这些图形并不在意，后来人们发现一旦股指（股价）形成这些图形后，其往后的走势几乎如同一辙。譬如说股价走成"山"字形后，就一路下跌，10只股票中9只是如此。因此，人们只要看到"山"字形图形后，就会争先恐后地卖出股票，逃之不及者都会被这座"山"压扁。正因为每种图形都会出现一种规律性的变化现象，人们才开始研究它，总结它，于是，就产生了以股价走势图形为研究对象的技术图形理论。

上百年来，技术图形理论在指导人们买卖股票时发挥了巨大的作用。很多人就是在技术图形理论的指点下，规避了股市风险，抓住了黑马、牛股，成了股市大赢家；同样也有很多人由于对技术图形一无所知，或知之不多，在股市风暴来临时都不知如何躲避，最终成了股市上的输家。

其实，技术图形并不神秘，它的变化是有规律的。只要掌握它的变化规律，就能成为我们手中很有用的投资武器。根据技术图形的变化规律，大致可将它们分为两类：一类为转势形态。就是说出现这种图形后，股价运行方向就会改变，由原来的上升趋势转为下跌趋势，或由原来的下跌趋势转为上升趋势。其中属于底部转势形态的图形有：头肩底、双底、圆底、潜伏底、V形底、底部三角形、向下竭尽缺口、底部岛形反转等。属于顶部转势形态的图形有：头肩顶、双顶、圆顶、倒置V形、向上竭尽缺口、顶部岛形反转等。另一类为整理形态。出现这种图形后，股价会寻求向上或向下突破。这中间又分为3种情况：第一种经过整理，突破方向以向上居多，这类图形有：上升三角形、上升旗形、下降楔形。第二种经过整理，突破方向以向下居多，这类图形有：下降三角形、下降旗形、上升楔形、扩散三角形。第三种在整理过程中，显示多空双方处于一种势均力敌状态，很难说是向上突破可能性居多，还是向下突破可能性居多，一切都要根据当时盘面变化来决定，这类图形有：收敛三角形、矩形。总之，当投资者对各种技术图形的变化规律都认识、掌握后，判断大势，买卖股票就能潇洒自如了。

第二节 技术图形一览表

一、转势形态的技术图形

序号	名称	技术图形	特征	技术含义	操作建议	备注
1	头肩底		(1) 出现在跌势中。 (2) 有3个低谷，左右两个低谷的低点基本处在同一水平位置上，但当中低谷的低点明显低于左右两个低谷的低点。 (3) 前两次反弹高点基本相同，最后一次反弹向上，突破了前两次反弹高点的连线，俗称"颈线"（见图中虚线），并收于其上方。 (4) 成交量出现极度萎缩后，上冲突破颈线时成交量显著放大。 (5) 在突破压力线之后，常常有回抽，在颈线附近止跌回升. 从而确认向上突破有效。	见底回升，买进信号。	激进型投资者可在右肩形成，放量向上突破颈线时买进。稳健型投资者可在放量突破颈线后，经回探颈线后再次放量创新高时买进。	(1) 筑底时间越长越有可能产生大涨行情。 (2) 在实际走势中，也可能形成2个右肩、2个左肩；或1个右肩、2个左肩；或2个右肩、1个左肩的图形。这种变异的头肩底与标准的头肩底技术含义相同。
2	双底，又称W底		(1) 在跌势中出现。 (2) 有2个低谷，最低点基本相同。 (3) 第二个低谷形成时，成交量极度萎缩，但向上冲突破颈线时成交量迅速放大。 (4) 在突破之后常常有回抽，在颈线附近止跌回升，从而确认向上突破有效。	筑底回升，买进信号。	投资者可试探性地跟进做多。买进方法与头肩底买进方法相同。	(1) 上升力度不如头肩底，但如果双底形成时间较长，半年甚至一年以上，其上升力度也不可小视。 (2) 筑底时间小于1个月，其信号较弱。

序号	名称	技术图形	特 征	技术含义	操作建议	备 注
3	圆底		(1)出现在跌势中。(2)下跌速度越来越慢,成交量逐渐萎缩,然后逐渐转变为上涨,速度越来越快,成交量也呈放大态势,其形状像圆弧。	筑底回升,买进信号。	投资者可在上涨速度加快时跟进做多,但要作好停损离场的准备。	(1)圆底的时间跨度越长,上升的潜力就越大。(2)圆底不像头肩底、双底有明显的买进点。头肩底、双底只要有效冲破颈线即可视为买进信号,而圆底上涨时一般无颈线可辨别(个别例外)。因此要不要买进,一要密切观察成交量变化,二要注意股价能否冲过历史密集成交区。
4	潜伏底		(1)在一轮大的跌势过后出现。(2)长时期地作狭窄的小幅波动,成交量稀疏,随后放巨量突破上档压力线大幅上扬。	不鸣则已,一鸣惊人,买进信号。	在放巨量向上突破压力线时,大胆跟进。	(1)潜伏底形成时间一般都比较长,多数发生在被市场长期冷落的个股上。(2)潜伏底是股价上升潜力最大的一种底部形态。股谚说的"横过来有多长,竖起来就有多高",指的就是潜伏底。

序号	名称	技术图形	特 征	技术含义	操 作建 议	备 注
5	V形底		(1) 出现在跌势中。 (2) 下跌的速度越来越快，突然峰回路转，出现快速回升，其形状像个英文字母"V"。 (3) 转势点的成交量特别大。	触底飙升，买进信号。	快速跟进，但要控制好仓位，如 V 形走势失败，应及时停损离场。	在股价见底回升时，V 形是比较少见的一种图形，但一旦形成，其上升速度快而有力，常令多数投资者措手不及而纷纷踏空，很容易形成一种逼空走势。
6	底部三角形		(1) 出现在跌势中。 (2) 股价在 3 次探底时，几乎都在相同的价位上获得支撑。 (3) 股价每次探底后反弹的高点不断下移。 (4) 股价第三次探底之后，反弹力度加强，成交量放大，冲过了上档压力线并立于压力线上方。 (5) 在形成三角形时成交量呈逐步萎缩状态，以至出现极度萎缩。 (6) 向上突破之后常常会有一次回抽，配合较小的成交量。	筑底回升，买进信号。	在底部三角形形成的后期，不能再盲目做空，而要密切注意成交量变化，一旦发现成交量放大，股价冲破压力线时就可试着做多，如回探压力线再创新高时，可加码买进。	底部三角形是深沪股市中最常见、最实用的底部形态之一。如果它能成功地向上突破，上升空间很大，投资者应对它高度重视。
7	向上跳空缺口		(1) 出现在涨势中。 (2) 在上升行情中，由于多方力量占了绝对优势，股价跳空高开，留下了向上无成交的空白区域，并保持到收盘，这就形成了上升时的缺口。 (3) 向上跳空缺口，一般不超过 3 个，依次为向上突破缺口、向上持续缺口、向上竭尽缺口。 缺口	(1) 向上突破缺口，表示做多能量积聚，是买进信号。 (2) 向上持续缺口，表示做多能量仍在增加，是买进信号。	投资者见上升缺口，可按以下方法进行操作： (1) 股价上攻留下向上突破缺口后，可跟进做多，往后出现向上持续缺口可继续跟进，但一旦发现收盘回补完缺口，就应反手做空，离场观望。	(1) 向上缺口，对股价回落有较强支撑作用，但一旦股价回落将缺口填补，市道将由强转弱。 (2) 在超强市场或超强个股中，向上持续缺口有时会出现多个。这里就

序号	名称	技术图形	特 征	技术含义	操 作建 议	备 注
7	向上跳空缺口	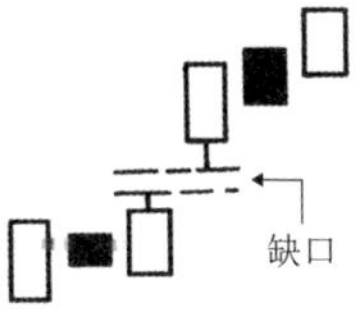 缺口		(3)向上竭尽缺口：表示做多能量耗尽，是转势信号。	(2)向上竭尽缺口出现后，不宜再追涨，应适时减磅。一旦发现向上竭尽缺口被填补，持股者应立即停损出局。	不能简单地套用"跳三空、气数尽"的模式。
8	底部岛形反转	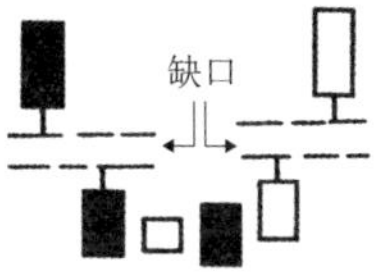 缺口	(1)出现在跌势中。(2)股价下跌和上升时出现2个跳空缺口，2个缺口位置基本处于同一区域，底部就像一座远离海岸的孤岛。故人们将此图形称为"底部岛形反转"。	大势转暖，买进信号。	在跌势中出现底部岛形，投资者可考虑适量买进，一旦上涨趋势形成，再加码追进。	
9	头肩顶		(1)出现在涨势中。(2)有3个高峰，左右两个高峰的高点基本处于同一水平位置上，但当中的高峰的高点明显高于左右两个高峰的高点。(3)前两次冲高回落止跌的低点基本相同，最后一次冲高回落跌破了前两次回落止跌低点的连线，俗称"颈线"（见图中虚线)，并收于其下方。(4)在形成头肩顶的过程中，成交量则依次出现下降的局面。(5)在跌破颈线之后，常常有一个反抽动作，然后在颈线附近受阻回落，从而确认向下突破有效。	见顶回落，卖出信号。	投资者的最佳选择是退出。留得青山在，不怕没柴烧。	在实际走势中，也可能形成2个右肩、2个左肩；或1个左肩、2个右肩；或2个左肩、1个右肩的图形。这种变异的头肩顶（俗称"复合头肩顶")，它与标准的头肩顶技术含义是相同的。

序号	名称	技术图形	特 征	技 术含 义	操 作建 议	备 注
10	双顶,又称M头		(1) 出现在涨势中。 (2) 有两个高峰,其高点并不一定在同一高度上,有时第二个头甚至比第一个头部高一些。 (3) 形成第二个高峰后,回落时跌破了前一个低点,并收其下方。 (4) 在跌破颈线（见图中虚线）之后,常常有一个反抽动作,然后在颈线附近受阻回落,从而确认向下突破有效。	见顶回落,卖出信号。	投资者应及时停损离场。	双顶形成时,在两次冲击高峰时都应有较大的成交量（只是第二次的成交量明显小于第一次）。双顶形成的时间若小于一个月,则转势信号就较差。
11	圆顶		(1) 出现在涨势中。 (2) 上涨速度由越来越慢逐渐转为缓慢地下沉,最后下跌速度加快,形成一个圆顶形状。 (3) 成交量无明显的特征,一般在顶点时成交量有减少的迹象。有时成交量和股价走势保持同步,也呈现圆顶状态。	见顶回落,卖出信号。	投资者在下跌速度加快时,要果断退出。	(1) 圆顶形成的时间越长,下跌的力度就越大。 (2) 圆顶一般无颈线可辨认（个别例外）。
12	倒置V形,又称尖顶		(1) 出现在涨势中。 (2) 上涨速度越来越快,突然乌云压城,出现快速下跌,其形状像个倒置的V字。 (3) 转势点的成交量特别大。	触顶暴跌,卖出信号。	投资者应及时停损离场。	倒置V形走势一旦形成,股价回落速度很快,仅几天或1、2个星期股价跌去大半是常有的事。对此,投资者一定要警觉。

序号	名称	技术图形	特 征	技 术含 义	操 作建 议	备 注
13	向下跳空缺口	缺口	(1)出现在跌势中。 (2)在下跌行情中，由于空方占了绝对优势，股价跳低开盘，留下了向下无成交的空白区域，并保持到收盘，形成下跌时的缺口。 (3)向下跳空缺口，一般不会超过三个，依次为向下突破缺口、向下持续缺口、向下竭尽缺口。	（1）向下突破缺口，表示做空能量积聚，是卖出信号。（2）向下持续缺口，表示做空能量仍在增加，是卖出信号。（3）向下竭尽缺口，表示做空能量耗尽，是转势信号。	投资者见到下跌缺口，可按以下方法进行操作。（1）当股价下跌出现第一个缺口，即向下突破缺口时，应果断离场；出现第二个缺口，即向下持续缺口时，仍可继续卖出股票，但股价反弹将缺口完全填补后，则不宜再继续做空，可试探着做多。（2）当股价下跌出现第三个缺口，即向下竭尽缺口后，应注意股价有可能见底回升，此时不能再盲目看空，要作好随时入市的准备，并可试着买一些股票。	①向下缺口对股价上行有较强阻力作用，但一旦股价反弹将缺口填补，市道将由弱转强。②在极弱市道或极弱个股中，向下持续缺口有时会出现多个，这里就不能简单地套用"跳三空、气数尽"的模式。
14	顶部岛形反转	缺口	(1)出现在涨势中。 (2)股价上升和下跌时出现两个跳空缺口，缺口位置基本上处于同一区域，顶部就像一座远离高海岸的孤岛。故人们将此图形称为"顶部岛形反转"。	大势向淡，卖出信号。	在涨势中形成顶部岛形反转，投资者应立即卖出股票，离场观望。	顶部形成的岛形反转信号，比底部形成的岛形反转信号要可靠。因此投资者见到顶部岛形反转后要及时做空，见到底部岛形反转可试探性做多。

二、整理形态的技术图形

序号	名称	技术图形	特征	技术含义	操作建议	备注
15	上升三角形		(1) 出现在涨势中。 (2) 上涨的高点基本处于同一水平位置，回落低点却不断上移（如将上边的高点和下边的低点分别用直线连起来就构成一个向上倾斜的直角三角形）。 (3) 成交量不断萎缩，向上突破压力线时放出大量。 (4) 在突破后常常有回抽动作，然后在原来高点连线处止跌回升，从而确认向上突破有效。	蓄势上扬，买进信号。	在股价突破上档压力线，经小幅回落，再次发力创新高后，投资者可加码跟进。	上升三角形最终出现向上突破居多，但少数情况下也会向下突破。如出现向下突破，投资者应及时做空离场。
16	上升旗形		(1) 出现在涨势中。 (2) 上涨高点的连线平行于回落低点的连线，且往下倾斜（看上去就像迎面飘扬的一面旗子）。 (3) 股价冲破压力线后，常常有一个回抽动作，然后在压力线附近止跌回升，以确认向上突破有效。	诱空陷阱，买进信号。	不要被股价低点下移所迷惑，要警惕这是市场主力诱空行为，持筹者可静观其变，如向上突破可追加筹码跟进。	上升旗形在多数情况下向上突破居多，但少数会向下突破。一旦发现向下突破，就应反手做空。
17	下降楔形		(1) 出现在升势中。 (2) 上涨高点的连线与回落低点的连线相交于右下方（构成一个向下倾斜的楔形图），最后股价突破压力线，并收于其上方。 (3) 在楔形的形成过程中，成交量不断减少，而且股价越接近尾端，成交量越小，但当股价上升突破压力线时成交量明显放大。 (4) 股价突破压力线后，常常有回抽动作，然后在原来的压力线附近止跌回升，从而确认上升突破有效。	诱空陷阱，买进信号。	不要被股价低点下移所迷惑，要警惕这是市场主力诱空行为，持筹者可静观其变，如向上突破可追加筹码跟进。	下降楔形在多数情况下向上突破居多，但少数会向下突破。一旦发现向下突破，就应反手做空。

序号	名称	技术图形	特 征	技 术含 义	操 作建 议	备 注
18	下降三角形		(1) 出现在跌势中。 (2) 反弹的高点不断下移，但回落的低点处于同一水平位置(如将上边的高点和下边的低点分别用直线连起来，就构成一个向下倾斜的直角三角形)。最后股价跌破支撑线向下滑落。 (3) 在跌破支撑线后常常有反抽动作，然后在原来的支撑线附近遇阻，从而确认向下跌破有效。	盘 整下 挫，卖 出信号。	股价跌破支撑线后，应坚决停损离场。	(1) 下降三角形最终出路向下居多，但少数情况下也会向上突破。如出现向上突破，投资者应反手做多。 (2) 下降三角形与底部三角形形状相似。区别在于：前者量价关系背离，后者成交量呈持续萎缩状；前者在突破前夕，量开始放出，后者在突破前夕，量出现极度萎缩；前者往下突破时不一定放出大量，后者往上突破时放出大量。另外，下降三角形既可出现在跌势中，也可出现在涨势中，而底部三角形出现在较大跌势之后，下降三角形形成的时间比底部三角形形成的时间要短。

序号	名称	技术图形	特　征	技术含义	操作建议	备　注
19	下降旗形		(1) 出现在跌势中。 (2) 反弹高点的连线平行于下跌低点的连线，且往上倾斜，看上去就像一面旗子的旗面。 (3) 在股价跌破支撑线后，常常有一个反抽，并受阻于支撑线，确认向下突破有效。 (4) 成交量呈不规则状态。	诱多陷阱，卖出信号。	不要被股价低点上移迷惑，要警惕这是市场主力诱多行为，应持币观望为宜。如向下突破，持筹者应立即止损离场。	下降旗形在多数情况下向下突破居多，但少数会向上突破，投资者要做好应变准备。
20	上升楔形		(1) 出现在跌势中； (2) 反弹高点的连线与下跌低点的连线相交于右上方（构成一个向上倾斜的楔形图），最后股价跌破支撑线向下滑落。 (3) 在楔形的形成过程中，成交量不断减少，呈现价升量减的反弹特征。 (4) 股价跌破支撑线后常常有反抽动作，并在原来的支撑线附近受阻，从而确认向下突破有效。	诱多陷阱，卖出信号。	不要被股价低点上移所迷惑，要警惕这是市场主力诱多行为，应持币观望为宜。如向下突破，持筹者要及时止损离场。	上升楔形在多数情况下向下突破居多，但少数会向上突破，投资者要做好应变准备。
21	扩散三角形		(1) 多数出现在一轮升势尾端。 (2) 高点的连线与低点的连线相交于左方，呈向右扩散状，其形状就像一个喇叭。 (3) 成交量出现高而不规则状态。 (4) 股价跌破支撑线后有时会出现反抽动作，并受阻于支撑线，确认向下突破有效。	升势已尽，卖出信号。	可在里面高抛低吸，但要快进快出。一旦发现股价跌破支撑线，就应马上停损离场。	（1）扩散三角形是股市投机呈极端疯狂状态的一种表现，当市场变得毫无理智时，无疑是最危险的时候。 （2）扩散三角形下跌开始的时间比较难估计，因为最后的疯狂常常带有巨大的能量，它可能推动股价达到一些难以理解的高位。

序号	名称	技术图形	特 征	技术含义	操 作建 议	备 注
21	扩散三角形					此时，投资者对主力这种诱多行为要保持高度警觉。（3）极少数扩散三角形，因市场面的变化，会出现变异，如演化成上升三角形，最后向上突破。因此投资者对这种变异的扩散三角形，要密切关注，随时调整好自己的投资策略。
22	收敛三角形		（1）既可出现在涨势中，也可出现在跌势中。（2）高点的连线与低点的连线相交于右方，呈收敛状。其形状像一把三角形尖刀。（3）成交量不断减少。	整理形态，向上向下均有可能，是观望信号。	（1）股价在三角形整理时，应采取观望态度。（2）在涨势中，投资者发现股价放量收于压力线上方可追加筹码，但向下突破，要及时做空。在跌势中，投资者发现股价放量收于压力线上方，不必急于做多，可在回探压力线创新高后再买进，其余情况以做空为主。	收敛三角形与扩散三角形的形状正好颠倒。扩散三角形最后向下概率较大，而收敛三角形是个整理形态，最后向上向下均有可能，这是两者的根本区别。

序号	名称	技术图形	特 征	技术含义	操 作建 议	备 注
23	矩形，又称长方形、箱形整理		(1) 既可以出现在涨势中，也可以出现在跌势中。 (2) 股价在两条上下距离相等的水平位置中作上下波动（如将股价的最高点和最低点分别画一条水平线，就形成一个长方形的图形），股价就在这长方形的框内上下波动，最后寻求向上或向下突破。 (3) 在矩形形成的过程中成交量不断减少。	方 向不 定，观望为宜。	盘整行情以不介入为宜，因它向上向下突破均有可能，过早加入将陷于被动。如果股价盘整后向上突破，可采取做多策略，向下突破则可采取做空策略。	（1）矩形即通常人们说的箱形整理行情。股价碰到箱顶即回落，碰到箱底即弹升。如此反反复复，直到一方力量耗尽，出现突破方向为止。 （2）矩形形成时，成交量持续在较高水平，则很有可能是主力机构托盘出货，即使往上突破也多半是假突破，投资者对此要提高警觉。

第三节　头肩底与头肩顶的识别和运用

习题 82　右图是我们在股市中经常看到的一种技术图形，你知道它的名称和特征吗？投资者面对这种图形应如何操作？

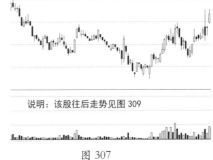

说明：该股往后走势见图 309

图 307

参考答案 这是个"头肩底"图形（见图308）。头肩底的特征是：(1) 股价急速的下跌，随后止跌反弹，形成第一个波谷，这就是通常说的"左肩"。形成左肩时，成交量在下跌过程中出现放大迹象，而在左肩最低点回升时则有减少的倾向。(2) 第一次反弹受阻，股价再次下跌，并跌破了前一低点，随后股价再次止跌反弹形成了第二个波谷，这就是通常说的"头部"。形成头部时，成交量会有所增加。(3) 第二次反弹再次在第一次反弹高点处受阻，股价又开始第三次下跌，但股价跌到与第一个波谷相近的位置后就跌不下去了，成交量出现极度萎缩，此后，股价再次反弹形成了第三个波谷，这就是通常说的"右肩"。第三次反弹时，成交量显著增加。(4) 第一次反弹高点和第二次反弹高点，用直线连起来就是一根阻碍股价上涨的颈线（注：作为颈线的直线，有时是水平线，有时是向上或向下的斜线）。但当第三次反弹时会在成交量配合下，将这根颈线冲破，使股价站在其上方，至此头肩底成立。

投资者见到头肩底这个图形，应该想到这是个底部回升的信号，此时不能再继续看空，而要随时做好进场抢筹的准备。一旦发现股价放量冲破颈线，就可考虑买进一些股票。这通常称为第一买点。如果股价冲破颈线后出现回抽[注]，并在颈线附近止跌回升再度上扬时可加

头肩底图形示意图

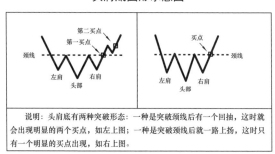

图 308

[注] 并不是所有的股票在冲破头肩底颈线后都会出现回抽动作，有的冲破颈线后就一路向上飚升（如图309）。故一些投资专家主张在第一次放量冲破颈线时就买进一些股票，这样虽然不如经回抽后再放量上攻时买进来得保险，但机会相对大一些，这也可以说是一种高风险、高收益吧。

码买进，这通常称为第二买点。值得注意的是，若股价向上突破颈线时成交量并无显著增加，很可能是一个"假突破"，这时，投资者应逢高卖出，考虑暂时退出观望。

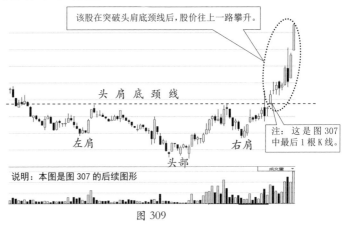

该股在突破头肩底颈线后,股价往上一路攀升。

头肩底颈线

左肩

头部

右肩

注：这是图307中最后1根K线。

成交量

说明：本图是图307的后续图形

图 309

习题 83　下图中的个股今天收了一根阴线，但下跌时没有放量。一部分投资者认为该股形态已经变坏，下跌时不管有没有放量，日后走弱已成定局；一部分投资者认为该股下跌不放量，说明市场惜售，形势并没变坏。现在请你从技术图形走势上作一番分析，说说哪一方意见正确？投资者见此图形应如何操作，并要注意些什么问题？

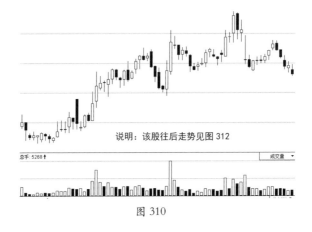

说明：该股往后走势见图 312

总手：5268

成交量

图 310

参考答案　说该股形态变坏的投资者意见是正确的。该股目前的技术图形是个"头肩顶"图形（见图311）。头肩顶的特征是：1）在上升途中出现了3个峰顶，这3个峰顶分别称为左肩、头部和右肩。2）从图形上看，左肩、右肩的最高点基本相同，而头部最高点比左肩、右肩最高点要高。3）股价在上冲失败向下回落时形成的几个低点又基本上处在同一条直线上。这条直线（注：直线有时可能是水平线、有时可能是向上或向下的斜线），就是通常说的颈线。4）在头肩顶形成过程中，左肩的成交量最大，头部的成交量略小些，右肩的成交量最小。成交量呈递减现象，说明股价上升时追涨力量越来越弱，股价有涨到头的意味。5）当股价第三次上冲失败回落时，这根颈线就会被击破，于是，头肩顶正式宣告成立。头肩顶是一种见顶信号，一旦头肩顶正式形成，股价下跌几乎成定局。6）股价跌破颈线后，有时会出现反抽，但反抽时成交量明显萎缩，并受阻于颈线位，以确认向下突破有效。

头肩顶图形示意图

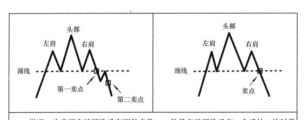

说明：头肩顶突破颈线后有两种走势：一种是突破颈线后有一个反抽，这时就会出现明显的两个卖点，如左上图；一种是突破颈线后一路直泻，这时只有一个明显的卖点出现，如右上图。

图 311

现在我们回过头来看前面图310的走势，就可以发现它目前的状况完全符合头肩顶的特征。今天拉出的一根阴线使人看到多方赖以生存的颈线已被击破，股价收于颈线下方（见图312），头肩顶已基本成立[注]。既然行情走到这个地步，投资者应该认识到大势已去，停损离

　　[注]　一般认为，股价击破颈线3天后不能收于颈线上方，头肩顶才算真正成立。不过，有时候当你看到头肩顶成立后再卖出，股价可能已跌了很多。此时才开始停损离场，损失就会很大。

场是目前的最佳选择，因为头肩顶是杀伤力很强的一种技术走势。

为了避免头肩顶对投资者造成的重大伤害，投资者在实战操作时要密切注意以下几个问题：(1)当盘中股价形成头肩顶雏形时，就要引起高度警惕，虽然这时候股价还没有跌破颈线，但可先卖出手中的一些筹码，将仓位减轻，日后一旦发觉股价跌破颈线，就将手中剩余的股票全部卖出，退出观望。(2)上涨时要放量，但下跌时量可放大也可缩小。比如，对头肩顶这种形态来说，先是用很小的量击破颈线，然后再放量下跌，甚至仍旧维持较小的量往下滑落也是常有的事。因此，像图310中最后一根K线拉出阴线时没有放量，并不能说明股价不会继续下跌。事实上该股后面的股价就出现了连续下跌的现象（见图312中画圈处）。所以投资者对此一定要有清醒的认识。(3)头肩顶对多方的杀伤力度大小，与其形成时间的长短成正比。所以，投资者不能光关心日K线图，对周K线图、月K线图出现的头肩顶更要高度重视。如果周K线图、月K线图形成头肩顶走势，说明该股中长期走势已经转弱，股价将会出现一个较长时间的跌势。此时，投资者更加要及时卖出，规避股价长期下跌带来的巨大风险。

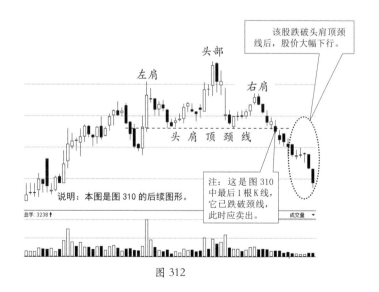

图 312

第四节 双底与双顶的识别和运用

习题 84 下图是深市某股周 K 线图的一个片断。请问：该股画框处是什么技术图形？它有何特征？投资者见此图形应如何操作？

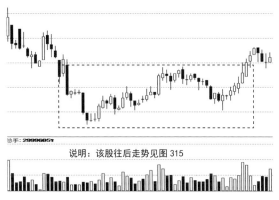

说明：该股往后走势见图 315

图 313

参考答案 图中画框处是"双底"，因为它的形状像英文字母 W，故又称 W 底（见图 314）。双底多数发生在股价波段跌势的末期，很少出现在下跌行情的中途。其特征是：(1) 在它形成第一个底部后的反弹，幅度一般在 10% 左右。(2) 在第二个底部形成时，成交量经常较少且市况沉闷，但上破颈线之时成交量会迅速放大。(3) 突破之后常常有回抽，然后在颈线附近止跌回升，从而确认往上突破有效。(4) 第二个低点一般比第一个低点高，但也有可能比第一个低点更低。因为对主力而言，探底必须要彻底，必须要跌到令多头害怕不敢持股，这样才能达到低位建仓的目的。(5) 第一个低点与第二个低点之间，时间跨度应不少于一个月。如果时间太短形成的双底，其触底回升的信号就不太可靠，反弹上去了，说不定什么时候就突然回落，因为主力常用这种手法来诱骗投资者。对此大家要引起警觉。(6) 在双底形成时，技术指标 MACD[注] 常会出现底背离的状况。

[注] 有关技术指标 MACD 的识别与运用方法，本书第二册中有详细介绍，这里就不展开了。

双底图形示意图

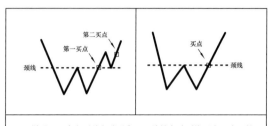

说明：双底有两种突破形态：一种是突破颈线后有一个回抽，这时就会出现明显的两个买点，如左上图；一种是突破颈线后就一路上扬，这时只有一个明显的买点出现，如右上图。

图 314

　　双底是个底部转势信号，但它转势信号的可靠程度比头肩底差，因为双底形态只经历了两次探底，对盘面的清理不如头肩底那样来得彻底干净，这也就是有很多双底冲破颈线后又重新探底的一个重要原因。因此，双底形成突破颈线处，从理论上来说是一个买入点（通常称第一买点），但实际上投资者还是要冒比较大的风险，一旦双底上冲失败，在这个点位买进者就会被套牢。因此，在突破颈线处买进的投资者要随时做好停损离场的准备。当然话得说回来，也不是说在突破颈线的地方，就不能买进股票，因为毕竟这个点位还是一个买入信号，从趋势上来说，继续上涨要大于重新下跌（有人估计其比例为 6:4），可见机会还是存在的。对于双底，比较安全而又稳健的做法是，可在股价突破颈线经回抽试探确认颈线支撑有效，再次放量上攻时买进（这个点位通常称为第二买点），这样胜算的把握就更大些（见图 315）。

　　从统计数字来说，绝大多数双底走势都会有一个回抽过程，因此一般不必担心股价冲破颈线后一路不回头上涨而使资金踏空。退一步说，即使在操盘中真的遇到股价冲破颈线后一路飚升的情况，那也不要紧。可在股价上升趋势明朗后再适量加入，因为股价涨势一旦形成就不会轻易改变，这个时候买进胜算率还是比较高的。另外也可移情别处，另觅良机，要知道股市里的钱是永远赚不完的。

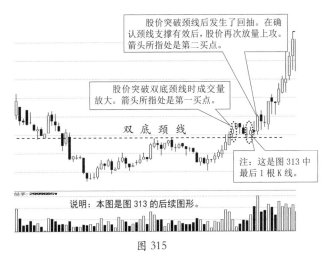

图 315

习题 85 下图中画框处是什么技术图形？一般而言，出现这种图形后市场会朝什么方向发展？投资者见到它应如何操作？

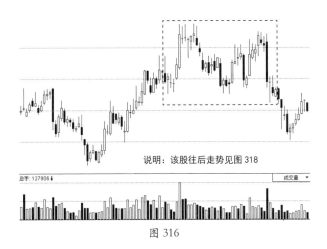

说明：该股往后走势见图 318

图 316

参考答案 图中画框处是一种较典型的"双顶"图形。因为它很像英文字母 M，所以又称之为 M 头（见图 317）。双顶的特征是：(1) 股价有两个比较明显的山峰，而且两个峰顶的价位也大致相同。(2) 股价第二次反弹上冲时的成交量比第一次上冲时的成交量要小。(3) 股价在第二次碰顶回落时跌破了前次回落的低位。(4) 双顶走势跌破颈线位后

双顶图形示意图

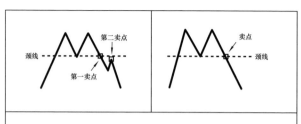

说明：双顶突破颈线后有两种走势：一种是突破颈线后有一个反抽，这时就会出现明显的两个卖点，如左上图；一种是突破颈线后一路直泻，这时只有一个明显的卖点出现，如右上图。

图 317

常有反抽动作，但反抽时成交量明显萎缩，并受阻于颈线位，以确认向下突破有效。

双顶是一种顶部转势的信号，一旦双顶形成，股价下跌就成了定局。因此作为一个头脑清醒的投资者在双顶形成之后，应果断清仓，卖出点可选择在跌破颈线处，或反抽时受阻于颈线处（见图 318 画圈处）。在沪深股市中一些有经验的投资者，在双顶正式形成之前就采取了必要的减仓措施，保住了赢利，取得了很好效果，这是值得我们广大投资者学习的。

他们的具体做法是：(1) 假如第一个顶点出现后股价的跌幅较深（第一个顶点与下跌后的最低点相差达 8% 以上），其后股价再度上升到第一个顶点附近时，而当时的成交量与前期相比显著减少。这就要怀疑它有可能构成双顶，此时应卖出一些股票，而不要等到双顶形成后才做空。(2) 假如第一个顶点出现后，股价跌到一定幅度时，我们突然发现第一个顶点的图形，似乎有构成圆顶的迹象，但这个圆顶尚未完成向下突破，而在这个圆顶形态中成交量却呈现着不规则的变动，其后股价再度上升到第一个顶点附近时，我们也可暂时怀疑它将构成双顶的形态，此时可考虑先将股票卖出。(3) 如果股价形态同时符合 (1)、(2) 中提出的条件时，则双顶的构成将更有可能，应采取果断措施，卖出股票。

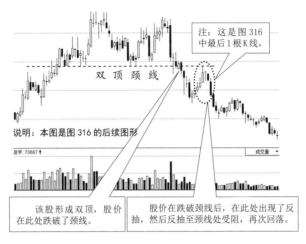

注：这是图316
中最后1根K线，

双 顶 颈 线

说明：本图是图316的后续图形

总手: 70667↑　　　　　　　　　　　　　成交量 ▼

该股形成双顶，股价
在此处跌破了颈线。

股价在跌破颈线后，在此处出现了反
抽，然后反抽至颈线处受阻，再次回落。

图 318

第五节　圆底与圆顶的识别和运用

习题 86　　下图是深市某股月K线图的一个片断。请问：现在该股
走势是什么技术图形？它有何特征？投资者面对此图形应如何操作？

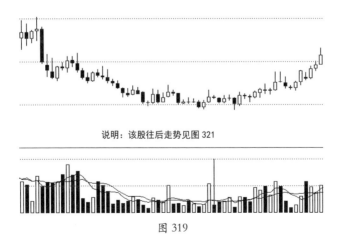

说明：该股往后走势见图321

图 319

参考答案 现在该股走势是一种"圆底"图形。圆底又称之为"浅碟形"（见图 320）。圆底的特征是：股价先是在成交量逐渐减少的情况下，下跌速度越来越缓慢，直到成交量出现极度萎缩，股价才停止下跌。然后，在多方主力有计划的推动下，成交量温和放大，股价由缓慢上升逐渐转变为加速上升，从而形成股价走势的圆弧形态[注]。与此同时，成交量也常常呈圆弧形态。

历来的股市操盘高手对圆底都很重视，因为圆底形态的形成时间较长，特别是月 K 线中出现的圆底形成的时间相当漫长，使得底部换手极为充分。所以，一旦圆底向上突破，常会出现一轮可观的上涨行情。比如，图 319 就是深市某股的月 K 线图，该股在月线中出现圆底，后面涨幅非常惊人（见图 321）。

但是要抓住圆底，并想通过它得到很好的投资回报，入市时机的选择就显得十分重要。如果过早入市，常常会陷入漫长的筑底行情中，这时股价不涨而略有下挫，几个星期甚至几个月都看不到希望。很多投资者就是因为经不起长时间的折磨，在股价向上发动前，将股票一抛了之，从而与即将到来的上升行情擦肩而过，这是十分可惜的。此外，投资者在买入股票之前还必须观察成交量的变化。如果看到成交量和股价都成一个圆弧形状态，可在成交量放大，股价往上冲的时候大胆加入。而在成交量萎缩的情况下，无论股价如何变动，都不要轻易参与。

圆底图形示意图

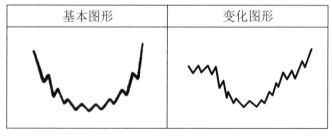

基本图形	变化图形

图 320

[注] 很多人认为只有在底部呈一个非常明显的圆弧形才能称为圆底。这种看法是不全面的。事实上在股市中完全标准的圆底并不多见，而见到的大多数是不太标准的圆底。

之所以要这样操作，是因为历来的圆底构筑期间，股价往上冲的时候都必须有成交量的配合。否则，股价冲上去也是白搭。

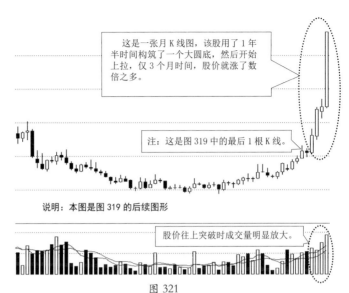

> 这是一张月 K 线图，该股用了 1 年半时间构筑了一个大圆底，然后开始上拉，仅 3 个月时间，股价就涨了数倍之多。

> 注：这是图 319 中的最后 1 根 K 线。

说明：本图是图 319 的后续图形

> 股价往上突破时成交量明显放大。

图 321

习题 87
下图中方框内的图形是什么技术图形？它有何特征？投资者见此技术图形应该如何操作？

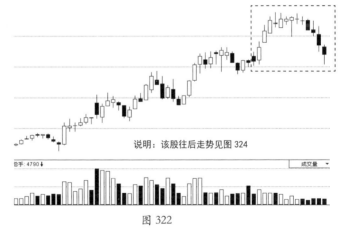

说明：该股往后走势见图 324

总手: 4790 ↓   成交量 ▼

图 322

参考答案　图中方框内的技术图形是"圆顶"。圆顶的特征是：股价经过一段时间上涨后，虽然升势仍然维持，但上升势头已经放慢，直至处于停滞状态，后来，在人们不知不觉中，股价又呈缓慢的下滑态势，当人们发现股价下跌势头形成时，头部就出现一个明显的圆弧状，这就是股市技术分析上说的圆顶（见图 323）。

圆顶图形示意图

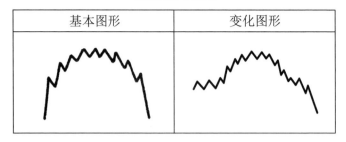

基本图形	变化图形

图 323

圆顶形成时，成交量也可呈圆顶状，但多数情况下，圆顶的成交量无显著的特征。

圆顶是一种顶部转势的信号，它形成的时间越长，下跌力度就越大。持股者如在圆顶形成时不卖出股票，将会受到深度套牢之苦（见图 324）。圆顶无明显的颈线位（个别例外），因此，卖出点可选择在下跌速度开始加快，或圆顶形状已初步构成时。

一般来说，当投资者发现某股股价先是放大量快速上扬，然后，上涨速度越来越缓慢，此时，就应密切关注其走势的发展，想到是否会形成圆顶，并逐渐减少手中的一些仓位。特别要注意的是：在股价出现下跌，且下跌速度越来越快，形成圆顶后，则千万不能再犹豫不决，要果断停损退出，另觅投资良机。

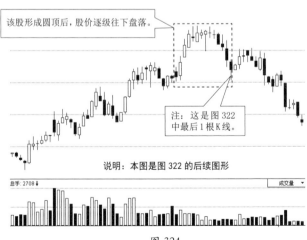

该股形成圆顶后，股价逐级往下盘落。

注：这是图 322 中最后 1 根 K 线。

说明：本图是图 322 的后续图形

总手:2708↓　　　　成交量 ▼

图 324

第六节 上升三角形与下降三角形
的识别和运用

习题 88 该股在上升时出现了图中（画框处）的这种形态。请问：这种形态是什么技术图形？有何特征？请将该技术图形的上边线和下边线画出来，并说明投资者见此图形应如何操作？

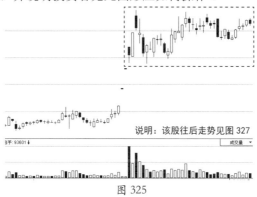

说明：该股往后走势见图 327

图 325

参考答案 图中画框处的技术图形叫"上升三角形"，它的上边线和下边线的画法见图 326。上升三角形的特征是：股价每次上升时，到了一定价位就遭到抛压，迫使股价下行。但由于市场看好该股，逢低吸纳该股的人很多，因此股价在下跌时，没有跌到上次的低点就开始弹升，致使下探低点越来越高。如果我们将每一次短期波动的高点用直线连起来，再将每一次短期波动的低点也用直线连起来，就构成了一个向上倾斜的直角三角形。这就是上升三角形。通常上升三角形在形成过程中成交量会不断减少，上升阶段成交量较大，而下跌时成交量较小。

上升三角形是多空双方实力较量的结果，它反映出多方力量在这场争斗中略占上风。因此，如不出意外，上升三角形到最后一般都会选择向上突破（见图 327）。但是必须指出的是，上升三角形向上突破时，一般都配有较大的成交量，无量往上突破可能是假突破，投资者不可

上升三角形图形示意图

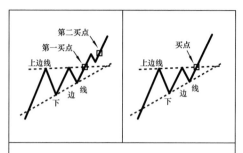

图 326

贸然加入。另外要注意的是，上升三角形越早往上突破，则后劲越足，那些迟迟不能往上突破的上升三角形，很可能是主力（庄家）悄悄出货而故意为中小散户设置的多头陷阱。一旦主力（庄家）达到目的，在他们出货完毕后，上升三角形非但不会往上突破，而极有可能演化成双顶形态，股价下跌就不可避免，投资者对此务必要提高警惕。

那么说到这里，投资者见到这种技术图形究竟应该如何操作呢？我们认为，首先投资者要想到的是，在一般情况下上升三角形往上突破的可能性很大。因此持筹的可捂股不动，等待三角形开始突破时再作定夺。持币的要密切关注它的突破方向，暂时不要动作。若发现上升三角形放量往上突破，即可跟进做多。但是，如发现上升三角形往上突破是一种无量上涨，则不要跟进，应继续持币观望。其次，要考虑上升三角形不往上突破，就会演化成双顶形态，最后会寻求往下突破。虽然这种情况在上升三角形最后选择突破方向中占的比例很小，但也不得不防，尤其是在股价有了很大涨幅之后出现的上升三角形，或是对迟迟不寻找突破方向的上升三角形，更要加以防范。投资者如遇此情况，发觉上升三角形往下突破时，应及时反手做空，持筹的要马上抛股离场，持币的要紧紧捂住钱袋，坚决不加入。

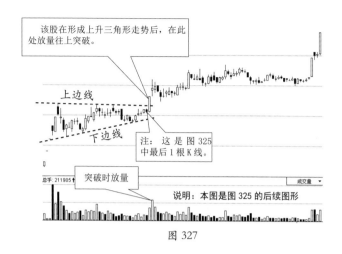

该股在形成上升三角形走势后，在此处放量往上突破。

上边线

下边线

注：这是图 325 中最后 1 根 K 线。

总手 211905

突破时放量

成交量 ▾

说明：本图是图 325 的后续图形

图 327

习题 89 现在请你将下面 2 张图中画框处的高点与高点用直线连起来，再将其中的低点与低点用直线连起来，看看这属于什么技术图形，并就这种图形说明它有何特征？ 它与底部三角形有什么区别？ 投资者见此图形应如何操作？

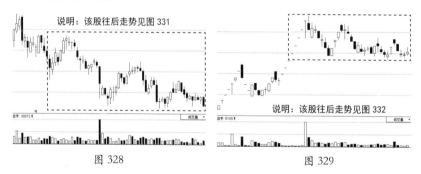

说明：该股往后走势见图 331

总手 30072↑

成交量 ▾

图 328

说明：该股往后走势见图 332

总手 6105↑

成交量 ▾

图 329

参考答案 如果我们将上面 2 张图中画框内的高点与高点、低点与低点分别用直线连起来（见图 331、图 332），这就成了一种典型的"下降三角形"。下降三角形（见图 330），多数出现在跌势中，它的主要特征是：高点逐渐下移，但每次下探低点都几乎处在同一水平位置上，反弹时成交量不能放大，下跌时却比弹升时成交量要大。下降三角形中出现的这种量价背离状况，往往是跌势未尽的表现。

下降三角形是下跌趋势中的一种整理形态，最后结果是往下突破

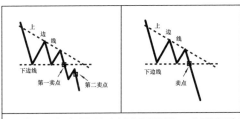

说明：下降三角形往下突破时会出现两种情况：一种是跌破下边线经反抽后再次向下，如左上图；一种是跌破下边线后就直接向下，如右上图。

图 330

居多。所以作为股市中人对这种图形要保持一份警觉。

从表面上看，下降三角形与底部三角形的图形似乎有很多相似之处，但两者性质完全不同。前者是下降形态，后者是见底形态，投资者千万不要把它们混淆，否则误判后就会在操作上出现大错。

在技术上两者的区别，首先，表现在量价关系上。如（1）底部三角形出现时，成交量持续萎缩，说明股价已跌无可跌；但下降三角形的量价关系背离，说明仍有下跌空间。（2）底部三角形在突破前夕，成交量出现极度萎缩；下降三角形在突破前夕，成交量通常不出现极度萎缩。（3）底部三角形往上突破时，成交量急剧放大；下降三角形往下突破时，成交量无明显特征。

其次，底部三角形出现在较大跌势之后，而下降三角形一般出现在下跌途中，甚至少数还可出现在涨势中。底部三角形形成的时间较长，而下降三角形形成的时间相对要短一些。

当然，下降三角形和底部三角形根本的区别还是在突破方向上。有人认为，凡是向上突破的就是底部三角形，而向下突破的就是下降三角形。这个观点，虽然抹煞了底部三角形和下降三角形在其他方面的一些区别，有失偏颇。但也说明判断一种图形的性质，突破方向是第一位的。所以对投资者而言，当这种向下倾斜的直角三角形出现时，除了要考虑它的量价关系和形成时间的长短外，最重要的还是要看它的突破方向。如果股价在三角形整理后放量突破上边线，并能站稳时，即可考虑买进；如果股价突破下边线，尤其是放量下挫时，则要及时沽空，马上卖出。

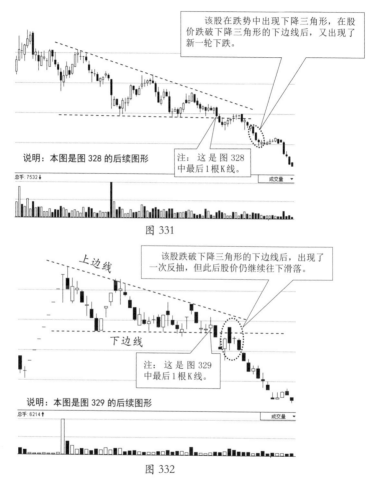

该股在跌势中出现下降三角形，在股价跌破下降三角形的下边线后，又出现了新一轮下跌。

说明：本图是图328的后续图形

注：这是图328中最后1根K线。

总手：7532↓

成交量 ▼

图 331

上边线

该股跌破下降三角形的下边线后，出现了一次反抽，但此后股价仍继续往下滑落。

下边线

注：这是图329中最后1根K线。

说明：本图是图329的后续图形

总手：6214↑

成交量 ▼

图 332

学习K线、技术图形知识与技巧，光学不练，纸上谈兵，学练结合，事半功倍。

第七节 底部三角形、扩散三角形与收敛三角形的识别和运用

习题90 下图是深市某股周 K 线走势的一个片断。请问：现在该股走到这个地步有可能构成什么样的技术图形（见画框处）？它的特征是什么？投资者面对这种技术图形应如何操作？

图 333

参考答案 该股走到这个地步很有可能构成一个"底部三角形"。底部三角形是一种转势图形（见图 334）。它的特征是：(1) 股价在经历大幅下跌之后 3 次探底，几乎都在同一低点获得支撑，形成三角形的下边线。(2) 股价每次反弹的高点逐渐下移，反弹力度越来越弱，形成三角形的上边线。(3) 整个形态形成过程成交量逐步萎缩，到三角形的尖端附近时缩至最小。(4) 当向上突破时成交量开始放大。目前图 333 走势已满足了底部三角形的前 3 个特征。第四个特征因股价还没有作出向上或向下突破的选择，因此，现在不好下结论。一般来说，只要满足前 3 个特征，向上突破的可能性就很大，向上突破和向下突破的概率大约为 3 比 1。因此，面对图 333 的走势，投资者现在不应再盲目看空，尤其不能在这个时候卖出股票，相反要作好随时入市的准备（先不要马上买进，以防万一往下突破）。如果日后发现股价向上突破，

底部三角形图形示意图

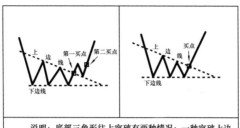

说明：底部三角形往上突破有两种情况：一种突破上边线，经回抽后再往上走，如左上图；一种是突破上边线后，直接往上攀升，如右上图。

图 334

成交量也随之放大，就应该想到底部三角形正式成立，得赶快先买一些股票。当股价向上突破后经回抽再创新高时，就更应该追涨买进（见图 335）。为什么底部三角形向上突破的可能性极大呢？这是因为股价经过连续几次大幅下挫，反弹力度越来越弱，绝大多数投资者对该股的前景已失去信心，想跑的基本上跑光了，剩下的已是"死猪不怕开水烫"，铁了心的"死多头"。此时，做空的能量得到了充分释放，市场上如果有新多力量加入，空方就无力打压，这样很容易引起股价的上扬。所以"底部三角形"的出现，为投资者提供了一个"抄底"的良机，而这种技术图形经常发生在沪深股市的一些冷门股上，很多大黑马就是这样产生的。故我们对此要引起高度重视。

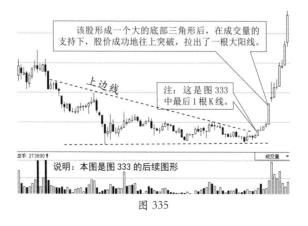

该股形成一个大的底部三角形后，在成交量的支持下，股价成功地往上突破，拉出了一根大阳线。

注：这是图 333 中最后 1 根 K 线。

说明：本图是图 333 的后续图形

图 335

习题 91 图中画框处是什么技术图形？请说出它的名称、特征，并说明投资者见此图形应如何操作？

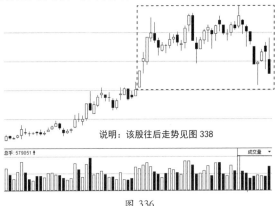

说明：该股往后走势见图 338

图 336

参考答案 图中画框处的图形是"扩散三角形"。扩散三角形的特征是：出现在涨势中，上升的高点越来越高，而下跌的低点越来越低，如将两个高点连成直线，再将两个低点连成直线，即可画出一种喇叭形状的图形，这就是扩散三角形（见图 337）。

扩散三角形图形示意图

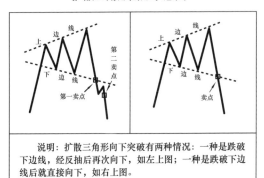

说明：扩散三角形向下突破有两种情况：一种是跌破下边线，经反抽后再次向下，如左上图；一种是跌破下边线后就直接向下，如右上图。

图 337

扩散三角形经常出现在投机性很强的个股上，当股价上升时，投资者受到市场中炽热的投机气氛或谣言的感染，疯狂地追涨，成交量急剧放大；而下跌时，则盲目地杀跌。正是由于这样的原因，造成了股价的大起大落。扩散三角形是大跌的先兆。当市场中的一些参与者变得毫无理智时，其中蕴含的风险也就不言而喻，而扩散三角形正是人们过度投机心理在图表上的反映。它暗示升势已经穷尽，下跌一触即发。投资者面对扩散三角形只有两个字：退出。因为参与扩散三角形的炒作，赢利机会很小，风险却很大。一旦股价往下击破扩散三角形的下边线，即可马上引发一轮跌势（见图338），逃之不及的人，就可能被深度套牢。因此，普通投资者尽量不要参与扩散三角形中的买卖活动，持筹的也要进行减磅操作，若一旦发现扩散三角形往下突破，就应及时把股票全部卖出，停损离场。

　　这里需要说明的是，在大多数情况下扩散三角形是以下跌告终，但也有少数扩散三角形可能出现变异，尤其是当上边线不是向上倾斜而是水平发展的时候，这时股价可能向上突破，展开一轮升势。对此投资者会想到，如果我把筹码抛掉了，不是吃亏了吗？其实这种担心是多余的。一来扩散三角形向下突破居多，你在扩散三角形要形成时卖出股票，总是对的时候多，错的时候少；二来扩散三角形即使要向上突破，事先也会露出蛛丝马迹。通常，在它出现第三次下跌时，成交量会迅速萎缩，这说明市场情绪发生了变化，投资者的持股信心开始趋向稳定，这与扩散三角形最后阶段成交量急剧放大的情况正好相反。随后股价会在上边线附近稍作停留，或者进行一次小幅回档，下跌明显无力。当盘中

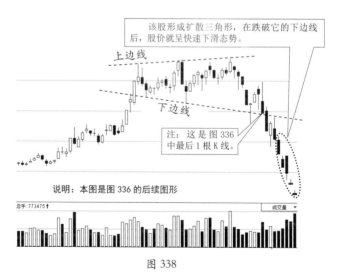

该股形成扩散三角形，在跌破它的下边线后，股价就呈快速下滑态势。

上边线

下边线

注：这是图336中最后1根K线。

说明：本图是图336的后续图形

总手：773475↑

成交量▼

图338

出现这些现象时，扩散三角形的性质才有可能发生变异，从空方占优势变为多方占优势，股价开始往上突破。真到那个时候，再把它买进来也为时不晚。可见，投资者完全有充足时间，观察扩散三角形是否出现变异，如情况确实有变，可及时更改投资策略，把做空改成做多。这种操作方法可应时而变，与我们在一般情况下，把扩散三角形看成股价下跌的先兆并不矛盾。这点投资者一定要区别清楚，不要发生误解。

习题 92　下图中画框处是什么技术图形？目前该图形已走到什么地步？投资者见此图形应如何操作？

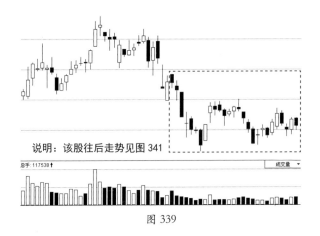

说明：该股往后走势见图341

图 339

参考答案　图中画框处是"收敛三角形"。其特征是：股价在某一阶段出现了徘徊争执的局面，每一次上升的高点都比上次低，而每一次下跌的低点却比上次高，于是，股价波幅越来越小，成收敛状态，而成交量在这期间呈现出减少的趋势。

收敛三角形是一种整理形态，整理的结果是向上突破或向下突破均可。不过在下跌趋势中出现，它最终选择往下的可能性略大些；在上涨趋势中出现，它最终选择往上的可能性略大些。收敛三角形向上突破的时间往往选择在收敛三角形的中下端，而收敛三角形向下突破的时间往往选择在收敛三角形的顶端附近（见图340）。

收敛三角形图形示意图

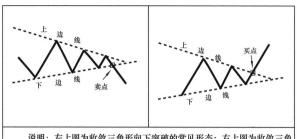

说明：左上图为收敛三角形向下突破的常见形态；右上图为收敛三角形向上突破的常见形态

图 340

一般来说，收敛三角形向上突破都会有成交量放出，但向下突破不一定有成交量放出。当我们明白了收敛三角形的特征和技术意义后，再回过头来看看图 339 的走势就可发现，现在这个收敛三角形发生在下跌行情中，收敛三角形已经走到了尽头，即到了收敛三角形顶端处，股价在这两天就要选择突破方向。从目前它的态势来看，我们可以推测它向下突破的可能性居多（见图 341）。因此，持筹的投资者应预先卖出一些筹码，进行减磅操作[注]。一旦发现往下突破，应立即抛空离场。而持币的投资者应继续捂币，静观其变。

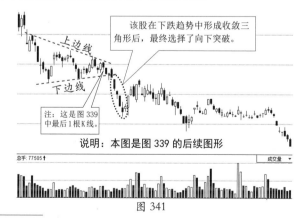

图 341

［注］　收敛三角形的操作规则是：股价必须往一个方向出现明显地突破之后，才可以采取相应的买卖行动。因本案例中的收敛三角形往下突破的可能性较大，所以持股者应该先作一些减磅操作，以防万一。这和收敛三角形的操作规则并不矛盾。

第八节 上升楔形与下降楔形的识别和运用

习题 93 请问：下图中画框处是什么技术图形？它有何特征？这种图形出现后，后市一般会朝什么方向发展？

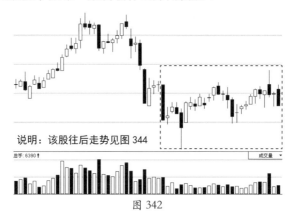

图 342

参考答案 图中画框处叫"上升楔形"。上升楔形的特征是：股价经过一段时间大幅下跌之后，出现强烈的技术性反弹，当股价弹升到某个高点时，就掉头回落。不过这种回落较为轻微而缓和，因而股价在未跌到上次低点之前已得到支撑而上升，并且越过上次高点，形成一浪高于一浪的趋势。第二次的上升止于另一高点之后，股价再度回落。我们把两个高点和两个低点分别用直线连起来，就形成了一个向上倾斜的楔形，这就是上升楔形（见图 343）。

在整个上升楔形的形成过程中，成交量不断减少，整体上呈现价升量减的反弹特征。上升楔形整理到最后，以向下突破居多（见图 344）。因此，从本质上来说，上升楔形只是股价下跌过程中的一次反弹波，是多方在遭到空方连续打击后的一次无力挣扎而已。那么投资者见到上升楔形后应如何操作呢？作为股市中人应该明白，上升楔形只是反弹，并不能改变股价下跌的趋势。因此，持筹的可趁反弹时卖

上升楔形图形示意图

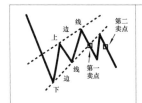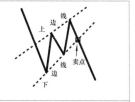

说明：上升楔形向下突破会出现两种情况：一种是突破下边线，经回抽后再次下行，如左上图；一种是突破下边线后就直接往下走，如右上图。

图 343

出一些股票，进行减磅操作，而一旦发现股价跌穿上升楔形的下边线，这时就不要再存幻想了，应立即抛空离场，以避免股价继续下跌带来的更大风险。持币的要经得起市场考验，不为反弹所动，要相信自己的判断，持币观望，不买股票。说到这里也许有人会问，上升楔形最后一定是往下突破，不会往上突破吗？那倒不一定。不过在一般情况下，往上突破的可能性较小。但即使是往上突破，也并非无端倪可寻，

如在楔形内部成交量出现逐步放大迹象，向上突破时放出巨量，等等。投资者如果能密切注意上升楔形内的成交量变化，对上升楔形究竟会朝下突破，还是朝上突破，大致还是能分得清楚的。

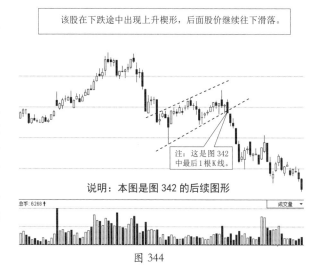

该股在下跌途中出现上升楔形，后面股价继续往下滑落。

注：这是图 342 中最后 1 根 K 线。

说明：本图是图 342 的后续图形

总手: 6268　　　　　　　　　　　　　　成交量

图 344

习题 94 下图是深市某股的周 K 线走势图。该股从 4.53 元涨起，一年时间股价就涨了 3 倍多，成了市场中的一匹黑马。但是很多在底部买进该股的投资者，在涨升初期就被庄家洗盘出局，使他们无缘骑上这匹黑马。现在请你从技术图形角度，分析一下这些投资者的失误主要表现在什么地方，并说说投资者今后如再遇到这种情况应如何操作？

图 345

参考答案 从图中的周 K 线走势上看，该股从 4.53 元起步，急拉到 8 元上方就出现了震荡回落走势。这个震荡回落的走势，从技术图形理论上分析，就是一个"下降楔形"图形。下降楔形的特征是：股价在经历了大幅上升之后，从高处回落，跌至某一低点后回升，但未能回升到上次的高位，甚至相距还比较远便又再次回落。第二次下跌跌破了上回的低点，但很快就回升了。我们只要把其中的两个低点与两个高点分别连起来，就形成了一个向下倾斜的楔形（见图 346）。

下降楔形内的成交量，由左向右递减，而且股价越接近尾端，成交量越小。最后，当股价上升突破下降楔形的上边线时，成交量明显放大，这个时候一轮新的升势又开始了（见图 347）。

为什么有很多在底部买进该股的投资者，在上升震荡回落之中会被主力（庄家）洗盘出局呢？其道理是：当一支平静无波的股票，平地一声惊雷，突然掀起一股巨浪，会使那些拿着这些股票的投资者心

下降楔形图形示意图

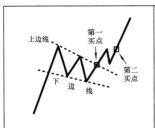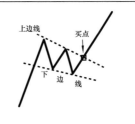

说明：下降楔形往上突破会出现两种情况：一种是突破上边线，经回抽后再次上行，如左上图；一种是突破上边线就直接往上攀升，如右上图。

图 346

情异常激动，正当这些投资者期盼股价连连飚升为他们带来丰厚利润时，又是一个巨浪将刚刚飚升的股价劈头盖脑地打下来，把这些投资者打得晕头转向。而且途中每一次反弹，都会遭到控盘主力（庄家）的无情打压，以至盘中反弹高点越来越低，回落的低点也越来越深，这使得前期还心花怒放持有该股的投资者，心情一下子冷到了冰点。很多投资者因为受不了这样的打压，纷纷抛股离场。而当控盘主力（庄家）通过打压达到洗盘目的后，就开始重新发力上攻，股价再次出现了加速上扬态势。可见，在上升途中出现的这种下降楔形，已成为主力（庄家）制造空头陷阱的一种手段。其目的并不是为了把股价打下去，而是通过震荡来洗去浮筹，为日后股价的上扬打下扎实的基础。

在了解下降楔形的特征、技术含义，与主力（庄家）利用下降楔形进行洗盘，夯实股价的目的后，日后若碰到这种技术图形，我们就用不着惊慌了，知道用什么方法来对付主力（庄家）了。比如，持筹的投资者可按下降楔形的上边线和下边线进行高抛低吸。也就是说，当股价接近下降楔形的上边线时就卖出，回落到下降楔形的下边线时就买进。但这里要注意的是，当下降楔形走到后阶段时，就不能再这样做了，因为此时上下落差已很小。二是干脆捂股不动，任你主力（庄家）怎样震荡洗盘，我就是不出来。又如，持币的投资者在下降楔形形态没有完成之前，要坚持持币观望。日后在发现股价放量突破下降楔形的上边线时，可大胆买进。这样操作既可以避免过早买进陷入股价上上下下波动的旋涡里把心情搞坏，又可以避免万一下降楔形整理失败往下突破（这种可能性虽不大，但也不得不防），使过早买进的筹码被套住。

从实战情况统计，下降楔形往上突破与往下突破，两者之比大约为 7 比 3 左右。一般认为，下降楔形形成过程中成交量不能放大（放大有出货嫌疑），或形成的时间不能太长，如时间太长，下降楔形整理失败的可能性就比较大，投资者对这个问题要引起足够的重视。

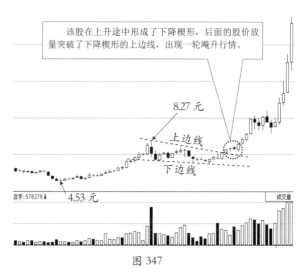

该股在上升途中形成了下降楔形，后面的股价放量突破了下降楔形的上边线，出现一轮飙升行情。

8.27 元

上边线

下边线

总手:578276↓ 4.53 元

成交量

图 347

第九节 上升旗形与下降旗形 的识别和运用

习题 95 　下图中的个股上涨后，在尾端走出了一轮股价回调下跌的走势。请问：这种走势对后市有何影响，你能从技术图形上作一番解释吗？并说说投资者见此图形应如何操作？

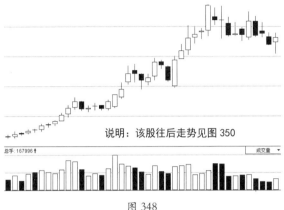

说明：该股往后走势见图350

总手 167996↑   成交量 ▼

图 348

参考答案　图中个股在上涨后出现了一轮回调下跌的行情，如果
将其下跌走势中反弹的高点用直线连起来，再将下跌走势中回落的低
点也用直线连起来，就可发现其图形像一面挂在旗竿上迎风飘扬的旗
子。这种走势很有可能形成一个"上升旗形"（见图349）的走势。

　　上升旗形的特征是：(1) 当股价大幅上升至某一压力点，开始进行
旗形整理时，其图形呈现由左向右下方倾斜的平行四边形。(2) 旗形整
理的时间一般不能超过 15 天[注]。(3) 形态完成后股价将继续维持原
来的趋势。即一旦旗形整理结束，股价就要向上突破，继续往上攀升。
目前该股的走势除突破方向还没有明确表示出来外，基本上符合上升
旗形的技术特征。所以我们说它很有可能形成上升旗形，但不是现在

　　[注]　上升旗形盘整时间究竟以多长时间为宜，现在有两种看法：①一些港台技术派人士认为，
"一般旗形的整理时间，大约在 5-10 天左右。整理期过长的旗形，容易导致人气换散"。②一些中
国 A 股市场的技术派人士认为，"整个旗形形成的时间一般在 4 个星期以内，当一个整理旗形超过 3
个星期尚未向上突破之时，我们就应该提高警惕，尤其是如果成交量一直不能缩减的话，往往暗示形
势发生了变化，向下的可能性增大。"上面这两方面人士的分析都有理论根据，并都有实例可作证。
他们的共同看法是：旗形整理时间不能太长，否则就会导致旗形整理的失败。不同看法是：一派人士
认为旗形整理时间不宜超过 10 天；另一派人士认为旗形整理时间不宜超过 3 个星期，即 15 天。综合
两方面的意见，投资者在把握旗形整理时间时，可按以下方法待之：若旗形整理少于 10 天，可视为
安全区域，投资者可大胆地按旗形规则操作。若旗形整理 10-15 天，可视为较安全区域，一般情况下，
投资者仍可按旗形规则操作。若旗形整理超过 15 天，投资者就要高度警惕，随时注意旗形整理失败
而导致股价见顶回落，在此时，应先卖出一部分筹码（以防万一），进行减磅操作。若发现旗形整理
后股价选择向下突破，应及时卖出筹码，离场观望。

上升旗形图形示意图

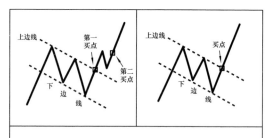

说明：上升旗形向上突破会出现两种情况：一种是突破上边线，经回抽后再次上行，如左上图；一种是突破上边线后就直接往上走，如右上图。

图 349

就肯定它是上升旗形的原因。如果我们推断它是上升旗形的观点是正确的话，这几天股价就要寻找突破方向（见图 350），而且会以向上突破居多（只有少数会向下突破，但这种失败形态性质已发生变化，不能再称为上升旗形了）。故投资者见到此图形后，千万不要被其股价重心不断下移而作出做空的错误抉择，要知道上升旗形是主力（庄家）为中小散户设置的一个空头陷阱。如此时盲目地看空，不弄清楚原因就卖出股票，割肉离场，那正好中了主力（庄家）的圈套。

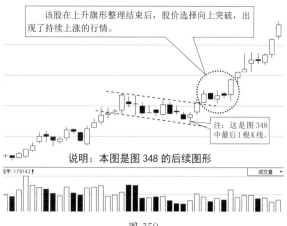

该股在上升旗形整理结束后，股价选择向上突破，出现了持续上涨的行情。

注：这是图 348 中最后 1 根 K 线。

说明：本图是图 348 的后续图形

图 350

我们认为现在投资者正确的做法是：持筹者要捂住股票，密切注意事态变化，只要调整时间不是太长，就不应卖出股票；持币者要时刻关心它的突破方向，一旦发现股价整理后往上突破，就应该即时买进。无论中国股市还是海外股市，在上升途中出现上升旗形走势是很正常的。其道理很简单，股价上升到一定阶段，获利筹码太多，作为控盘主力（庄家）为了减轻股价的上行压力，必然要采取震荡洗盘的动作，而上升旗形正适应了主力（庄家）洗盘的需要，故投资者对此用不着惊慌。在沪深股市历史中，一些大牛股往往经过上升旗形整理后，夯实了股价，走出了令人咋舌的攀升行情。而一些中小散户由于不了解上升旗形的走势特征，股价一跌，就赶紧将股票卖出，把煮熟的鸭子弄飞了，这是很可惜的。可见，是否了解上升旗形的特征和技术含义对投资者操作有多么重要。

习题 96　下图中个股下跌后出现了一轮反弹行情（见画框处），如将反弹行情的高点与高点之间，以及低点与低点之间分别用直线连起来，就可以看出股价在一个上升通道里运行。有人对这个上升通道十分看重，认为股价就此摆脱了下跌困境，走上了攀升之路；有人却持相反看法，认为这个上升通道出现，说明股价还未跌到位，仍有下跌空间。对此，你是如何看的，请你从股市技术图形理论上对这个问题作一番分析，并说明此时投资者应如何操作为好？

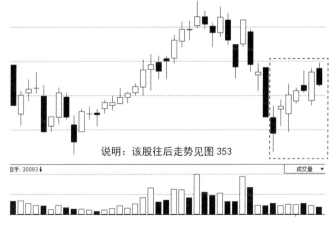

说明：该股往后走势见图 353

图 351

参考答案　如果光从表面上看，我肯定同意目前该股"正在摆脱下跌困境，走上了攀升之路"的看法。不是吗？ 股价反弹时，高点越来越高，低点也在不断抬升，股价显然是在"上升通道"里运行，这正是投资者买进股票的好时机。但是如果我是一个熟悉技术图形的投资者，我就不会同意股价在上升通道里运行的看法。技术图形理论告诉我们，在下跌趋势形成后，股价下滑至某一支撑点时，会出现一种由左向右上方倾斜的平行四边形的图形，这个图形就是"下降旗形"（见图352）。

下降旗形图形示意图

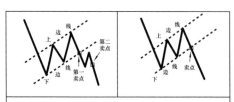

说明：下降旗形向下突破会出现两种情况：一种是突破下边线，经反抽后再度下行，如左上图；一种突破下边线后就直接往下走，如右上图。

图 352

　　下降旗形是股价下跌过程中的一个整理形态（其股价与成交量常常表现出一种价升量减的背离关系），整理结束后股价仍会继续下跌（见图353）。说白了，下降旗形就是空方主力（庄家）为了进一步打压股价而为中小散户精心布置的一个多头陷阱。如果投资者不明就里，看到股价在缓缓上升就一头扎了进去，那十有八九会中主力（庄家）的圈套。因此，面对这种下降旗形的走势，持币的投资者，要做到不受主力(庄家)诱惑，不买股票，冷眼旁观是最佳投资良策。持筹的投资者，要乘股价反弹时尽量多卖出一些股票，减轻仓位，切不可再错失一次逃命的良机。有人问，难道下降旗形股价就一定朝下突破，而不会朝上突破吗？ 我们说，一般不会，不过在极少数情况下股价也确实会朝上突破。之后，即使万一真的发生朝上突破的行情（其标志是放量突破下降旗形的上边线，股价连续3日站在上边线上方），那也不要紧，反过来做多就是了。

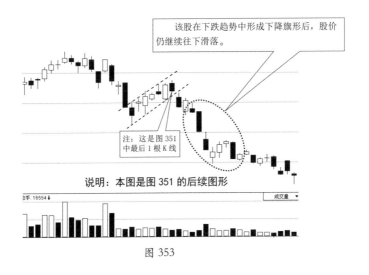

该股在下跌趋势中形成下降旗形后，股价仍继续往下滑落。

注：这是图351中最后1根K线

说明：本图是图351的后续图形

总手：16554↓   成交量

图 353

第十节 V形与倒置V形
的识别和运用

习题 97   下图中的个股前期一路下跌，最近出现了加速下跌的现象，昨天以跌停板收盘，今天却峰回路转，收了一根大阳线，并放出巨量。请问：按目前这种情况，该股最有可能出现什么样技术图形的走势？如果日后真的出现这种技术图形的走势，投资者应如何操作？

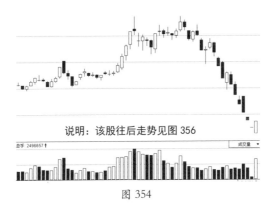

说明：该股往后走势见图356

总手：2496857↑   成交量

图 354

参考答案　作为一个熟悉技术图形的投资者，见到这种 K 线图，首先应该想到的是，以目前态势该股很有可能会演变成"V 形"走势。所谓 V 形走势，就是股价先一路下跌，后来一路攀升，反映在图形上就像一个英文字母 V(见图 355)。

V 形图形示意图

图 355

V 形走势的技术特征是：　股价在下跌趋势中，下挫的速度越来越快，最后在股价下跌最猛烈的时候，出现了戏剧性变化，股价触底后即一路上扬。V 形走势的底部十分尖锐，可在几个交易日之内形成，而且转折点的成交量特别大。对照 V 形走势的技术特征，我们发现图 354 中的个股，目前已满足了 V 形走势的 3 个必要条件：(1) 股价呈现加速下跌状态。(2) 股价走势突然出现戏剧性变化，拉出了大阳线。(3) 股价由跌转升时成交量特别大。现在唯一没有满足 V 形走势的一个条件是：　在几个交易日之内完成触底回升，一路上扬。显然 V 形走势的最后一个条件能不能满足，要过几天才能知道 (见图 356)。但到那时完全看清楚了才想到是 V 形走势，这对那些看不清该股运行方向，直到现在还在割肉离场的投资者来说，打击太大了。从历史经验来看，一旦形成 V 形反转，股价上冲的力度就很大，在低位抛掉的筹码再想捡回来就十分困难，这样就输定了。当然话说回来，对空仓而又持谨慎态度的投资者来说，入市时机选择在 V 形走势较明朗的时候也未尝不可。这与我们前面说的在 V 形走势初期割肉离场，那又是另外一回事了。

因此，在 V 形走势有可能形成和正式形成时，投资者要及时转变思路，不能再继续看空、做空。正确的做法是：　持股的投资者应握住筹码，不要轻易相信他人之言，涨了一点就逢高派发。持币的投资者，性格属于比较激进的，在拉出第一根长阳放出巨量时就可先买进一些股票，当日后几天，V形走势逐渐明朗时，可继续加码买进；而性格属于比较温和的，从稳健角度出发，在V形走势基本形成后再买进（但要注意入市时机不能太晚），这样虽然少赚点，风险也小一点。

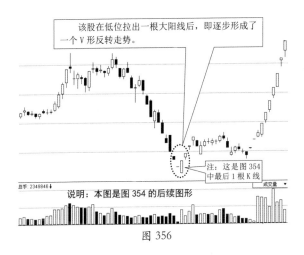

该股在低位拉出一根大阳线后，即逐步形成了一个V形反转走势。

注：这是图354中最后1根K线

总手: 2349846↓　　成交量 ▼

说明：本图是图354的后续图形

图 356

习题 98　下图中的个股前期出现加速上扬的势头。但最近几天却出现了快速下跌。请问：目前这种状况，该股最有可能演变成什么样的图形走势，如果出现这样的图形走势，投资者应如何操作？

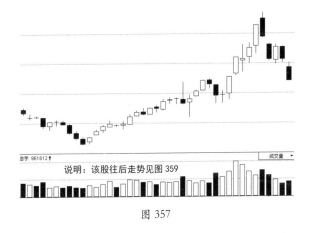

总手: 961612↑　　成交量 ▼

说明：该股往后走势见图359

图 357

参考答案 按目前这种状况，该股最有可能形成"倒置 V 形"走势。倒置 V 形走势的技术特征是：先是股价快速上扬随后股价快速下跌，头部为尖顶，就像倒写的英文字母 V（见图 358）。

倒置 V 形走势的顶部十分尖锐，常在几个交易日之内形成，而且在转折点都有较大的成交量。先是在前面市场看好的气氛下，股价节节上扬，但这些追涨的力量多为短线行为。一旦要买的都买了，而后面的买方力量出现空缺时，危机也就出现了。短线客见股价涨不上去，就会反手做空，将筹码卖出。后来，这种现象愈演愈烈，形势迅速逆转，以几乎等同于前面上涨时的速度快速下跌。这样就产生了倒置 V 形走势。现在我们回过头来看图 357 的走势，就会发现该股目前状况和倒置 v 形走势的技术特征十分相似。因此，作为头脑清醒的投资者，此时就要想到该股正在形成倒置 V 形走势。如果日后真的发生了这种情况，股价下跌的速度将十分迅速（见图 359），晚走一步损失都会很大。所以，从现在起，持筹的投资者就要进行减磅操作，如果该股重心继续下移，就得下决心全部抛空出局。

倒置 V 形图形示意图

图 358

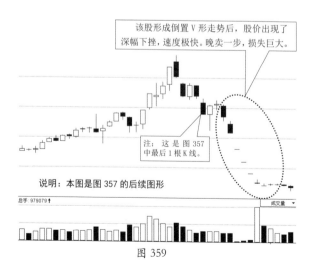

该股形成倒置 V 形走势后，股价出现了深幅下挫，速度极快。晚卖一步，损失巨大。

注：这是图 357 中最后 1 根 K 线。

说明：**本图是图 357 的后续图形**

总手：979079↑

成交量 ▾

图 359

第十一节 向上跳空缺口与向下跳空缺口的识别和运用

习题 99 图中 A、B、C 3 个箭头所指的，都是两根相邻 K 线之间的空白处。请问：这 3 个空白处分别叫什么名称？它们各自的技术含义是什么？投资者碰到它们应如何操作？

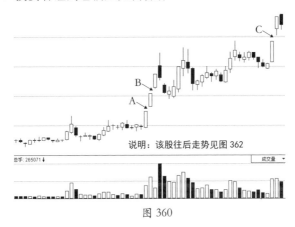

说明：该股往后走势见图 362

图 360

参考答案 图中 A、B、C 3 个箭头所指的空白处，在股市技术图形理论中称为"向上跳空缺口"（见图 361）。其中，箭头 A 所指的缺口叫"向上突破缺口"；箭头 B 所指的缺口叫"向上持续缺口"；箭头 C 所指的缺口叫"向上竭尽缺口"，又叫"向上衰竭缺口"。

向上缺口形状示意图

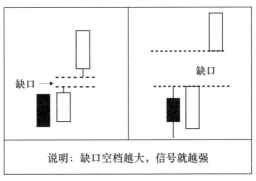

说明：缺口空档越大，信号就越强

图 361

那么，向上的缺口是如何形成的呢？当某日股价跳空高开，在昨天的最高价上方留下了没有成交的价格区域，一直到收盘时，这个没有成交的价格区域仍保留着，或部分保留着，缺口就这样诞生了（见图361）。在股市技术图形分析中，缺口占有相当重要的地位。

因为向上的跳空缺口发生在不同阶段，所以它的技术含义也完全不一样。在股价突破阻力开始上升时出现的缺口，对日后股价上升具有决定性的影响，因此，人们把它形象地称之为向上突破缺口。突破即势如破竹，足见多方发动的攻势之强大。一般而言，形成突破缺口时都伴有较大的成交量，这时成交量越大，说明日后股价上升的潜力越大。向上突破缺口形成后，如几天内不被封闭，说明多方抢占空方滩头阵地已获成功，股价将会形成一路攀升的走势。在股价上升时出现的第二个缺口是向上持续缺口，顾名思义，股价仍然会沿着上涨势头持续下去。向上持续缺口的出现，表明多方力量的强大，此时投资者仍可积极看好其后市。在股价上升时出现的第三个缺口是向上竭尽缺口。向上竭尽缺口是如何形成的呢？股价在急速上升后，市场多方力量到了最后冲刺阶段，这时，再一次出现跳空高开，于是就形成了第三个向上跳空缺口，也即向上竭尽缺口[注]。向上竭尽缺口的出现，意味着原有推动股价上升的力量发挥将尽，形势即将逆转，这种缺口短期内就会被封闭。一旦向上竭尽缺口被封闭，就会引发一轮跌势（见图362）。

在我们了解向上跳空缺口、向上持续缺口、向上竭尽缺口的各自特征和技术含义后，我们就知道应该怎样操作了。比如，当向上突破缺口出现，并伴有较大的成交量时，应毫不犹豫地买进；当向上持续缺口出现时，就继续做多，持股待涨；当向上竭尽缺口出现时，应谨慎持股，特别是在向上竭尽缺口出现时，成交量急剧放大，更要保持

[注] 在特别强的多头市场，或超强势个股中，有时向上跳空缺口不止3个，而是4个，甚至5、6个。这时最后一个缺口才能称之为竭尽缺口，而这之前的缺口，除第一个缺口外，都是持续缺口。尽管这种情况出现机会并不多见，但它也为投资者辨别持续缺口和竭尽缺口带来了困难。为了不造成误认，对缺口必须进行正确区分，方法是：一是要观察当时市场气氛，二是要看第三个缺口，甚至第四个、第五个缺口出现时，成交是否放出巨量，股价能不能平稳地上扬。如若这些缺口形成时，成交放出巨量，股价重心下移，这个缺口就是向上竭尽缺口；反之成交量和以前差别不大，股价重心在稳步地上移，这时就不能把它当作向上竭尽缺口，而要看作向上持续缺口，应继续多做多。

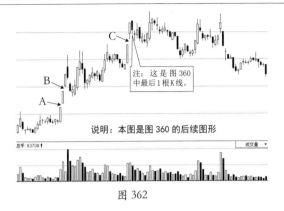

图中箭头 C 所指的缺口是"向上竭尽缺口"，此缺口出现后，该股这轮上涨行情画上了句号。随之股价就出现逐渐下跌的趋势。

C

注：这是图 360 中最后 1 根 K 线。

B

A

说明：本图是图 360 的后续图形

总手：63708↑   成交量 ▾

图 362

高度警惕。此时空仓的投资者不可再追涨，持筹的投资者可先派发一些筹码，如发现股价开始掉头向下，应立即将股票抛空离场。在介绍向上跳空缺口的几种类型后，我们必须要提醒大家的是：虽然向上跳空缺口对股价的上升起着支持作用，但它不能被封闭，若一旦被封闭，它对股价上升的支持作用就会消失，反而对股价下滑起着助跌作用。因此，不管是哪种类型的向上跳空缺口被封闭后，就不能再继续看多，而要适时做空，规避一下短期风险。

习题 100　右图有 3 个明显的空白处，我们分别用箭头 A、B、C 标了出来，这些空白处，技术上称之为缺口。现在请你说出这些缺口的完整名称、特征和技术含义，并说明投资者遇到这些缺口应如何操作？

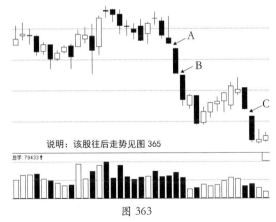

A

B

C

说明：该股往后走势见图 365

总手：79433↑

图 363

参考答案 图中的 3 个缺口,都称为"向下跳空缺口"(见图 364)。因为它们发生在不同时段,又分别叫做"向下突破缺口"(见图 365 箭头 A 所指处),"向下持续缺口"(见图 365 箭头 B 所指处)和"向下竭尽缺口"(见图 365 箭头 C 所指处)。向下竭尽缺口又叫作"向下衰竭缺口"

向下跳空缺口形状示意图

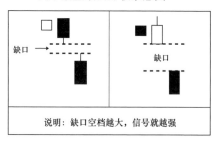

图 364

大家要注意,这 3 个缺口的技术含义是完全不同的。向下突破缺口的出现,说明形势已发生逆转,原来的升势已经结束,接下来的就是一轮跌势,而这个跌势还刚刚开始,下跌的空间还很大。因此投资者见到向下突破缺口要及时做空,尽量做到退出观望为宜。

向下持续缺口的出现,说明市场做空力量仍然很强,股价还将继续下跌。这时,投资者必须保持做空思维,继续持币观望。

向下竭尽缺口的出现[注]说明市场已面临最后一跌,空方力量将穷尽。如果一旦空方不能组织有效力量对多方继续实施严厉打击,日子就会难过起来。股市就是战场,当空方强时,多方就弱,反之亦然。

[注] 一般认为,向下跳空的第一个缺口为突破缺口,第二个缺口为持续缺口,第三个缺口为竭尽缺口。但在市场极度低迷时,或极弱的个股中,有时向下跳空缺口,会一连出现 4 个,甚至 5、6 个缺口。这时,最后的一个缺口才能称为竭尽缺口,而在这之前的缺口,除第一个缺口外,都是持续缺口。尽管这种情况出现的机会不多,但它也为投资者辨别持续缺口和竭尽缺口带来了困难。那么,如何克服这个困难,对缺口进行正确区分呢?一是要观察当时市场气氛;二是要看第三个缺口,甚至第四个、第五个缺口出现时,成交量是否萎缩,股价是不是还继续下跌。如若这些缺口形成时,成交量已非常小,之后,股价拒绝再继续下跌,这个缺口就是竭尽缺口;反之,成交量和以前差别不大,股价重心还在惯性下滑,这时就不能当作竭尽缺口,而要看作持续缺口,并按持续缺口的方法进行操作。

因此，在空方力量不济时，多方肯定会趁机反击。而向下竭尽缺口的出现，为多方日后的反击提供了极佳的机会。如不出意外，这个向下竭尽缺口在几天内就会被多方封闭。但是，这里需要提醒投资者的是，向下竭尽缺口被封闭后，并不意味着马上可见底回升，在这个阶段多方和空方还有一番殊死搏斗，如果多方封闭向下竭尽缺口后，后续力量跟不上，仍有可能被空方再次打下去，股价仍会维持一段时间的疲弱走势。故而在向下竭尽缺口出现时，我们可按以下思路进行操作：此时有筹码的不宜再割肉做空。如缺口被多方封闭，持币的试着做多，可适量买进，等股价冲破下降压力线，成交量放大，并步入上升通道后，再追加筹码跟进（见图365）。

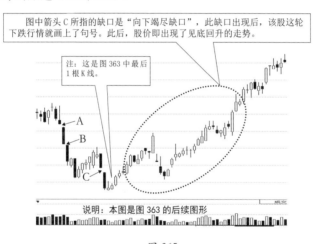

图中箭头C所指的缺口是"向下竭尽缺口"，此缺口出现后，该股这轮下跌行情就画上了句号。此后，股价即出现了见底回升的走势。

注：这是图363中最后1根K线。

A

B

C

说明：本图是图363的后续图形

图 365

这里同样需要向大家说明的是，无论是向下突破缺口，还是向下持续缺口，如短期内被多方封闭，都有可能出现有利于多方的上升和盘局走势，这时，投资者就不能再盲目看空，可采取一种谨慎看多的姿态参与运作。

另外，我们在此还需要提醒大家的是，与向上跳空缺口有所不同，向下的跳空缺口并非都是在市场交易中产生的，比如除息、除权都会产生向下缺口，这点投资者必须认真区别，千万不要搞错。否则，会对股价走势作出误判，对投资带来不利影响。

第十二节　底部岛形反转与顶部岛形反转的识别和运用

习题 101　下图中的画框处是什么技术图形？请说出它的特征和技术含义，并说明投资者见此图形应如何操作？

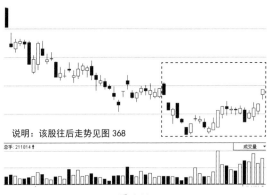

说明：该股往后走势见图 368

总手：211814↑　　　　　　　　成交量▼

图 366

参考答案　图中的画框处的技术图形是"底部岛形反转"。其特征是：在下跌行情中，股价已有了一定的跌幅后，某日突然跳空低开留下了一个缺口，日后几天股价继续下沉，但股价下跌到某低点又突然峰回路转，股价开始急速回升，并留下了一个向上跳空的缺口。这个缺口与前期下跌时的缺口基本上处于同一价位区域（有时左右两个缺口也会略有高低）。从图形上看，股价明显地分成了两块，中间被左右两个缺口隔开（见图 367)，使得图表中的下边一块成了飘离海岸

底部岛形反转图形示意图

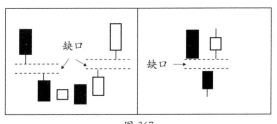

图 367

的岛屿一般（有时候这个岛屿也可能由一根 K 线组成）。底部岛形反转时常会伴随着很大的成交量。如果成交量很小，这个底部岛形反转图形就很难成立。

底部岛形反转是个转势形态，它表明股价已见底回升，将从跌势转化为升势（见图 368）。虽然这种转势并不会一帆风顺，多空双方会有一番激烈的争斗，但总的形势将有利于多方。通常，在底部发生岛形反转后，股价免不了会出现激烈的上下震荡，但多数情况下，股价在下探上升缺口处会嘎然止跌，然后再次发力向上。投资者面对这种底部岛形反转的个股，应首先想到形势可能已经开始逆转，不可再看空了。激进型投资者可在底部岛形反转出现后马上买进，稳健型投资者可等到底部岛形反转被市场认定有效后再买进（注：如果后面股价回探封闭了向上跳空缺口，则不要买进，应继续持币观望）。

在我们前面介绍的缺口理论中曾经说过，向上跳空的缺口被封闭后，后市就会转弱。但值得注意的是，在底部岛形反转向上跳空缺口被封闭后，有时股价并没有重现跌势，不久又会重新发力上攻。这是底部岛形反转的向上跳空缺口与一般的向上跳空缺口的一个不同之处。因此，投资者对那些填补向上跳空缺口之后，再度发力上攻，跃上跳空缺口上方的股票要继续密切加以关注。持筹的仍可持股做多，空仓的可适时跟进。（但要注意的是，对填补向上跳空缺口后，股价还继续下沉的股票就不可再看多了，此时投资者应及时停损离场观望）。

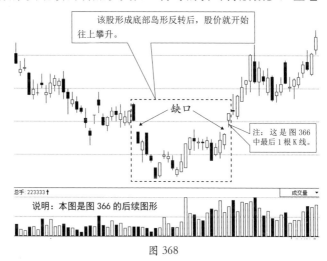

图 368

习题 102　下图中的画框处是什么技术图形？请说出它的特征和技术含义，并说明投资者见此图形应如何操作。

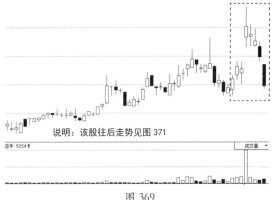

说明：该股往后走势见图 371

图 369

参考答案　图中画框处的技术图形是"顶部岛形反转"。从图中我们可以发现，该股今天出现了一个向下的跳空缺口，而这个缺口与该股上升时向上的跳空缺口基本处于同一区域（有时左右两个缺口也会略有高低），于是，整个股价 K 线图分成了上下两截，在上面的一部分 K 线就像远离海岸的孤岛（有时候这个孤岛也可能由一根 K 线组成）。这是顶部岛形反转的主要特征，从而就此形成了顶部岛形反转（见图 370）。

顶部岛形反转图形示意图

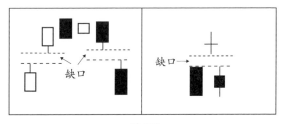

图 370

从技术意义上说，顶部岛形反转一旦确立，说明近期股价已见顶（见图 371），此时持筹的投资者只能认输出局，继续持股必将遭受更大的损失。而空仓的投资者近期也不要再过问该股，即使中途有什么反弹，也尽量不参与，可关注其他一些有潜力的股票，另觅良机。

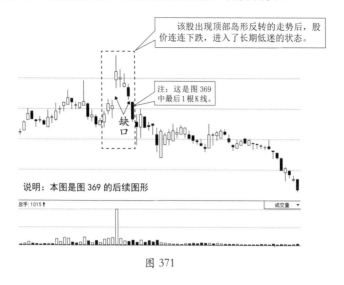

该股出现顶部岛形反转的走势后，股价连连下跌，进入了长期低迷的状态。

注：这是图369中最后1根K线。

缺口

说明：本图是图369的后续图形

总手：1015↑　　　　　　　　　　　　　　　成交量 ▼

图 371

第十三节　矩形与潜伏底的识别和运用

习题103　下图中的个股在下跌后走出了横盘走势。请问：这个横盘走势属于什么技术图形？它的特征和技术含义是什么？投资者见此图形应如何操作？

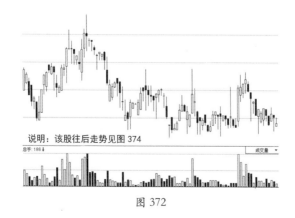

说明：该股往后走势见图374

总手：186↓　　　　　　　　　　　　　　　成交量 ▼

图 372

参考答案　该股的横盘走势称为"矩形"，又称为长方形，箱形整理。矩形的特征是：如果将股价横盘时出现的2个主要高点连起来画一条水平线，将股价横盘时出现的2个主要低点连起来也画一条水平线，即可画出一个长条形状（见图373）。而股价就在这个长条形的宽度里不断地上下波动，当股价上升到长条形的上边线时就往下回落，而回落到长条形的下边线时就往上弹升，直到一方力量耗尽，股价就会选择一个向上或向下方向的突破。矩形是一个整理形态，整理的结果究竟是往上还是往下，这要根据当时多空力量的对比而定，在矩形形成过程中，不到最后朝一个方向有效突破时，谁也不能随便下一个结论。

矩形图形示意图

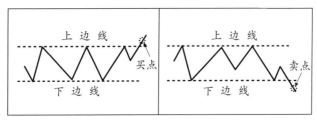

图 373

矩形在技术上给投资者的提示是：整理、观望。因此，在明白这个道理后，我们就可以知道当遇到矩形走势时应该如何操作了。一般来说，只要股价仍在长条形范围里上下运动，就坚决作壁上观，不买股票。但是要做到这一点并不容易，要经得起诱惑，要严格遵守矩形的操作规范才行。例如，股价在上下波动时，有时股价碰到长条形下边线往上弹升时，会出现连拉数阳，价升量增的现象，就像本习题图372的走势一样。这时，一些投资者会觉得这是股价经过长期筑底后的回升，一轮上升行情即将呼之欲出，如果不趁早买进，就会失去一次赚钱的良机。于是就急匆匆地把股票买进，但买进后就会发现，股价碰到长条形的上边线就冲不上去了，仍像往常一样往下回落（见图374）。此时，投资者就陷入了相当被动的局面，走吧，买进股票已经套住，虽然套得不深，但要割肉又不甘心；不走吧，又怕股价在矩形整理后往下突破，损失更大，这真是左右为难。可见对处于矩形整理的个股，投资者最佳的做法就是耐心观望，并抱着一个宗旨，只要股价一天不向上突破矩形的上边线，就一天不买股票，这要当作铁的纪律来严格要求自己，这样才能使自己立于不败之地。另一方面如果股价在矩形整理后往下突破矩形的下边线，手里持有该股的投资者应毫不犹豫地清仓离场，这也是投资者面对矩形走势必须要遵守的一个操作要领，投资者务必认真待之。

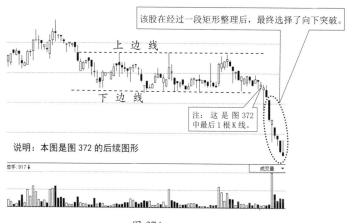

图 374

习题 104　在股市技术图形中，属于底部形态的图形除了常见的双底、头肩底、圆底外，还有一种是潜伏底。下图是沪市某股前几年的月 K 线图。请问：该图后半部分是不是潜伏底？潜伏底的特征和技术含义是什么？投资者见此图形应如何操作？

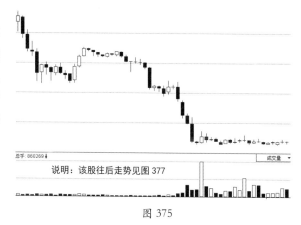

图 375

参考答案 图 375 后半部分确实是一个潜伏底。所谓潜伏底就是股价经过一段跌势后，长期在一个狭窄的区间内波动，交易十分清淡，在图形上，股价和成交量各自形成一条带状（见图 376）。

潜伏底图形示意图

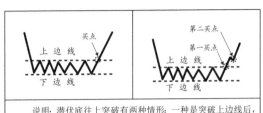

图 376

现在我们从图 375 中可以看出，该股目前的走势和潜伏底特征相当吻合，因而它成为潜伏底的可能性极大。当然是不是潜伏底，最后还要通过股价往上飚升来验证，但这种情况目前还未发生，因此现在还不好说。潜伏底与其他底部形态不同的是，潜伏底一旦向上突破，股价往往就会一路上窜，很少出现回探现象。这是因为股价横盘时间已经很长，换手相当彻底的缘故。现在我们回过来看看图 375 之后的走势，就可以发现该股在突破潜伏底上档压力线后，上冲势头锐不可挡，仅一年多一点的时间，最大涨幅竟超过 40 倍（见图 377）。这真可谓"不鸣则已，一鸣惊人"。虽然潜伏底具有这样巨大的上升

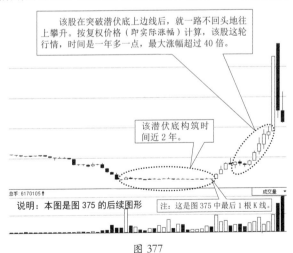

该股在突破潜伏底上边线后，就一路不回头地往上攀升。按复权价格（即实际涨幅）计算，该股这轮行情，时间是一年多一点，最大涨幅超过 40 倍。

该潜伏底构筑时间近 2 年。

总手 6170105↑　　　　　成交量 ▾

说明：本图是图 375 的后续图形。　注：这是图 375 中最后 1 根 K 线。

图 377

潜能，但是在股市中真正炒到潜伏底，享受到股价往上飚升带来丰厚投资回报的人却很少。其原因：一是入市时间选择不当。潜伏底的主要特征是成交量几乎处于停滞状态，而且历时很长。在中外股市中，耗时几个月的潜伏底屡见不鲜，有些竟有数年之久。即使在投机气氛较浓的沪市中，如图375中"辽宁成大"股票在构筑潜伏底时，也用了近2年的时间。有些投资者在潜伏底构筑过程中，因过早入市承受不了股价不死不活的长时期的折磨，在股价发动上攻行情前离它而去，这是很可惜的[注1]。因此，潜伏底的入市时间应选择在股价放量上冲这一阶段。二是不敢追涨。潜伏底一旦爆发，上攻势头十分猛烈，常常会造成连续逼空的行情，而多数投资者对潜伏底爆发出来的直窜行情不知所措，一看连续拉出的大阳线就不敢再追涨，这是很错误的。有人认为，潜伏底往上发动时，只要股价上涨幅度不超过50%，成交量保持价升量增的态势，就可以追涨，超过50%可等其回档时吸纳。例如，1996年4月初"深科技"往上突破时，股价仅5元多（复权价[注2]），最后这轮行情走了4年多，于1999年6月画上句号，其股价最高涨至284.40元（复权价）。有人对该股潜伏底后的涨幅作了计算，若从其潜伏底的起步价2.40元算起，至最高价284.40（复权价）最大涨幅达到117.5倍。若从潜伏底往上突破，月大阳线的开盘价5.38元算起至最高价284.40元（复权价），最大涨幅也达到了51.86倍。该股潜伏底向上突破后其涨幅之大使人惊叹不已（见图378）。

可见，潜伏底上扬时往往会出现大阳线后再拉大阳线，超涨之后再超涨的现象，这是潜伏底往上突破的一个重要特征。因此，在潜伏

　　[注1]　虽然很多投资者忍受不了潜伏底长时间的折磨，将低位筹码让了出去，让煮熟的鸭子弄飞了，使之蒙受了很大损失。但是这种漫长的构筑潜伏底的活动，对控盘主力却有利，潜伏底对投资者的心态调整得越充分，多头主力就越容易吸足廉价的筹码。由于潜伏底筑底时间很长，整理充分，浮筹较少，所以日后主力拉升起来轻松有力，并能制造出一种连续逼空的走势。

　　[注2]　"复权"，是股市上的一个技术用语，意思是指股价实际涨跌幅的结果。比如，某股上市首日收盘价是10元，3年后某股价仍旧是10元。但3年中，该股送了2次股，每次都是10送10。经过2次送股后，该股已从1股变成了4股。虽然3年后的股价仍然是10元，但按复权价计算，该股股价已涨到了40元，涨了3倍。

底涨升初期（当然不是涨升中期、后期），对它追涨应该是一个比较好的选择。

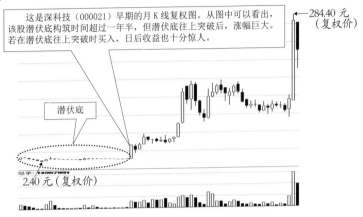

这是深科技（000021）早期的月 K 线复权图。从图中可以看出，该股潜伏底构筑时间超过一年半，但潜伏底往上突破后，涨幅巨大。若在潜伏底往上突破时买入，日后收益也十分惊人。

284.40 元（复权价）

潜伏底

2.40 元（复权价）

图 378

修订者絮语之九

　　俗话说，历史在不断重演。这在股市中表现尤为明显。比如，中国 A 股市场几乎每年都会诞生涨幅达几倍，甚至十几倍的大黑马。这些黑马十有八九都是由以前的冷门股演变过来的。据了解，冷门股演变成大黑马的途径，最主要的形式是：大幅下跌——低位长期横盘——因为某一个利好的刺激突然向上飚升。从 K 线图形上识别，低位长期横盘就是一二年，甚至更长的时间卧在地上不动，构筑一个潜伏底，然后在某一个时候突然放量往上突破，拉出一根标志性的大阳线或巨阳线，大黑马就此诞生了。综观过去与现在，中国 A 股市场中出来的很多大黑马，以及现在与未来出现的大黑马，其走势如出一辙。

　　由此可见，投资者只要了解什么是潜伏底，哪些股票正在构筑潜伏底，怎么判断它们股价是真正往上突破了，其买点、卖点应如何设置等等。当这些问题都弄明白后，大黑马就不会与你擦肩而过，你就能与它相识相遇，一骑绝尘，收获大黑马带来的超额红利，从而成为股市中的佼佼者。

综 合 练 习 一
——技术图形概念的辨析

习题 105　请把下面的技术图形分成三类：一类为顶部形态；二类为底部形态；三类为整理形态。并说出这些图形的名称。

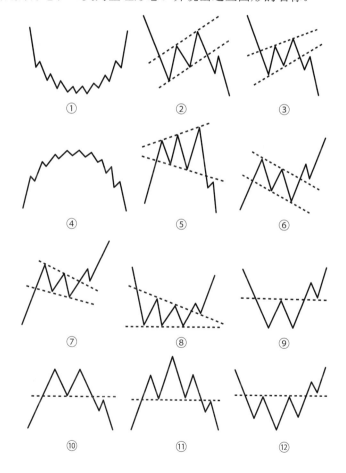

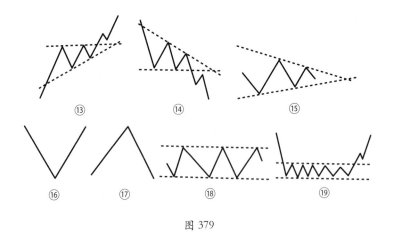

图 379

参考答案　属于顶部形态的图形有 :④ 圆顶,⑩ 双顶,⑪ 头肩顶,⑰ 倒置 V 形。

属于底部形态的图形有 :① 圆底,⑧ 底部三角形,⑨ 双底,⑫ 头肩底,⑯ V 形,⑲ 潜伏底。

属于整理形态的图形有 :② 下降旗形,③ 上升楔形,⑤ 扩散三角形,⑥ 上升旗形,⑦ 下降楔形,⑬ 上升三角形,⑭ 下降三角形,⑮ 收敛三角形,⑱ 矩形。

习题 106　下面各个小题中都有两句话,其中只有一句是正确的。请在正确的话的后面打上 "√"。

第一题 :

(1)　在股价回落后再创新高时,如成交量反而比前面的要少,当它再次回落后,第三次向上冲击但无力超越第二个高点时,则要警惕它会形成头肩顶的走势。　　　　　　　　　　　　(　　)

(2)　在股价回落后再创新高时,如成交量反而比前面的要少,当它再次回落后,第三次向上冲击但无力超越第二个高点时,则要警惕它会形成头肩底的走势。　　　　　　　　　　　　(　　)

第二题：

（1）圆顶形成的一个主要特点是，即极度乐观的市场气氛，这反映在盘面上，就是巨大而不规则的成交量。　　　　　（　　）

（2）圆顶形成的一个主要特点是，即极度乐观的市场气氛，这反映在盘面上，就是巨大而有规则的成交量。　　　　　（　　）

第三题：

（1）双底是做多的信号，但它形成的时间多于一个月，其信号可靠程度就较差。　　　　　　　　　　　　　　　（　　）

（2）双底是做多的信号，但它形成的时间少于一个月，其信号可靠程度就较差。　　　　　　　　　　　　　　　（　　）

第四题：

（1）潜伏底突破时的主要特征是成交量激增，股价大幅波动，而突破之后的上升途中，应维持较高的成交量。　　　　（　　）

（2）潜伏底突破时的主要特征是成交量温和放大，股价少有波动，而突破之后的上升途中，成交量有逐渐减少的迹象。　（　　）

第五题：

（1）通常在双底、头肩底突破颈线后，都有一个回抽的过程。从技术上说，回抽是给投资者提供了一次验证是真突破，还是假突破的机会，如果回抽时成交量明显放大，跌势越来越快，并在颈线下方止跌，即可以确认它向上突破的有效性，此时买入显得胸有成竹，价位也较合适。同时，一旦出现意外，股价重新跌破颈线，在颈线下方止跌后再次下探，投资者因而被迫停损离场时，损失也相对较小。　（　　）

（2）通常在双底、头肩底突破颈线后，都有一个回抽的过程。从技术上说，回抽是给投资者提供了一次验证是真突破，还是假突破的机会，如果回抽时成交量明显萎缩，跌势越来越缓慢，并在颈线上方止跌，即可以确认它向上突破的有效性，此时买入显得胸有成竹，价位也较合适。同时，一旦出现意外，股价重新跌破颈线，在颈线上方止跌后再次下探，投资者因而被迫停损离场时，损失也相对较小。（　　）

第六题：

(1) 头肩顶、头肩底都是属于转势形态，它们除了显示股价朝下和朝上的不同方向外，还有两点明显区别：第一，头肩顶形成的时间一般要比头肩底形成的时间短；第二，头肩顶往下突破可放大量也可放小量，但头肩底往上突破一定要放大量，否则这种突破往往是一种假突破。   （ ）

(2) 头肩顶、头肩底都是属于转势形态，它们除了显示股价朝下和朝上的不同方向外，还有两点明显区别：第一，头肩底形成的时间一般要比头肩顶形成的时间短；第二，头肩底往上突破可放大量也可放小量，但头肩顶往下突破一定要放大量，否则这种突破往往是一种假突破。   （ ）

参考答案 第一题①√，第二题①√，第三题②√，第四题①√，第五题②√，第六题①√。

习题 107 在股市中，我们经常碰到的一些非标准形态的技术图形，那么，究竟如何来识别这些不规则的技术图形呢？ 现在请你以下面一张图为例，说明辨别非标准形态技术图形的一些窍门。

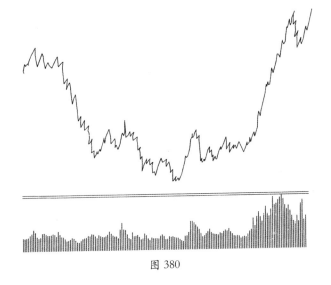

图 380

参考答案 在识别技术图形时，只有学会抓住图形的主要特征，才不会把图形搞错。例如，图 380 粗略看上去并不像头肩底，因为光是低点就有 A、B、C、D、E、F、G 7 个，高点则有Ⓐ、Ⓑ、Ⓒ、Ⓓ 4 个。但后来股价向上突破的形式和上升的力度又证明它的确是一个头肩底。

那么，究竟如何来识别它是一个头肩底的图形呢？

其方法是：把图中次要的高点和低点放在一边，不去管它，把主要高点Ⓑ、Ⓒ 作为基准点画上一条直线（斜线），再把主要低点 A、E 作为基准点画上一条直线，这样就能找到它的左肩、头部和右肩，以及它的上档颈线，这样就很容易看出它是一个头肩底的图形（见图 381）。

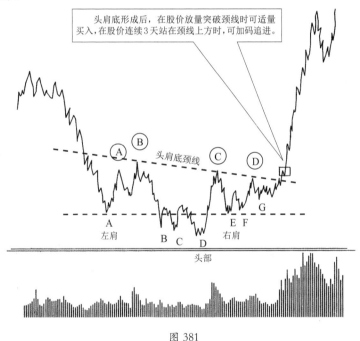

图 381

说明：上图中的第二条直线，仅给大家在寻找头肩底的"头部"、"左肩"、"右肩"时派上用处。正式构图时，此线删除，仅保留上面"颈线"这根直线。这样就能清楚地显示该图是一个头肩底图形。

习题 108　技术图形分成两类：一类为整理形态；另一类为转势形态。现在请你就以下图中的 2 个收敛三角形为例（先在图中把它找出来），对整理形态这一特性作具体说明。

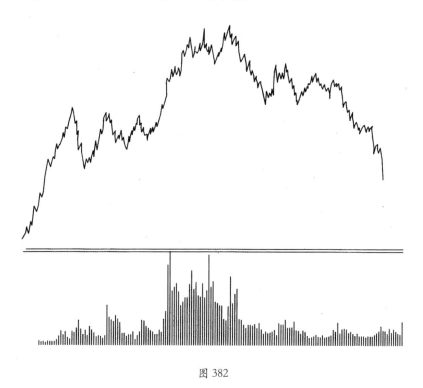

图 382

参考答案　（1）图中 2 个收敛三角形已找到（见图 383）。

（2）收敛三角形属于整理形态，既可发生在上涨途中，也可出现在下跌途中。在上涨途中出现的收敛三角形以向上突破居多，突破时成交量会明显放大。在下跌途中出现的收敛三角形以向下突破居多，但突破时成交量不一定放大。这两点和其他整理形态的技术图形的特性是一致的。

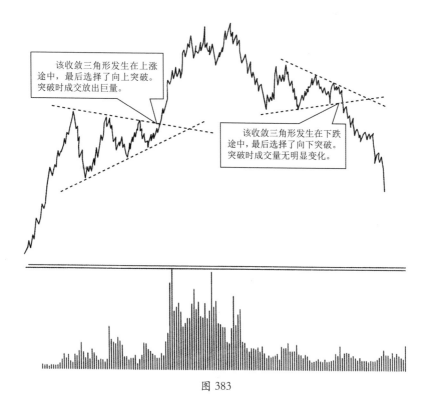

该收敛三角形发生在上涨途中，最后选择了向上突破。突破时成交放出巨量。

该收敛三角形发生在下跌途中，最后选择了向下突破。突破时成交量无明显变化。

图 383

习题 109 在观察股价走势图是什么图形时，用肉眼辨别常常会发生差错，但用直尺就很容易把它识别出来。现在请你就下面一张图，说明你是如何用直尺辨明它的头部形态是扩散三角形的，并告知多方停损点应设在何处。

学习K线、技术图形，贵在多练。平时多练一些，实战时就能少走很多弯路。

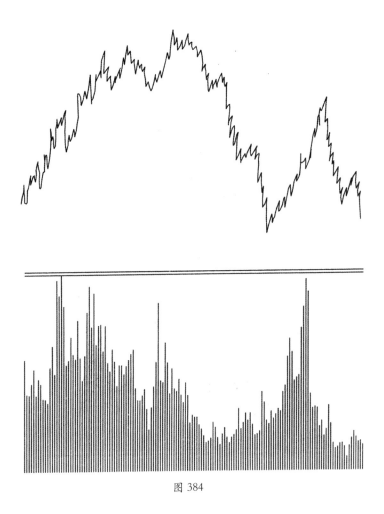

图 384

参考答案 先找出股价上升时 A、B 两个高点，用尺画一条直线，再找出股价回落时 C、D 两个低点，用尺也画一条直线。这时就可发现该股的头部是个扩散三角形（见图 385）。多方的止损点应设在图中 E 点处。因此，当股价击破扩散三角形下边线时，投资者要及时止损离场。

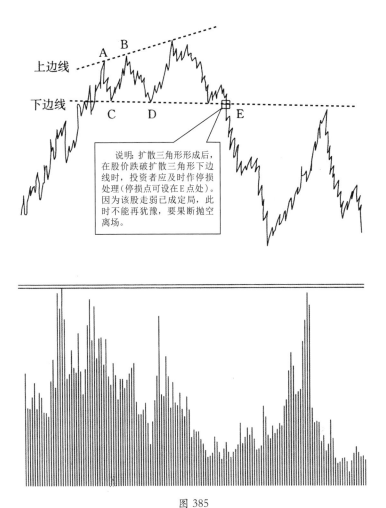

上边线

下边线

A B

C D E

说明：扩散三角形形成后，在股价跌破扩散三角形下边线时，投资者应及时作停损处理（停损点可设在E点处）。因为该股走弱已成定局，此时不能再犹豫，要果断抛空离场。

图 385

【特别提醒】这里对停损点作一些说明。一般来说，在扩散三角形出现后，股价只要跌破其下边线，就应及时卖出，因为后面股价会出现快速下跌。有人怕主力从中捣鬼，股价跌破下边线是假跌，拖着不卖。但大家要记住，股价一旦跌破下边线超过3天，即为有效跌破。此时，必须停损卖出，再犹豫就要犯大错。

综 合 练 习 二
——转势形态图形的辨认

提示　所谓转势形态,即出现这些图形后,行情往往就要发生逆转。或由原来的升势转为跌势,或由原来的跌势转为升势。下面我们列出的图形均为转势形态图形,读者可仔细辨认。

习题 110　仔细观察下图,回答后面的问题:(1) 图中画框处的是什么技术图形?(2) 投资者见此图形应如何操作?

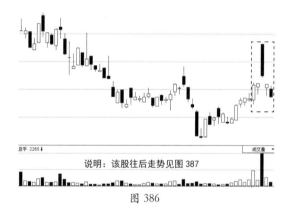

说明:该股往后走势见图 387

图 386

参考答案　(1) 图中画圈处的图形是顶部岛形反转。它左右两边各有一个跳空缺口,中间的那一根阴线就像一座孤岛。(2) 顶部岛形反转是典型的见顶回落信号(见图 387)。因此,投资者一旦遇到顶部岛形反转的股票,就应该立即采取做空策略,停损离场。

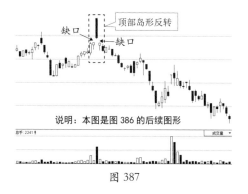

说明：本图是图 386 的后续图形

图 387

习题 111　仔细观察下图，回答后面的问题：(1)该图后半部分是什么图形？(2)请用直尺将颈线标出来，用箭头指出卖点在何处，并简要说明其理由。

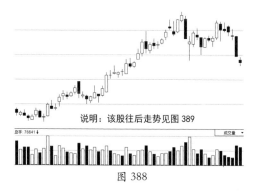

说明：该股往后走势见图 389

图 388

参考答案　(1)该图是一种双顶图形。(2)双顶的颈线和卖出点如图 389 所示。投资者最好先在图中 A 点处退出，B 点处是投资者痛下决心必须卖出的地方。那么，为什么要选择 A 点和 B 点作为卖出点呢？因为股价形成双顶后，下跌趋势已定。当股价跌破颈线位时，投资者首先要做的事就是卖出股票。如果在图中 A 点还没来得及做空的投资者，在股价跌破颈线回抽时，就不能再犹豫了。一般来说，股价下破颈线后回抽时，在颈线处就会受阻回落。因此，图中 B 点就是持有该股投资者的最后一次逃命机会。此时，再不停损离场，股价将一路下跌，损失就相当惨重。

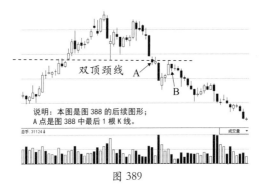

双顶颈线

A

B

说明：本图是图 388 的后续图形；
A 点是图 388 中最后 1 根 K 线。

总手：31124↓   成交量

图 389

习题 112　下面图 390 是某股的日 K 线走势图，图 391 是某股的周 K 线走势图。请你仔细观察这 2 张图，回答后面的问题：(1) 图390、图 391 画框内的图形分别是什么技术图形？(2) 它们有何相同和不同之处？(3) 它们各自的技术含义是什么？

图 390　　　　　　　　　　　图 391

参考答案　(1) 图 390 画框处的图形是头肩顶，图 391 画框处的图形是头肩底。(2) 它们的相同之处是：头肩顶和头肩底都由头部、左肩和右肩 3 个部分组成，与汉字"山"字相似。头肩顶形成于涨势中，由多方占优势转变到空方占优势，呈一个正山字形（见图 392）。头肩底形成于跌势中，由空方占优势转变到多方占优势，呈一个倒山字形（见图 393）。(3) 头肩顶的技术含义是：见顶信号，后市看跌。头肩顶是一个杀伤力很强的头部转势形态，一旦头肩顶正式确立，就会引发一轮空杀多、多杀多的跌势。头肩顶形成的时间越长，其下跌的信号就越可靠。头肩底的技术含义是：见底信号，后市看涨。头肩底是股市中的一个重要底部形态，一旦头肩底正式确立，股价就会形成一路攀升的走势。头肩底形成的时间越长，其信号就越可靠，上升的力度就越大。

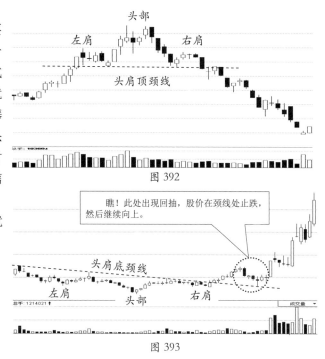

图 392

瞧！此处出现回抽，股价在颈线处止跌，然后继续向上。

图 393

习题 113 请仔细观察下面 2 张周 K 线图，回答后面的问题：(1) 图 394、图 395 中画框处的是什么缺口，它们有何不同之处？(2) 投资者见到这种图形应如何操作？

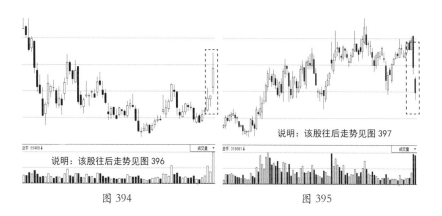

图 394

图 395

参考答案 (1) 图394、图395 中画框处出现的缺口，在技术上都称之为突破缺口。不过两者性质截然相反。图394 的突破缺口形成于股价整理后向上突破过程中，我们叫它向上突破缺口；而图395 的突破缺口形成于股价整理后向下突破过程中，我们叫它向下突破缺口。(2) 当股价经整理后出现放量向上突破缺口时，投资者应勇敢而坚决地及时跟进做多（见图396）。大家在操作时应该注意挑选突破缺口相对较大的股票购买，因为此时的缺口越大越能显示多头势力的强大，往后出现大涨行情的可能性就很大。反之，一旦股价经整理后出现向下突破缺口，投资者就要抱着"留得青山在，不怕没柴烧"的投资理念，痛下决心退出观望。因为向下突破缺口出现后，股价大跌的可能性也非常大（见图397）。

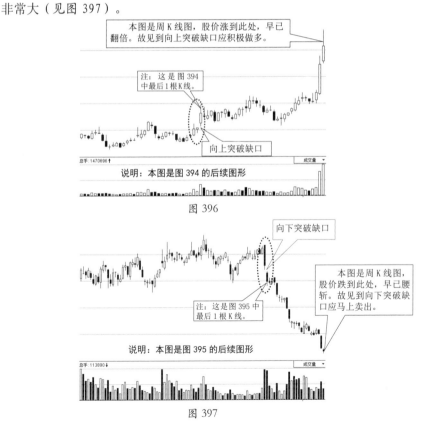

图 396

图 397

习题 114　请仔细观察下面 2 张图，回答后面的问题：(1) 图 398、图 399 中画框处的图形分别是什么技术图形？(2) 在图形特征上它们有何相同之处？(3) 它们各自的技术含义是什么？

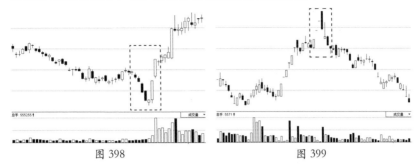

图 398　　　　　　　　　　　　　　图 399

参考答案　(1) 图 398 中画框处的图形是 V 形，图 399 中画框处的图形是倒置 V 形。(2) 它们的相同之处是：无论上涨速度和下跌速度都很快。其 K 线走势类似英文字母 V。它们的不同之处是：前者呈正 V 字形；后者呈倒 V 字形。(3)V 形的技术含义是见底回升，后市看涨。V 形多数是单日触底反转行情，在股价急跌后，突然快速上扬，形成一种连续逼空的走势。倒置 V 形的技术含义是：见顶回落，后市看跌。倒置 V 形基本上是单日见顶反转行情，在股价急速上扬后突然快速下滑，打得多方措手不及，如逃之不及，往往损失惨重。

习题 115　请仔细观察下面 2 张周 K 线图，回答后面的问题：(1) 图 400、图 401 中形成的底部同为什么技术图形？它们有什么不同之处？(2) 投资者在运用该技术图形进行实战操作时应注意哪些问题？

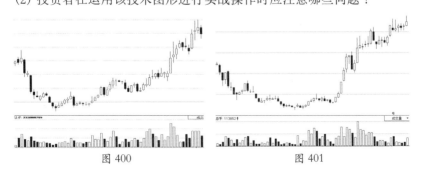

图 400　　　　　　　　　　　　　　图 401

参考答案 （1）图 400、图 401 中形成的底部同为头肩底。图 400 的走势显示向上突破有回探颈线确认的过程，一波三折，而图 401 的走势表明向上突破后，一气呵成向目标挺进（参见图 402、图 403）。（2）投资者在运用头肩底进行实战操作时要注意下列问题：第一，要密切关注底部形态形成后期的成交量的变化。如成交量是否存在萎缩，且向上突破颈线时成交量是否放出大量等等。如果底部形态形成后期的成交量没有萎缩，或突破颈线时成交量增加不多，这时投资者就应该提高警惕，多观察，少行动，以免买进后落入假突破的陷阱。第二，通常底部形成的时间越长，往后的涨势越强烈。如果头肩底构造时间小于 1 个月，其可信度就较差（注：有鉴于此，有经验的投资者往往选择周 K 线图中的头肩底进行操作，因为周 K 线中的头肩底的构筑，一般都有几个月，甚至一年以上的时间才能完成。故本题中两张图都选择了周 K 线图）。投资者对头肩底构造时间短的股票，做多要谨慎，当股价突破颈线往上涨的时候，不宜盲目追涨，可观察一段时间再作定夺。第三，进货时机要选好。激进型投资者可在作好止损的情况下，在股价向上突破时立即跟进做多；而稳健型投资者可在股价向上突破，经回探颈线确认往上突破有效后跟进做多。

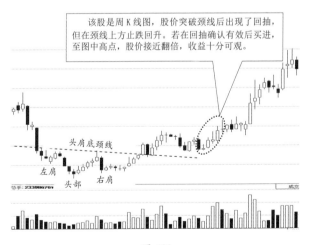

该股是周 K 线图，股价突破颈线后出现了回抽，但在颈线上方止跌回升。若在回抽确认有效后买进，至图中高点，股价接近翻倍，收益十分可观。

图 402

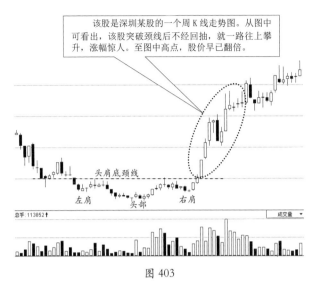

该股是深圳某股的一个周 K 线走势图。从图中可看出，该股突破颈线后不经回抽，就一路往上攀升，涨幅惊人。至图中高点，股价早已翻倍。

头肩底颈线

左肩　　头部　　右肩

总手:113852↑　　　　　　　成交量

图 403

习题 116　请仔细观察下面 2 张图，回答后面问题：(1) 图 404、图 405 中方框内的图形同为什么技术图形？它们有何不同之处？(2) 它们各自的技术含义是什么？投资者在运用该技术图形时应注意哪些问题？

总手:2788↑　　　成交量　　　　　总手:268890↑　　　成交量

图 404　　　　　　　　图 405

参考答案　(1) 图 404、图 405 中方框内的图形同为"岛形反转"。其不同之处是：图 404 中的岛形反转形成于涨势中，我们称为顶部岛形反转。图 405 中的岛形反转形成于跌势中，我们称为底部岛形反转。(2) 顶部岛形反转的技术含义是：见顶回落，卖出信号。在股价上涨时出现岛形反转，会产生一种强烈的向下拉力。因此，高位出现岛形反转，短期内常常会引发一轮跌势（见图406）。底部岛形反转的技术含义是：见底回升，买进信号。通常低位出现岛形反转，说明空方打击力量已衰竭，多方开始重新活跃。在底部出现岛形反转后，多数情况下会引发出一轮升势（见图407）。

从大数据统计看，底部岛形反转的转势信号，比顶部岛形反转的转势信号的可靠程度要差一些。比如，底部岛形反转出现后，有时多空双方会在岛形反转的缺口附近展开一场激烈争夺，致使股价上上下下。鹿死谁手，很难判定。因此，投资者见到顶部岛形反转，可即刻停损离场，而见到底部岛形反转，以稳妥起见，只能试探性地少量买入，待趋势明朗后，再作定夺。

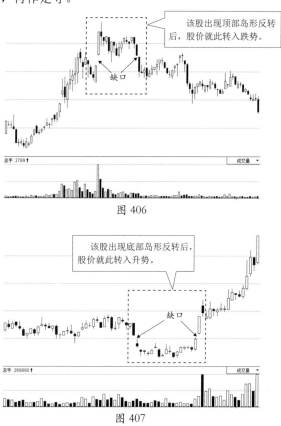

图 406

图 407

习题 117 　请仔细观察下面 2 张图，回答后面的问题：(1) 图 408、图 409 中方框内的图形分别是什么技术图形？　(2) 在图形特征上它们有何相同和不同之处？　(3) 它们各自的技术含义是什么？

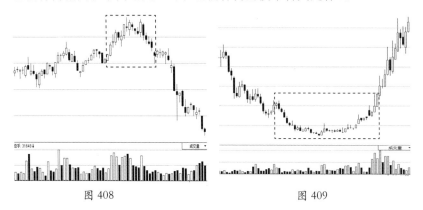

图 408　　　　　　　　　　图 409

参考答案 　(1) 图 408 中方框内的图形是圆顶。图 409 中方框内的图形是圆底。(2) 它们的相同之处是：走势轨迹都呈现出圆弧形态。它们的不同之处是：圆顶形成于股价走势的涨势中，上涨的速度由越来越缓慢逐渐转变为下跌速度越来越快，即由多方占优势的情形逐渐转变为空方占优势。圆底形成于股价的跌势中，下跌速度由越来越缓慢逐渐转变到上涨速度越来越快，即由空方占优势的情形逐渐转变到多方占优势。(3) 圆顶的技术含义是：见顶回落，后市看淡。股价走出圆顶走势后，行情大多开始逆转，一轮跌势就不可避免。圆顶形成的时间越长，其下跌的信号就越可靠。圆底的技术含义是筑底回升，后市看涨。股价走出圆底走势后，春天也就来临，一轮升势呼之欲出。圆底形成的时间越长，其上涨的意愿也就越强烈。

K 线、技术图形练兵，是打好股市翻身仗的物质基础。练得越深越细，日后投资回报就越大。

习题 118　请仔细观察下面 2 张图，回答后面的问题：(1) 图410、图 411 中方框内的图形是什么技术图形？ (2) 它们有何相同和不同之处？(3) 它们各自的技术含义是什么？

图 410　　　　　　　　　　　　图 411

参考答案　(1) 图 410 中方框内的图形是双顶，图 411 中方框内的图形是双底。(2) 它们的相同之处是：它们都是在遭到对方两次阻击后，才把局势扭转过来。它们的不同之处是：双顶形成于涨势中，由多方占优势转变到空方占优势，呈 M 头形状；双底形成于跌势中，由空方占优势转变到多方占优势，呈 W 形状。(3) 双顶的技术含义是：见顶信号。双顶形成后，股价向下突破居多。双底的技术含义是：见底信号。双底形成后，股价向上突破居多。但往上突破时如没有大的成交量配合，很可能是假突破。

修订者絮语之十

　　伟人毛泽东说过："世界上怕就怕认真二字，共产党就最讲认真。"其实，炒股的道理也是如此。比如，在 K 线、技术图形的学习与运用上，投资者只要做到"三认真"，即对其知识与技巧的学习、对其知识与技巧的训练、以及对买卖纪律的贯彻与执行都能做到严格要求、一丝不苟。那么，就一定能成为拿捏图形的技术高手，打好股市翻身仗，铸就辉煌的人生！

综 合 练 习 三
——整理形态图形的辨认

提示 所谓整理形态，即出现这些图形时，多空双方处于一种相持阶段。但是整理形态到最后，必须作出方向选择，或是多方蓄势击败空方，往上突破；或是空方蓄势击败多方，往下突破。下面我们列出的图例均为整理形态图形，读者可仔细辨认。

习题 119 下图中的个股走出了三角形走势。请问：(1) 这个三角形图形叫什么名称？(2) 投资者见到这种三角形应如何操作？

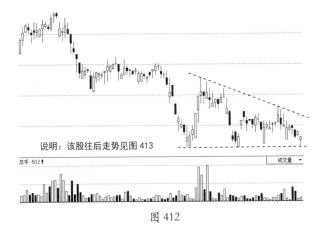

说明：该股往后走势见图 413

总手：502↑　　　　　　　　　　　　　　成交量 ▼

图 412

参考答案 (1) 图中的三角形走势叫下降三角形。(2) 通常，某一股价走势如形成下降三角形，说明空方在整理过程中占有较大优势，股价容易产生下跌行情。所以，投资者见到下降三角形，应想到股价仍有下跌的可能（见图 413)，应持币观望为宜。当然，在个别情况下，下降三角形也会往上突破，但这种往上突破仍有迹象可寻，如成交量急剧放大，此时，投资者再考虑做多也不迟。

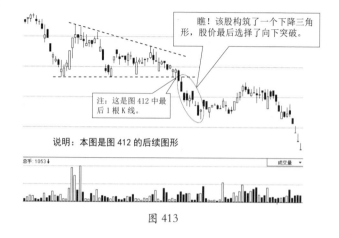

图 413

习题 120　仔细观察下图，回答后面的问题：(1) 图中画框处是什么技术图形？(2) 投资者看到这种图形应如何操作？

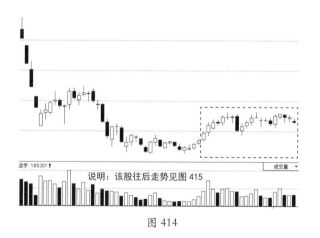

图 414

参考答案 (1) 图中画框处的技术图形是上升三角形。(2) 通常，盘中的股价走势如形成上升三角形，说明多方在整理过程中占有较大优势，故很容易产生新一轮涨势。所以，投资者遇见上升三角形走势的股票，应倾向于做多。此时持股者可继续持股待涨，但持币者不要急于买进，最佳策略是等到股价放量收于压力线上方时再考虑做多。更稳妥的策略是，在股价突破压力线，经回探确认突破有效后再买进股票（见图 415）。但是，投资者要注意的是，少数上升三角形会选择向下突破，如果发生这种情况，应及时止损离场。

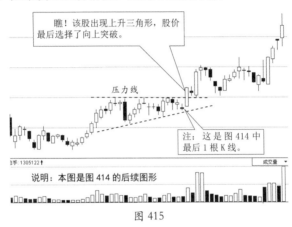

图 415

习 题 121

仔细观察右图，回答后面问题。(1) 图中画两条平行线的地方是什么技术图形？(2) 何处是投资者停损离场之处（请用箭头指出来）？

图 416

参考答案 （1）图中画线处的是下降旗形。（2）下降旗形以向下突破居多，该股也不例外。图中A点处是投资者停损离场的地方，因为此处已跌破下降旗形的下边线（见图417）。

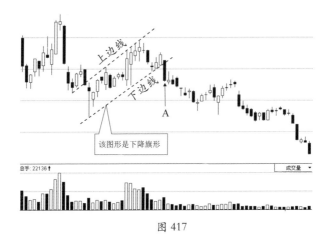

图 417

习题 122 仔细观察下图，回答后面的问题：（1）图中方框内的技术图形叫什么名称？（2）何处是跌破支撑线的地方？跌破支撑线后，投资者应如何操作？

图 418

参考答案 (1) 图中的各个高点与各个低点一样，几乎处于同一水平位置上，所以该技术图形为矩形。(2) 从图中可知，箭头 A 处的 K线已击穿矩形的下边线（俗称支撑线），所以 A 处是跌破支撑线的地方（见图 419）。跌破支撑线后，投资者的最佳策略是抛股离场，并在短时期内不要再买进该股。

图 419

习题 123 仔细观察下图，回答后面的问题：(1) 图中的头部是什么技术图形（用画线的方式把这个技术图形标出来）？ (2) 何处是向下突破、停损离场的地方（用箭头将它指出来）？

图 420

参考答案 （1）图中的头部是收敛三角形。（2）图中箭头 A 处跌破了收敛三角形的下边线，是卖出股票、停损离场的地方（见图 421）。

图 421

习题 124 仔细观察下图，回答后面的问题：(1) 用画线的方式标出图中的下降楔形，并指出哪一条是压力线，哪一条是支撑线？(2) 投资者为什么可在箭头 A 处跟进做多，在箭头 B 处加码买进？

图 422

参考答案 (1) 图 423 中画线处为下降楔形. 上面一条线叫上边线, 俗称压力线, 下面一条线叫下边线, 俗称支撑线。(2) 图中 A 处的收盘价向上突破了下降楔形的压力线, 是多方的第一个买进点, 所以投资者可在 A 处跟进做多。图中 B 处是下降楔形向上突破压力线后, 进行短暂整理之后放量再创新高的地方, 说明股价在这个点位已向上有效突破。这是多方的第二个买进点, 也是比较安全的买进点。故而, 投资者在 B 处可加码买进。

图 423

习题 125 请仔细观察下面 2 张图, 回答后面问题 :(1) 图 424、图 425 中方框内的图形同为什么技术图形? (2) 它们有何不同之处? (3) 投资者见到该技术图形, 在实际操作时应注意哪些问题?

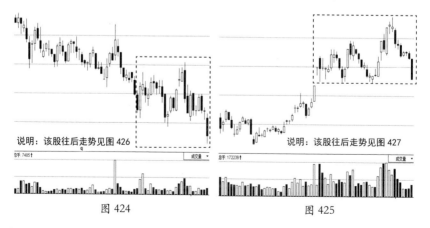

图 424　　　　　　　图 425

参考答案 （1）图 424、图 425 中方框内的技术图形同为扩散三角形。（2）图 424 中方框内的扩散三角形是较为标准的扩散三角形，高点之间的连线与低点之间的连线形成向右扩散状（见图 426）。图 425 中方框内的扩散三角形是一种变异的扩散三角形，高点连线上翘，但各低点之间的价位几乎处于同一水平位置（见图 427）。（3）当股价在一轮升势（包括反弹）后出现扩散三角形，表明股价已接近或处于头部区域。那么，投资者见到扩散三角形，在实际操作时要注意什么问题呢？第一，必须马上冷静下来，不再追涨，而要寻机退出观望；第二，一旦收盘价跌破扩散三角形的下边线，应即刻斩仓离场。

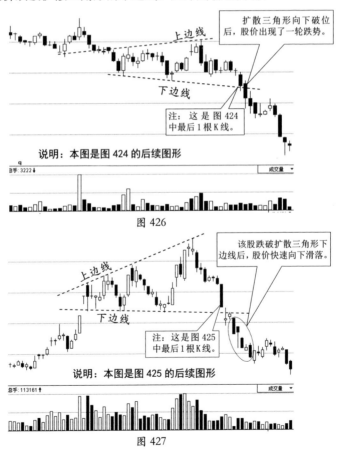

图 426

图 427

习题 126 请仔细观察下面 2 张图，回答后面问题：(1) 图 428、图 429 中方框内的图形分别是什么技术图形？(2) 在图形特征上，它们有何相同和不同之处？(3) 它们各自的技术含义是什么？

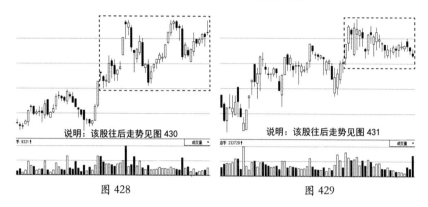

图 428　　　　　　　　　　　图 429

参考答案　(1) 图 428 中方框内的图形是上升三角形，图 429 中方框内的图形是下降三角形。(2) 它们相同之处是：上升三角形和下降三角形的形状都像三角形，且都含有一条斜线和一条水平线。它们不同之处是：上升三角形的压力线（上边线）为水平线，其支撑线（下边线）是向上倾斜的一条直线（见图 430）。下降三角形的压力线

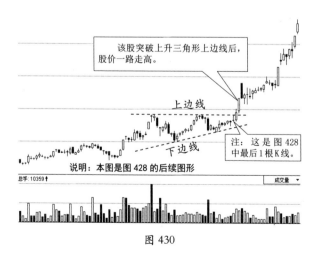

图 430

（上边线）是向下倾斜的，其支撑线（下边线）是一条水平线（见图431）。上升三角形的技术含义是：看涨信号，三角形整理后股价向上突破居多（少数会往下突破），但往上突破一般需要得到成交量的配合，否则可能是假突破。下降三角形的技术含义是：看跌信号，三角形整理后股价向下突破居多（只有极少数的下降三角形在突发事件影响下，或在大成交量支持下，股价会向上突破）。

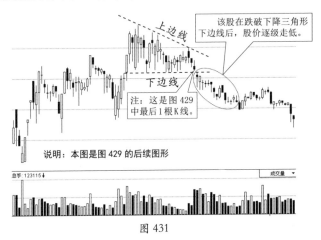

图 431

习题 127 请仔细观察下面 2 张图，回答后面问题：(1) 图 432、图 433 中方框内的图形是什么技术图形？(2) 在图形特征上，它们有何相同和不同之处？(3) 它们各自的技术含义是什么？

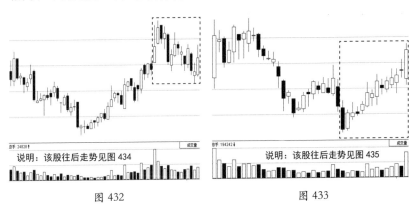

图 432   图 433

参考答案　（1）图 432 中方框内的图形是上升旗形，图 433 中方框内的图形是下降旗形。（2）它们的相同之处是：上升旗形和下降旗形都具有两条同方向且相互平行的斜线，其形状很像一面旗帜的旗面。它们的不同之处是：上升旗形的各高点与各低点一样不断下移，且它们的连线形成下倾的两条平行线（见图 434）。下降旗形的各高点与各

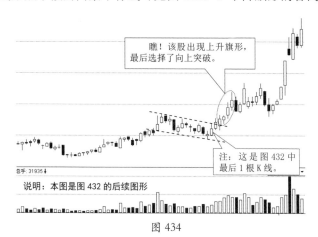

图 434

低点一样不断上移，且它们的连线形成上倾的两条平行线（见图 435）。（3）上升旗形的技术含义是：看涨信号，旗形整理后股价往上突破居多，但突破时如得不到成交量的配合，就会进入突破无效状态，或是重新整理再蓄势，或是往下突破由涨转跌。下降旗形的技术含义是：看跌信号，旗形整理后往下突破居多（只有极少数在突发事件影响下，或在大成交量支持下才会向上突破）。

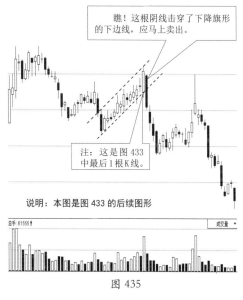

图 435

习题 128 请仔细观察下面 2 张图，回答后面问题：(1) 图 436、图 437 中方框内的图形分别是什么技术图形？(2) 投资者见到这些图形应该怎样操作？请说明其中理由。

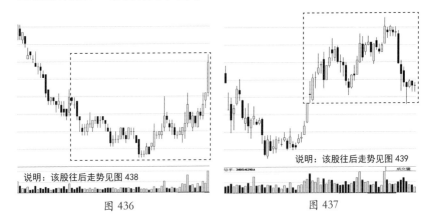

图 436　　　　　　　　　　　　　图 437

参考答案 (1) 图 436 中方框内的图形是头肩底，图 437 中方框内的图形是扩散三角形。(2) 图 436 中最后 1 根是放量大阳线，它已突破头肩底的颈线。技术上是第一买点，激进型投资者可在此买进，稳健型投资者可等股价回抽站稳颈线后再买进。头肩底向上突破是强烈看涨信号，此时不宜再看空做空。该股后来出现了大涨（见图 438）。图 437 中的扩散三角形很清晰。扩散三角形是强烈的看跌信号，这个

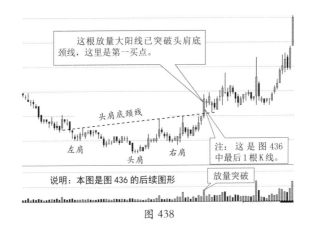

图 438

图形出现后向下破位的概率非常大。所以，尽管图437的扩散三角形尚未破位，但为了安全起见，可先卖出一大部分筹码，等确定其向下破位了，再将剩余筹码全部卖出（见图439）。

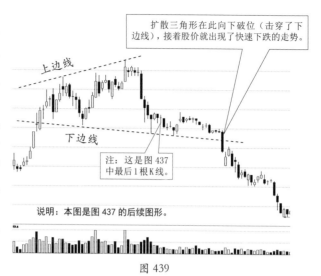

扩散三角形在此向下破位（击穿了下边线），接着股价就出现了快速下跌的走势。

上边线

下边线

注：这是图437中最后1根K线。

说明：本图是图437的后续图形。

图 439

修订者絮语之十一

有一句名言：细节决定成败。本书能盛销不衰，得到广大读者的青睐，有一个重要的原因，因为本书的内容与版面设计上有很多暖人的细节，给读者留下了深刻的印象。比如，本书第一章开头精心设计了一张"K线一览表"，在第二章开头精心设计了一张"技术图形一览表"，让读者能够先大致简单明了地认识一下股市图形全貌；本书每章结束时又别出心裁地安排了K线、技术图形的测验，以此来帮助读者复习、巩固所学的知识。又如，书中的练习题形式多样、悬念不断，可以启发读者不断思考，举一反三；在书的内容安排上，将相互对立的图形（例如，把空方尖兵与多方尖兵、双顶与双底的图形）放在一起让读者辨认，以此提高有比较才有鉴别的效果。正是本书诸多暖人的细节，赢得了读者对本书的广泛关注与好评。可见，书中好的细节设计，对提高书的质量起到了重要的作用。

综合练习四
——技术图形的运用

习题 129 几天前，一位投资者看到了下图中的个股小量横盘整理，有一种跌不下去的感觉。又听说它是资产重组概念股，被套机构要拉高进行生产自救，所以，他就买进了该股。但近两天他看看该股走势有点不对头，好像不是在往上跑，而是在往下跑。对此他也没有了主张，现在请你帮他参谋一下，应该怎样操作才好呢？

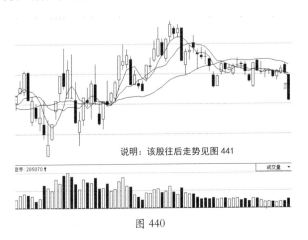

说明：该股往后走势见图 441

图 440

参考答案 下跌途中出现小量横盘整理，确实会让人感到跌无可跌。其实，懂得技术图形的人都知道，该股的横盘整理就是一个矩形走势，矩形整理后向上或向下突破均有可能。一般来说，在弱势环境中出现矩形走势，向下突破的概率很大。因此，对这种矩形走势，投资者就不应该盲目地看多，做多。事实告诉我们，投资者只要了解矩形走势的规律，以后就不会再对处于弱平衡市中的矩形走势盲目看好，买进股票了。

现在我们回过头来看，题中的这位投资者究竟错在哪里？为何这时侯没有了主张。首先，这位投资者是听说此股有被套机构要拉高，他在主力"拉高"前买进了该股。以我之见，股市上有了这样的传言，往往产生不了反弹行情，这是因为被套机构如真想要拉高就不太可能把这个秘密预先告知大家。事实的真相倒很有可能是主力利用这种传言在引诱中小散户接盘，而主力在暗中悄悄地派发筹码。说白了，这位投资者是"听消息"在炒股，不幸中了主力圈套，当上冤大头的。现在这位投资者没有了主张，是因为他看不懂当下该股走势会朝什么方向发展。其实从图440中就可以清晰地看出，图中最后一根K线已经向下突破矩形的下边线，5天、10天、30天移动平均线出现了空头排列（注：关于均线空头排列的知识，《股市操练大全》第二册中会详细向大家介绍），下跌的征兆十分明显。其次，从该股走势分析，目前新一轮跌势仅是一个开始，后面的下跌空间还很大（见图441），为了摆脱越套越深的被动局面，我认为这位投资者现在就应该痛下决心，马上把股票全部抛掉，止损离场。

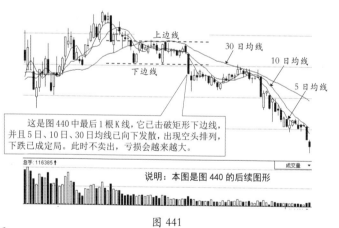

这是图440中最后1根K线，它已击破矩形下边线，并且5日、10日、30日均线已向下发散，出现空头排列，下跌已成定局。此时不卖出，亏损会越来越大。

说明：本图是图440的后续图形

图 441

历史经验反复证明：练则通、通则赢、股市高手是练出来的。

习题 130　下图是上海某股的周 K 线图。从图中看，该股前期送过股，除权后出现了这样的走势。请问：该股后市如何判断？投资者应如何操作为宜？

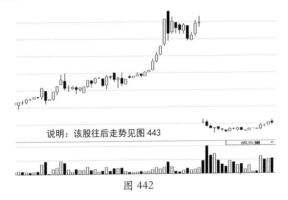

说明：该股往后走势见图 443

图 442

参考答案　从走势图看，该股除权后正在构筑一个大圆底。圆底构造时间较长（注：因为该图是周 K 线图，圆底构筑时间已有 5 个月），并且下面成交量很大，说明主力在大量吸筹。因此，继续向上的可能性很大。具体可这样操作：持币者可即时跟进，持筹者也可加码买进。如果该股上冲出现回调，回调时只要不跌破除权第一周的开盘价，可继续看好。如果该股后面一路向上，则要捂紧筹码，在出现趋势拐头向下时卖出（见图 443）。此时投资者就不能再看多做多，应退出观望。

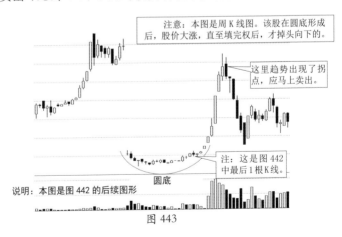

注意：本图是周 K 线图。该股在圆底形成后，股价大涨，直至填完权后，才掉头向下的。

这里趋势出现了拐点，应马上卖出。

圆底

注：这是图 442 中最后 1 根 K 线。

说明：本图是图 442 的后续图形

图 443

习题 131　下图中的个股经过一番调整,昨天收了一根中阳线,成交量开始放大,底部也在逐步抬高,股价走势已有回暖的迹象。请问:现在能不能买进?为什么?

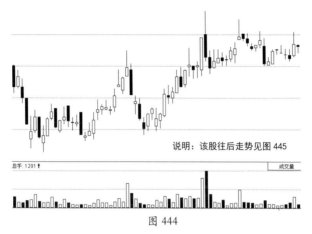

说明:该股往后走势见图 445

图 444

参考答案　不能买进。我不认为现在该股股价走势已经回暖。相反,我倒认为现在该股股价走势正在趋弱。从图形上看,目前该股正在一个收敛三角形的框架里运行,股价底部在抬高,但高点也在逐渐下移。现在收敛三角形快要走到头了,向上向下近日就要见分晓。令人不安的是,该股前期创新高时放出巨量,而随后成交量就大幅减少,这说明主力在股价创新高时已经派发了大量筹码,接下来很可能他们趁机要对股价进行打压。

另外,根据 K 线分析理论,在涨势中出现乌云盖顶(见图 445 中说明),并放出巨量,这就是一个明显的见顶信号,现在股价在见顶信号出现后,没有马上回落,而是进行三角形整理,反映了多方不甘心就此束手就擒,还在作拼命反抗。但股市本身有其运行规律,三角形整理到最后总要寻找一个方向突破。从该股走势图上看,目前多方能量耗尽,已无力再将股价推高,形势正在朝着有利于空方的方向发展。这里还有一个值得注意的信号是,该股在三角形整理期间,每当股价冲高收阳时,都留下了较长的上影线,说明上档阻力很大。这对多方也极为不利。

总之，从目前股价运行的态势看，该股三角形走势最后向下突破的概率很大。因此，我认为现在不但不能买进该股，而且持有该股的投资者为了预防三角形往下突破带来的风险，可先进行减仓操作。如日后一旦发现股价跌破了收敛三角形的下边线，就应及时抛空离场。

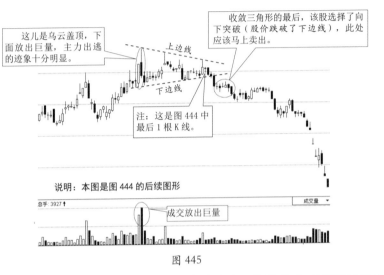

图 445

　　习题 132　　下图中的个股在构筑头肩底，股价往上突破颈线的当天，拉出了一根涨停一字线，第二天再次放量上涨，出现了 1 根螺旋桨 K 线（见图中箭头 A 所指处）。之后，股价在颈线上方横盘，然后回抽颈线止跌并重新向上（见图中箭头 B 所指处）。但遗憾的是好景不长，股价在再次走弱回落时出现一根大阴线，将头肩底的颈线击穿了（见图中箭头 C 所指处）。

　　请问：若按股市技术理论分析，在股价放量突破颈线时，箭头 A 所指处就可以买进做多。如果经回抽再度出现股价回升的情况，就可确认突破有效，在箭头 B 处买进即可持股待涨。那么，为什么该股突破头肩底后，无论是在箭头 A、箭头 B 处买进的投资者都被套住了，而且一路深套，不能自拔呢？ 现在请你帮助分析一下，这些投资者在操作上存在什么问题吗？

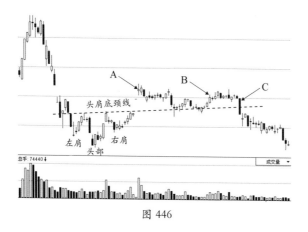

图 446

参考答案 该股在突破颈线后，不久股价就冲高回落。许多人认为这是股价突破颈线后出现的一次正常回抽。如果回抽时股价能在颈线处止跌，并且再次发力向上，说明回抽是对颈线突破有效的确认，此时可以放心买进。

但股市风云莫测，常常有例外的事情发生。该股的走势就是一个例外。如果我们把该股突破颈线后的 K 线走势连起来看就可以发现，该股突破颈线后的冲高回落，虽然在颈线处止跌，但并没有出现再次发力向上的现象。相反它在颈线附近整理一段时间后，用一根大阴线把颈线切断，宣告了前期该股头肩底的突破失败。这样，前面一些人认为该股头肩底突破成功，跟着积极看多、做多的股民都被一网打尽，深度套牢了。

该股的"例外"走势引出了一个问题，说明不是每个股票在放量突破颈线后都会继续上涨。有的突破颈线后可能就这样一路涨上去；有的可能在突破颈线后经过回抽，确认突破颈线有效后再继续涨上去；有的可能在突破颈线后回抽时，再次跌破颈线，宣告向上突破失败。但至于具体到某一个股票上，在股价放量突破颈线后究竟会出现那一种情况，这就要看该股主力的实力、市场的认同程度、多空双方的力量对比了，这里就不能一概而论。

正因为如此，投资者在见到某股放量突破颈线时，如要买进就必须考虑以下两点：

第一，如果你认为自己是激进型投资者，愿意承担较大风险，在股价放量突破颈线后就可买进。这样操作风险可能大了，但同样机会也大了。据了解，深沪股市大约有15%的股票，在股价低位整理突破颈线后就一路飚升上去，甚至连象征性的回抽都没有。这时，如果你硬要等股价突破颈线，出现回抽确认突破有效后再买进，那结果只能是踏空而归。当然，作为激进型投资者在作出这样的投资选择时，也必须同时作好停损离场的准备。即当你买进放量突破颈线的股票后发现它没有一路飚升上去，并出现了较大力度的回抽，这时你就要高度警惕。一旦察觉回抽演变成一轮下跌，就要敢于认错，及时停损离场。

第二，如果你认为自己是稳健型投资者，不太愿意冒较大风险，那么可以在股价放量突破颈线，经回抽确认突破颈线有效后，并在见到股价重新上涨时买进，这样操作收益可能要小些，但风险也降低了，做多的把握就会更大一些。

在弄清楚以上的道理后，我们再回过头来看这些投资者在操作该股中究竟出现了什么问题。比如，假设他们是激进型投资者，在图中A点处买进该股，之后发现该股已无力上涨，股价重心下移，这时就应该卖出。又如，假设他们是稳健型投资者，在图中B点处买进该股，然后发现股价冲高回落在颈线处止跌，但之后再没有出现放量上涨的现象，这说明该股主力并不打算真正做多，此时就要警惕了。若后面又发现了大阴线击穿颈线（见图446中箭头C所指处）的现象，这时就应及时作出停损离场的决断。但遗憾的是，这些该做的事情他们都没有做，而是眼睁睁地看着股价一路下沉。可见，这些投资者在买进时只想到该股上涨时会怎么样，而没想到该股头肩底向上突破失败后会怎么样，因而也就没有预先作好停损离场的准备，所以被套住了。

此事证明，这些投资者既不是合格的激进型投资者，也不是合格的稳健型投资者，在操作上都存在严重失误。这个教训是很深刻的，我们一定要引以为戒。

技术图形的识别和运用测验一

一、是非题（每题2分，共8分）

在下列各题后的括号内填上"对"或"错"。

1. 图①中A处已放量上攻突破矩形的压力线。 （　　）

2. 图②中方框内的图形是岛形反转。 （　　）

3. 图③中A点处已突破头肩底颈线，此为第一买点。 （　　）

4. 图④中方框内的图形是扩散三角形。 （　　）

图①

图②

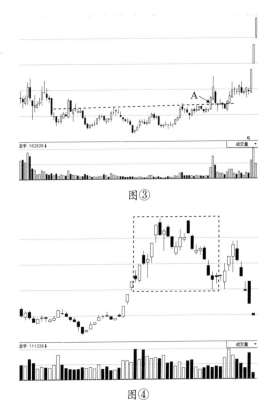

图③

图④

二、判断题（每题2分，共8分）

下面各个小题中都有两句话，其中只有一句话是正确的。请在正确的话后面打上"√"。

第一题：

(1) 一般来说，头肩顶形成时，头部的成交量要比左肩少，右肩成交量又要比左肩和头部少。 （   ）

(2) 一般来说，头肩顶形成时，头部的成交量要比左肩多，右肩成交量又要比左肩和头部多。 （   ）

第二题：

(1) 在技术图形理论上常提到有效突破这个概念，往上有效突破是指股价连续5天收在颈线上方10%以上处，往下有效突破是指股价连

续 5 天收在颈线下方 10% 以下处。　　　　　　　　　（　　）

(2) 在技术图形理论上常提到有效突破这个概念，往上有效突破是指股价连续 3 天收在颈线上方 3% 以上处，往下有效突破是指股价连续 3 天收在颈线下方 3% 以下处。　　　　　　　　　（　　）

第三题：

(1) 通常，上升三角形越早突破，则后劲越足，那些迟迟不能突破的三角形可能是庄家出货造成的陷阱。　　　　　　　　（　　）

(2) 通常，上升三角形越晚突破，则后劲越足，那些过早地突破的三角形可能是庄家出货造成的陷阱。　　　　　　　　（　　）

第四题：

(1) 圆底历时较长，过早的买入会将资金压死。因此，必须等连续几天出现小阳线，而成交量同步温和放大时买进。　　　（　　）

(2) 圆底历时较长，过早的买入会将资金压死。因此，必须等连续几天出现小阳线，而成交量不断减少时买进。　　　（　　）

三、填空题（每题 2 分，共 8 分）

1. 图①中箭头 A 处是向下（　　　　　　）缺口。该缺口形成，表明股价趋势彻底逆转，将出现一轮大跌。

2. 图②低位处是（　　　　　　），这是股市中常见的一个底部形态。

3. 图③中的个股快跌后一路上扬，形成了一个（　　　　　　）走势。

4. 图④中 A 处的收盘价，已封闭了前面的向上跳空（　　　　　），后市看淡，投资者应停损离场。

图①

图②

图③

图④

四、选择题（每题 2 分，共 8 分）

1. 图①中 A 处向上突破了（　　）的压力线。

A. 扩散三角形　　　　B. 上升楔形　　　　C. 收敛三角形

2. 图②头部是个（　　）形态。

A. 圆顶　　　　　　　B. 头肩顶　　　　　C. 双顶

3. 图③中画线处是（　　）。

A. 上升旗形　　　　　B. 下降旗形　　　　C. 矩形

4. 图④底部是个（　　）。

A. 圆底　　　　　　　B. 双底　　　　　　C. 潜伏底

图①

图②

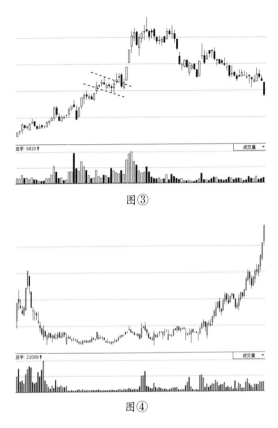

图③

图④

五、简答题（每题 4 分，共 32 分）

1. 仔细观察下图，回答后面的问题：(1) 图中的上升旗形的位置在何处（用直线把它标出来）？ (2) 上升旗形有何特征？

2. 仔细观察下图，回答后面的问题：为什么在 A 处必须卖出？其理由是什么？

3. 仔细观察下图，回答后面的问题：（1）为什么说该图方框内的图形是双顶？（2）何处是投资者首选停损离场的地方？

4. 仔细观察下图，回答后面的问题：（1）图中方框内的图形是不是矩形？（2）图中标明的箭头 A 点、箭头 B 点是什么意思？

5. 仔细观察下图，回答后面的问题：(1) 图中方框内是什么技术图形，它和下降旗形有什么区别？ (2) 何处是有效跌破支撑线，并应该卖出的地方？

6. 仔细观察下图，回答后面的问题：(1) 画出图中的收敛三角形，并标明它的压力线和支撑线在什么地方。(2) 何处是投资者可以开始跟进做多的地方？

7. 仔细观察下图，回答后面的问题：(1) 图中方框内的是什么技术图形？(2) 投资者遇到这种技术图形应如何操作？

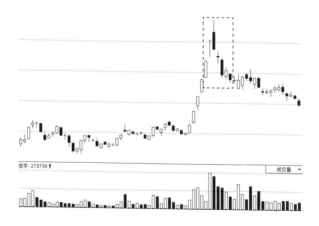

8. 仔细观察下图，回答后面的问题：(1) 图中方框内的是什么技术图形？(2) 图中 A 处和 B 处，哪一处是稳健型投资者跟进做多的地方？

六、问答题（每题 9 分，共 36 分）

1. 请仔细观察下面 2 张图，回答后面的问题：(1) 图①、图②方框内的图形分别是什么技术图形？ (2) 它们有何相同和不同之处？

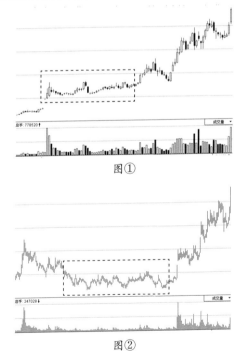

图①

图②

2. 请仔细观察下面 3 张图，回答后面的问题：(1) 图①、图②、图③中方框内的图形分别是什么技术图形？ (2) 为什么投资者在图①中 A 处不可做多？ (3) 为什么投资者在图②中 A 处要停损离场？ (4) 为什么投资者在图③中 A 处可跟进做多？

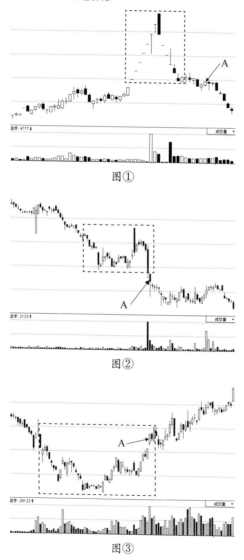

图①

图②

图③

3. 请仔细观察下面 2 张图，回答后面的问题：(1) 图①、图②中的头部图形分别是什么技术图形？ (2) 投资者遇到图①中的技术图形应如何操作？ (3) 为什么投资者在图②中箭头 A 处要及时停损离场？

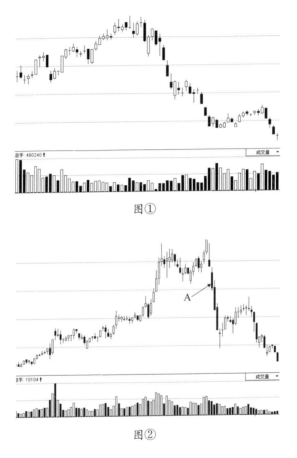

图①

图②

4. 下图显示，该股前几天发力向上，出现了两个向上跳空缺口，这两天因上冲过猛，出现了回档。技术理论书上说，第一个缺口为向上突破缺口，第二个缺口为向上持续缺口，这两个缺口都是买进信号，只有出现第三个缺口，即向上竭尽缺口时，股价才会见顶。请问：投资者现在能不能趁股价回档之际，买进一些股票呢？

修订者絮语之十二

　　"光学不练，纸上谈兵；以练促学，成效倍增"，这已经是被无数事实证明的一条真理。当然，这也并不是说只要"练"，一切问题就能解决了。因为练有"真练"与"假练"的区分。若真练，下功夫后自然会出现很好的效果；若假练，自欺欺人后不仅没有效果，说不定还会因为对形势的误判给投资带来重大损失。此事就好比每年的高考，大凡在考前能认真复习、刻苦练习者都能考出好成绩，进入一些名牌大学，而考前不认真复习，没有刻苦练习者就很难考出好成绩，可能连一般大学都进不去。

　　就本书的Ｋ线、技术图形练习而言，真练者，每题必做，每题必思，每一个瑕疵都不会放过。换言之，真练者在做练习时绝对不会先看参考答案后再做题。他们会经过独立思考后再做题，做完题后再与参考答案进行对照，看看对多少错多少，找出错的原因。在总结经验教训后，隔一段时间后对做错的题目还会再重新做一遍，尽可能提高做题的准确率。久而久之，真练者就能把自己培养成为驾驭Ｋ线、技术图形技巧的高手，成为股市赢家。而假练者，做题不认真，或是不动脑筋，先看参考答案再做题（其实看了答案再做题就无悬念了，做题已无意义），或是马马虎虎随便挑几个题目敷衍一下蒙混过关。假练者自己骗自己，自己在给自己下套，最后，在实战中就会栽大跟斗，成为输家。

技术图形的识别和运用测验一
参考答案

一、是非题
1.（对） 2.（错） 3.（对） 4.（错）

二、判断题
第一题 (1) √ 第二题 (2) √ 第三题 (1) √ 第四题 (1) √

三、填空题
1. 突破 2. 圆底 3. V 形 4. 缺口

四、选择题
1. C 2. C 3. A 4. C

五、简答题
1. 参考答案：(1) 上升旗形的位置在图中的右侧（见下图）。(2) 上升旗形的特征是：在上涨过程中出现高点不断下移，低点也不断下移，且各高点的连线与各低点的连线呈现相互平行状态。

2. 参考答案：从图中可知，图中最高处出现了一根射击之星 K 线，这是见顶信号。后来，股价回落又将前面的一个上升缺口封闭了，上

升缺口被封闭是该股走弱的重要信号。到图中箭头A处出现一根长阴线，验证了前面缺口封闭是有效的，空方已大开杀戒，所以必须卖出。

3. 参考答案：(1) 所谓双顶就是在涨势中，股价第一次冲高回落，第二次上涨到前一高点附近再次滞涨回落，直至收于颈线下方的一种技术走势。所以，图中方框内的图形是双顶。(2) 图中箭头A处是投资者首选停损离场的地方（见下图），因为A处的收盘价已跌破双顶颈线。

4. 参考答案：(1) 方框内的图形不是矩形，是头肩底。(2) 图中的A点是第一买点，因为A点处的收盘价已收在颈线的上方。所以，A点处是激进型投资者跟进做多的地方。当然，最稳妥的是在B点处买进，因为前面股价突破颈线后出现过回抽，B点处的股价创了新高，且成交量放大，这样就确认了前面向上突破是有效的。所以，B点是稳健型投资者跟进做多的地方。在技术上，B点称为第二买点（见下图）。

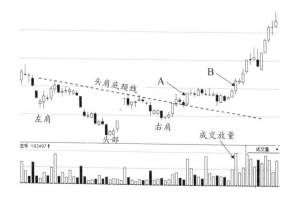

5. 参考答案:(1) 图中方框内的图形是上升楔形,因为在下跌过程中,高点的连线与低点的连线不相平行,这是上升楔形有别于下降旗形的一个主要特征（见下图）。(2) 从图中可知,图中箭头所指处,已有效跌破了上升楔形的支撑线,是投资者应该卖股离场之处（见下图）。

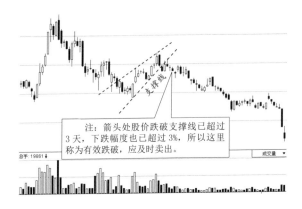

注:箭头处股价跌破支撑线已超过3天,下跌幅度也已超过3%,所以这里称为有效跌破,应及时卖出。

6. 参考答案:(1) 将图中两个高点和两个低点用直线连起来,就构成了一个收敛三角形（见下图）。收敛三角形的上边线就是它压力线所在之处,收敛三角形的下边线就是它支撑线所在之处。(2) 从图中可知,该股在收敛三角形整理期间成交量逐渐萎缩,之后股价放量收于压力线上方,箭头 A 处就是它的突破点。所以,A 处是投资者可以开始跟进做多的地方（见下图）。

7. 参考答案：(1) 图中方框内的图形是倒置 V 型，俗称尖顶。(2) 投资者一旦遇到倒置 V 形走势的股票，要及时停损离场。第一停损点可选择在 A 处，因为在这之前的一根带长上影线的中阴线，已发出见顶信号，之后，接连出现第二根向下跳空的小十字线，初步形成了倒置 V 形走势，此为第一停损卖出点。第二停损卖出点可选择在 B 处，因为 B 处这根大阴线，确认倒置 V 形已经形成，这样股价继续下跌已成定局。

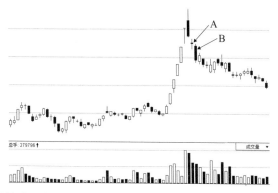

8. 参考答案：(1) 图中方框内的图形是双底。(2) 图中 A 点处已突破颈线，是激进型投资者买进的地方。图中 B 点处的股价，经过回抽，验证了前面向上突破是有效的，它将继续向上拓展。所以，在 B 处这根阳线的地方买进，风险小，胜算大，是稳健型投资者跟进做多的买点（见下图）。

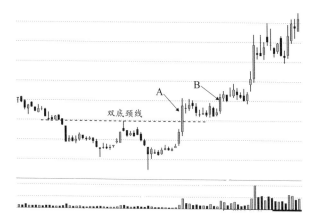

六、问答题

1. 参考答案：(1) 图①中方框内的图形是矩形（见下图 A），图②中方框内的图形是潜伏底（见下图 B）。(2) 它们的相同之处是：都在某一范围内上下波动。其上边线和下边线呈水平状。它们的不同之处是：通常，矩形的上下波动范围一般比潜伏底上下波动幅度要大。前者多为一个长方形的形状，后者多为一条狭长的带状。矩形可形成于涨势中，也可形成于跌势中，成交量减少，但没有出现极度萎缩。表明多空双方处于一种相持阶段。矩形的技术含义是：整理信号。多空双方都在蓄势，寻求突破，日后向上、向下都有可能。潜伏底形成于一轮大跌势之后，成交清淡，成交量出现极度萎缩，表明市场对它关心程度越来越低，它已被大多数投资者遗忘。潜伏底的技术含义是：筑底信号。一旦筑底成功，放量上冲，其上升空间就很大。另外，潜伏底的构筑时间比矩形的构筑时间要长得多，这也是它们之间的一个重要区别。

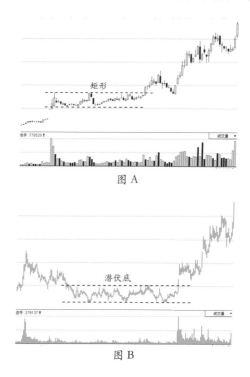

图 A

图 B

2. 参考答案：(1) 图①中方框内的图形是倒置 V 形（见下图 A）。图②中方框内的图形是扩散三角形（见下图 B）。图③中方框内的图形是头肩底（见下图 C）。(2) 虽然图①中的个股快速下跌形成倒置 V 形后，至 A 处的股价已处于横盘状态，并拉出了 2 根小阳线，但成交量却极度萎缩并无新资金加入，说明股价仍处于下跌趋势中。所以，投资者不可在 A 处做多（见下图 A）。(3) 从图②中可得知 A 处的股价已低于支撑线，所以，投资者应马上卖出，采取停损离场的策略（见下图 B）。(4) 从图③中可得知 A 处已放量收于头肩底的颈线上方，且量价配合较佳。所以，投资者可在此处跟进做多，持股待涨（见下图 C）。

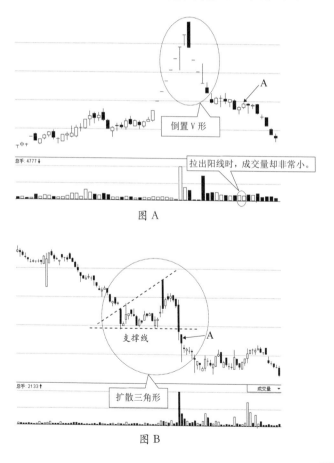

图 A

图 B

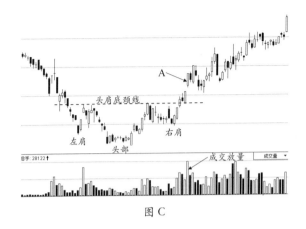

图 C

3. 参考答案：(1) 图①中的头部图形是圆顶（见下图 A）。图②中的头部图形是双顶（见下图 B）。(2) 投资者在图①中箭头 A 处即应开始离场，如不抛空至少也要抛掉一半筹码。因为从图上看，此时圆顶征兆已表现出来，到图中箭头 B 处应全部清仓出局，这时圆顶走势已经形成，股价下跌速度越来越快，如再不逃跑，就会深度套牢。(3) 从图②中可看出，箭头 A 处的收盘价已跌破了双顶的颈线。一般来说，双顶形成后股价会有一个较大的下跌空间。所以，投资者在箭头 A 处要马上卖出，规避风险。

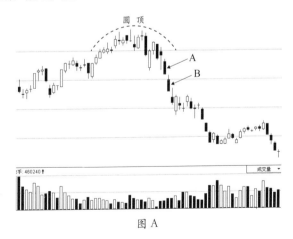

图 A

图 B

4. 参考答案：不能买进。有很多人只知道向上突破缺口、向上持续缺口能支持股价上涨，是买进信号。但没有想到向上跳空缺口不能被封闭，一旦被封闭，助涨就会变成助跌，形势马上发生变化。比如图中的个股，现在尽管它只出现了两个向上跳空缺口，还没有出现第三个上升缺口，似乎股价上升的动力还很强，但今天的一根阴线已将前面第二个上升缺口完全封闭，并且还击穿了上升趋势线，这就不能简单的认为是上冲后的回档了。

当然我们还不能就此肯定，今天这个缺口被封闭是有效的，这要等两天才能看得清楚。但是现在无论怎么说，这个向上持续缺口出现才二、三天时间，就被空方封闭，这对多方来说是一件相当严重的事情。另外，该股在昨天拉出的是一根吊颈线。一般来说，在上升趋势中出现吊颈线有涨势穷尽的意味，再加上在出现第二个缺口时放出巨量，这就更有见顶之嫌了。

总之，该股现在这种走势已经明白地告诉我们，其股价正在转弱。在此情况下，我们又怎么能买进该股呢？ 我认为现在的形势对多方很不利，投资者应进行减磅操作。如若日后两天股价不能回到缺口上方，就证明今天的缺口被封闭是有效的，此时应立刻退出观望（见下图）。

附：图中个股封闭向上跳空缺口后的走势图。

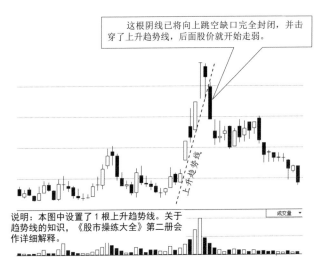

这根阴线已将向上跳空缺口完全封闭，并击穿了上升趋势线，后面股价就开始走弱。

上升趋势线

说明：本图中设置了1根上升趋势线。关于趋势线的知识，《股市操练大全》第二册会作详细解释。

成交量 ▼

修订者絮语之十三

古人云："书中自有黄金屋，书中自有颜如玉。"不过，读书人真的要从书中找到"黄金屋、颜如玉"也并非易事。其中读书方法非常重要。比如，看股票书，尤其是阅读它们的经典之作，就不能像看小说那样，看一遍就结束。这样的读书方法肯定不行，要想取得好的效果，就一定要看上好几遍，才能够正确理解书中的观点。

俗话说：欲速则不达。经验证明，股票书中的经典之作要慢慢读，细心品味，才能获知真谛。我们发现一些学得好，在实战中做出成绩的投资者，他们在信息反馈中都强调了一点，《股市操练大全》已经看了不知多少遍了，笔记也做了一大堆，但每读一次都有新的理解，新的提高。

技术图形的识别和运用测验二

姓名_____ 得分_____

一、是非题（每题2分，共8分）

在下列各题后的括号内填上"对"或"错"。

1. 图①中 A 处是放量上攻突破压力线的地方，且留下了一个向上突破缺口。　　　　　　　　　　　　（　　）

2. 图②中方框内的图形是收敛三角形。　　（　　）

3. 图③中方框内的图形是头肩底。　　　　（　　）

4. 图④中方框内的图形是扩散三角形。　　（　　）

图①

图②

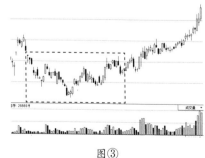

图③

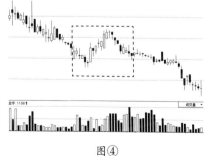

图④

二、判断题（每题 2 分，共 8 分）

下面各个小题中都有两句话，其中只有一句是正确的。请在正确的话后面打上"√"。

第一题：

(1) 头肩底形态中有两个最佳买入点。第一个是在刚刚突破颈线时，这属于比较激进的买进点；第二个是在回抽颈线止跌回升处，这属于比较稳健的买入点。（　　）

(2) 头肩底形态中有两个最佳买入点。第一个是在即将突破颈线之时，这属于比较激进的买进点；第二个是在回抽颈线并跌破颈线时，这属于比较稳健的买入点。（　　）

第二题：

(1) 底部三角形的最佳买入点是在三角形尖端之后，当股价从极度虚弱中复苏，刚开始小幅上扬之时。（　　）

(2) 底部三角形的最佳卖出点是在三角形尖端之后，当股价从极度虚弱中复苏，刚开始小幅上扬之时。（　　）

第三题：

(1) 矩形在形成过程中成交量持续在较高水平，则很可能是庄家在悄悄地出货，其向下突破概率居多，投资者必须高度警惕。（　　）

(2) 矩形在形成过程中成交量持续在萎缩，则很可能是庄家在悄悄地出货，其向下突破概率居多，投资者必须高度警惕。（　　）

第四题

(1) 收敛三角形向上突破之前就会有征兆表现出来，从量价关系上分析，如果形态要向上突破，则每次回落之时成交量必然迅速放大，而反弹时成交量却在不断的减少。（　　）

(2) 收敛三角形向上突破之前就会有征兆表现出来，从量价关系上分析，如果形态要向上突破，则每次回落之时成交量必然迅速减少，而反弹时成交量在不断地放大。（　　）

三、填空题（每题 2 分，共 8 分）

1. 图①中 A 处留下了一个（　　　　）缺口，股价出现持续性下跌。

2. 图②中方框内是（　　　　），它仅是该股下跌途中的一次小反弹。

3. 图③中方框内是（　　　　　），在跌势中出现这种图形，以向下突破居多。

4. 图④中 A 处已突破了（　　　　　）三角形的上档压力线，股价再次往上攀升。

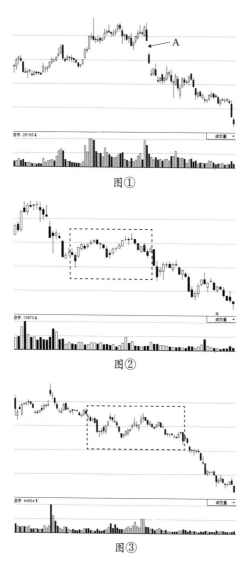

图①

图②

图③

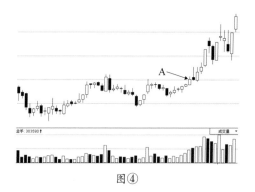

图④

四、选择题（每题 2 分，共 8 分）

1. 图①中箭头 A 处已跌破了（　　　　）的下边线，投资者应即刻停损离场。

　　A. 矩形　　　　　　　B. 下降旗形　　　　　　C. 上升楔形

2. 图②中箭头 A 处已放量突破了（　　）的上边线，投资者可继续持股待涨。

　　A. 下降楔形　　　　　B. 上升旗形　　　　　　C. 收敛三角形

3. 图③中箭头 A 处是股价突破（　　）颈线位的地方，投资者可跟进做多。

　　A. 双底　　　　　　　B. 潜伏底　　　　　　　C. 头肩底

4. 图④中箭头 A 处出现了一个（　　），多方趁势将股价一路推高。

　　A. 向下突破缺口　　B. 向上突破缺口　　　C. 向上持续缺口

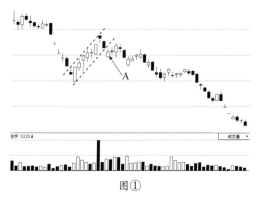

图①

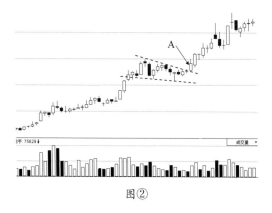

图②

图③

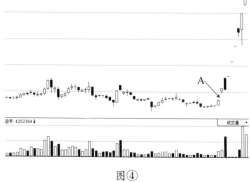

图④

五、简答题（每题 4 分，共 32 分）

1. 仔细观察下图，回答后面的问题：(1) 图中方框内的图形是什么技术图形？ (2) 为什么箭头 A 处是投资者跟进做多的地方？

2. 仔细观察下图，回答后面的问题：(1) 图中方框内的图形是什么技术图形？ (2) 何处是跌破支撑线卖出股票的地方？

3. 仔细观察下图，回答后面的问题：(1) 图中箭头 A 处和箭头 B 处同是突破缺口，这里有什么区别？ (2) 为什么投资者在箭头 A 处要跟进做多，在箭头 B 处却要坚决做空？

4. 仔细观察下图，回答后面的问题：(1) 图中方框内的图形是上升楔形还是下降旗形？ (2) 投资者停损离场应选择在何处（用箭头指出来)?

5. 仔细观察下图，回答后面的问题。(1) 图中方框内的图形是什么技术图形？ (2) 为什么投资者要把箭头 A 处作为停损离场的第一卖点？

6. (1) 观察图①的走势，说明判断该股在底部形成的图形是圆底的理由。(2) 观察图②的走势，说明判断该股在底部形成的图形是 V 形的理由。

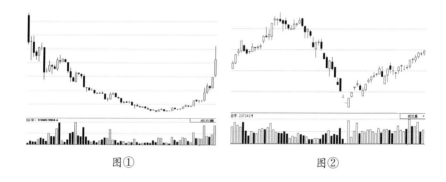

图①   图②

7. 仔细观察下图，回答后面的问题：(1) 图中画框处的图形是什么技术图形？(2) 它的第一买点和第二买点应该设在何处（用箭头把它指出来，并简要说明理由）？

8. 仔细观察下图，回答下面的问题：(1) 图中画框处的图形是什么技术图形？(2) 它的卖点应该如何设置？

六、问答题（每题9分，共36分）

1. 仔细观察下图，回答后面的问题：(1) 图中方框内的图形是上升旗形还是收敛三角形？(2) 划出该技术图形的压力线和支撑线？并说明该股向上突破的第一买点与第二买点应该设置在什么地方（用箭头把它指出来）？(3)有种观点认为，在涨势中，不管出现上升旗形还是收敛三角形整理，只要整理期间的成交量出现萎缩，之后放量收于压力线上方，就是投资者跟进做多的良机，对此你有何想法？

2. 请仔细观察下面两张图，回答后面的问题：(1) 图①、图②中形成的头部同为什么技术图形？（2）它们有何不同之处？（3）投资者在运用该技术图形操作时应注意哪些问题？

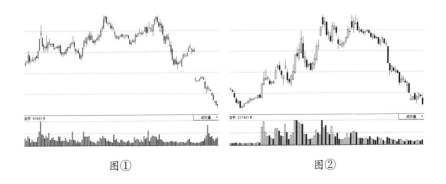

图①   图②

3. 该股今天收了一根中阴线，成交量也有放大迹象，大户室中很多人担心它明天会继续下跌，正在陆续卖出，而唯独老张准备买进，他说只要明天股价向上，他就积极跟进。你认为老张这样做风险大不大？老张这样操作是否有道理？

4. 下面 8 张图中画框处的图形都属于同一种技术图形，你知道它们是什么技术图形吗？并说说你是用什么办法知道的。另外，请你就这几张图谈谈投资者在遇到这种技术图形时，应如何操作？

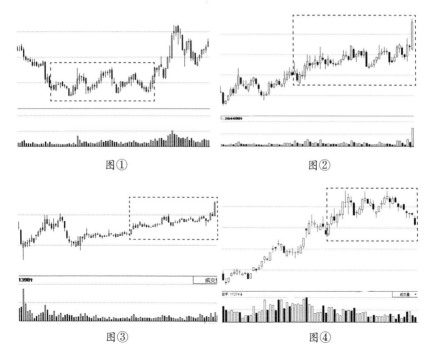

图①

图②

图③

图④

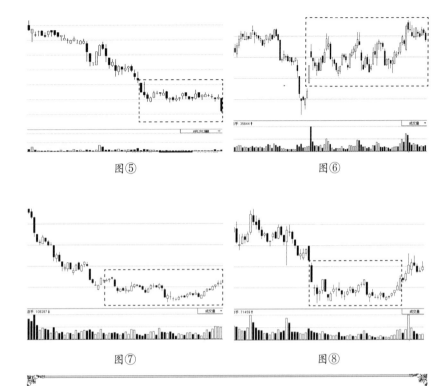

图⑤　　　　　　　　　　　图⑥

图⑦　　　　　　　　　　　图⑧

修订者絮语之十四

　　看图识图是炒股的基本功。比如，当你能识别出什么是头肩底、头肩顶、双底、双顶、矩形等技术图形时，你就知道下一步应该怎么操作了。但有人说，书中有老师帮你在图中画出颈线，或上边线（压力线）、下边线（支撑线），这样自然就知道这是什么图形了。但实际操作时，图中的线都要自己画，这就难了。其实，此事说难也不难，无非是要多做这方面的练习而已。除了本书的练习，《股市操练大全》以后几册书中也有这方面的大量练习。练习做多了一定会有感觉，画线——图形识别中的"拦路虎"必能被攻克。届时，熟能生巧的你，就会成为鉴别图形的高手了。

技术图形的识别和运用测验二
参考答案

一、是非题

1.（对）　2.（对）　3.（对）　4.（错）

二、判断题

第一题(1)√　　第二题(1)√　　第三题(1)√　　第四题(2)√

三、填空题

1. 向下跳空　2. 上升楔形　3. 矩形　4. 收敛

四、选择题

1. B　2. A　3. A　4. B

五、简答题

1. 参考答案：(1) 图中方框内的图形是潜伏底。(2) 因为箭头 A 处是股价长期低迷后，突然向上大涨，放量突破了潜伏底压力线的地方，这往往预示股价将有一轮较强的升势。所以，箭头 A 处是投资者跟进做多的地方，之后该股就一路震荡向上（见下图）。

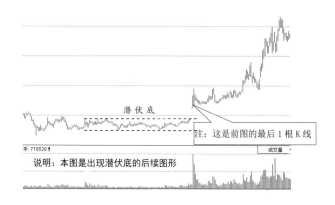

2. 参考答案：(1) 图中方框内的图形是收敛三角形。(2) 从图中可看出，方框内最后一根K线已跌破了收敛三角形的下边线，俗称支撑线。所以，图中出现最后一根阴线的地方，就应该是投资者及时卖出股票的地方。

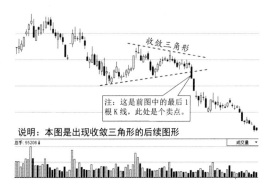

说明：**本图是出现收敛三角形的后续图形**

3. 参考答案：(1) 图中箭头A处是向上突破缺口，箭头B处是向下突破缺口。这两种突破缺口的性质是不同的：一种是看涨信号；另一种是看跌信号。(2) 因为箭头A处是向上突破缺口，说明多方占了很大优势，一轮涨势呼之欲出，所以投资者可以跟进做多。箭头B处是向下突破缺口，说明空方占了很大优势，股价将出现大跌，所以投资者要坚决做空，停损离场。

4. 参考答案：(1) 方框内的图形是上升楔形。因为下降旗形的高点连线与低点连线处于平行状态，而图中方框内的高点连线与低点连线并不平行。所以，方框内的图形是上升楔形（见下图）。(2) 投资者停损离场应选择在箭头A处。因为A处的收盘价跌破了上升楔形的支撑线，股价将会出现一轮跌势。

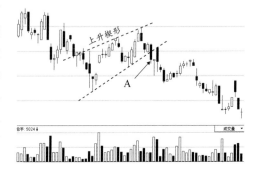

5. 参考答案：(1) 图中方框内的图形是上升三角形。(2) 一般来说上升三角形以向上突破居多，但也有可能向下突破。目前该股在箭头 A 处的收盘价，已跌破了上升三角形的支撑线。这时就要想到空方已占了优势，同时由于盘中出现了向下跳空缺口，这样后面股价大跌的可能性变得更大。所以，投资者必须及时做空。因为图中 A 处刚跌破支撑线，若将它作为第一卖点卖出，损失最小。

6. 参考答案：(1) 从图①的走势中可看出，该股经快速下跌后，下跌速度越来越缓慢，逐渐转变到上涨速度越来越快，其走势类似圆弧，所以，该股在底部形成的图形是圆底（见下图 A)。(2) 从图②的走势中可看出，该股在形成底部前下跌速度越来越快，突然出现快速回升，其走势类似 V 字形状。所以，该股在底部形成的图形是 V 形（见下图 B)。

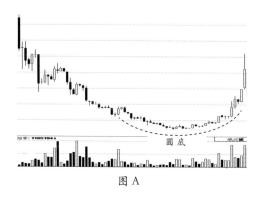

图 A

图 B

7. 参考答案：(1) 图中画框处的图形是底部三角形（见下图）。(2) 因为该股在箭头 A 处已向上突破底部三角形的压力线。所以，投资者可把 A 处作为第一买点，试探性地跟进做多。箭头 B 处已创出新高且成交量也明显放大，这说明股价上涨得到了成交量的支持，继续向上的动力较强，故而投资者可把它作为第二买点，加码买进（见下图）。

8. 参考答案：(1) 图中方框内的图形是圆顶。(2) 一般来说，圆顶无明显的卖点可寻。原则上只要向下的圆弧形状出来后，无论哪一个地方都是卖点。比如，下图中箭头 A 所指的这根 K 线，已把圆顶勾画出来，此时就可以卖出，之后的 K 线都是卖点。

圆顶

A

总手:6937↑   成交量 ▾

六、问答题

1. 参考答案：(1) 图中方框内的图形是收敛三角形，因为其高点逐渐下移，低点逐渐抬高，它的波动幅度越来越小，如果将两个高点和两个低点分别用直线连起来，就构成一个收敛三角形。(2) 该技术图形的压力线、支撑线和买点见下图所示。其中，箭头 A 处为第一买点，箭头 B 处为第二买点。(3) 一般而言，在涨势中股价进行整理时，成交量出现萎缩，说明大多数投资者看好它的后市，持股信心经调整而不断增强，盘中抛盘会越来越少。反之，股价进行整理时成交量很大，则说明多数投资者并不看好它的后市，上档卖压沉重。这里还要警惕主力利用整理在悄悄地发货，如果真是这样，后市肯定不妙。因此，很多有经验的投资者，常把整理时成交量的增减情况，作为判断日后股价运行方向的一个重要参考指标。另外，在涨势中如果整理后向上突破时，股价能放量收于压力线的上方，说明多方通过蓄势整理，在清洗浮筹夯实股价后，再次发动了上攻行情，并取得了初步胜利。因此，投资者见此可及时跟进做多。

2. 参考答案：(1) 图①、图②中形成的头部同为双顶，又称 M 头。(2) 图①的走势经历了跌破双顶颈线后，出现了一个反抽确认的过程，然后再继续下跌（见下图 A）。而图②的走势显示股价向下跌破双顶颈线后，犹如断线风筝，一路阴跌不止（见下图 B）。(3) 投资者在运用双顶形态进行实战操作时要注意下列问题：第一、投资者通常看到的双顶形态是两个高点依次下移，其实后一高点也可略高于前一高点，两者性质都是一样的。第二、双顶形态的两个高点之间相隔的时间，不像双底形态的两个低点之间需要间隔较长时间[注]，通常只要跌破颈线，

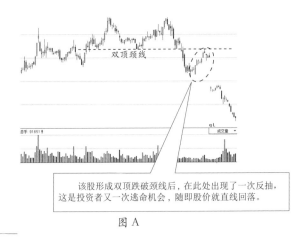

该股形成双顶跌破颈线后，在此处出现了一次反抽，这是投资者又一次逃命机会，随即股价就直线回落。

图 A

[注] 一般认为，双底形成时间少于一个月，其信号的可靠程度就较差。

双顶形态就成立了。第三、投资者一旦发现股价跌破双顶形态的颈线，就应立即退出观望，而不要寄希望于反抽颈线时再退出，因为很多股票跌破颈线后就一路下跌，如死等将越套越深。

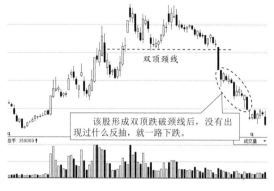

双顶颈线

该股形成双顶跌破颈线后，没有出现过什么反抽，就一路下跌。

总手: 359069↑

成交量 ▼

图 B

3. 参考答案：老张这样做看来风险很大，实际上还是比较安全的。因为该股今天收阴是对昨天突破圆底颈线[注]后的一次回抽，尽管是收了一根中阴线，但收盘价仍停留在颈线的上方处（见下图）。如果明天股价向上，就大致可确认股价突破颈线有效，一轮上升行情即将呼之欲出。另外，今天该股成交量放大，不能单方面认为这是价跌量增，于空方有利。通常在股价突破颈线后，回抽时成交量放大也在情理之中，因为看好看淡的人都有，多空搏杀激烈，成交量放大也反过来说明多方接盘踊跃。而且该股筑圆底向上突破时，成交量是逐步放出，这说明主力是有备而来，很可能在筑圆底时主力就吸足了筹码，现在正处于拉升阶段。一旦突破颈线成功，主力就会把股价推上去。如果主力真的是这样打算，老张此时买进正是时候。退一步说，股价即使冲高不成，掉头向下，只要老张预先设立好停损点，反手沽空，损失也不会很大。因此，若以风险与机会相比，老张这次操作胜算率很高，机会把握得相当好。

[注] 通常，圆底无颈线。但如圆底左侧位有一个明显的平台类密集成交区，以此可以画出一条水平线，此线可视为圆底的颈线。

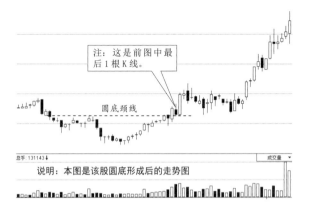

注：这是前图中最后 1 根 K 线。

圆底颈线

总手：131143↓　　　　　　　成交量

说明：本图是该股圆底形成后的走势图

4. 参考答案：(1) 下面几张图中画框处的图形都是矩形。股价行走到前一高点和前一低点附近时分别遭到空方的阻击和多方的支撑，就此形成了矩形的走势。矩形的上边线俗称压力线，下边线俗称支撑线。矩形又称长方形、股票箱。在辨认技术图形时光凭眼睛看，很容易搞错。我们可以用一把尺，把这些图中画框处的两个最高点和两个最低点分别用直线连起来，这样就能很清楚地看出股价在一个长方形的框里进行上下波动。

(2) 投资者在碰到矩形走势时应如何操作呢？下面我们以本题中图①～图⑧为例，分别作些简要介绍：

从图①中可看出，股价经一轮跌势后形成了矩形走势。激进型投资者可在股价放量向上突破压力线时做多（买点见图中箭头 A），稳健型投资者可在股价突破压力线回抽确认突破有效时跟进做多（买点见图中箭头 B）。

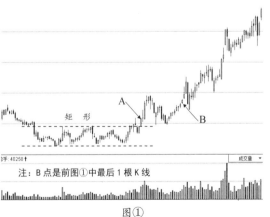

A

矩　形

B

总手：40250↑　　　　　　　成交量

注：B 点是前图①中最后 1 根 K 线

图①

从图②中可看出，股价在涨势中形成了矩形走势。一旦放量向上突破压力线，投资者应即时跟进做多（箭头A是第一买点）。如股价突破矩形后出现价升量增态势，就更应坚决跟进做多。

从图③中可看出，股价在涨势中形成矩形走势后，快速向上突破压力线，说明多方的势力十分强大，投资者应毫不犹豫地跟进做多（买点见图中箭头A）。对这种走势十分强劲的个股，如不及时跟进，抱有等它回档再进货的思想，就会被主力资金轧空，丧失一次赚钱良机。

从图④中可看出，股价在一轮升势中形成矩形走势后，没有继续向上拓展行情，而是出现1根中阴线向下跌破了支撑线（见图中箭头A）。投资者应在跌破支撑线后立即抛空离场，另觅投资良机。

从图⑤中可看出，股价在跌势中形成了矩形走势。股价横盘一段时间后出现一根大阴线，击穿了矩形的支撑线（见箭头A），此时应马上卖出股票，出局观望。

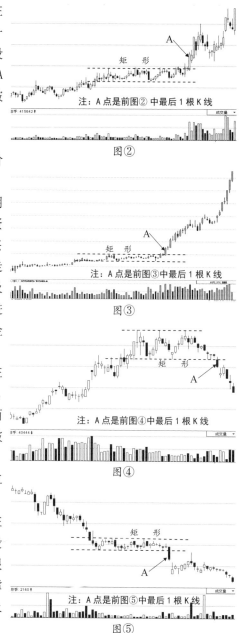

矩　形

注：A点是前图②中最后1根K线

图②

矩　形

注：A点是前图③中最后1根K线

图③

矩　形

注：A点是前图④中最后1根K线

图④

矩　形

注：A点是前图⑤中最后1根K线

图⑤

从图⑥中可看出，股价向上突破矩形的上边线后，随后出现的一根中阴线（见箭头A）又击穿了原来的压力线，股价重新返回到矩形箱子里运行，这说明往上突破无效。如投资者在它往上突破时跟进做多的，这时应立即停损离场，以避免股价继续下跌带来的损失。

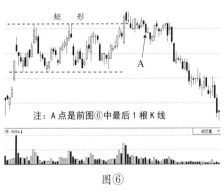

注：A点是前图⑥中最后1根K线

图⑥

从图⑦中可看出，股价跌破矩形的支撑线，不久又返身向上，此时原来抛空离场的投资者，应意识到矩形整理往下突破是假突破。在后面拉出大阳线放量突破矩形压力线后（见箭头B），应马上改变策略反手做多。因为主力利用向下假突破完成洗盘后，股价拉升在即，这时再看空要犯大错。

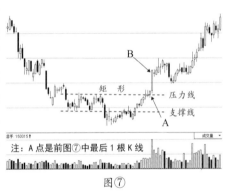

注：A点是前图⑦中最后1根K线

图⑦

从图⑧中可看出，股价向上突破矩形的压力线后出现了回抽，回抽时股价在压力线上方止跌，并开始缓步向上（见箭头A，此处可适量买进）。对此，投资者应继续密切观察盘面的变化，如日后发现股价再次放量向上，并创出近期新高，则要意识到矩形整理往上突破已初步获得了成功，此时即应跟进做多。

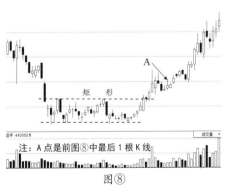

注：A点是前图⑧中最后1根K线

图⑧

技术图形的识别与练习小结

技术分析有很多方法，如 K 线分析法、技术图形分析法、移动平均线分析法、波浪理论分析法、技术指标分析法等。因技术图形分析法既直观、又形象实用，故它深受越来越多投资者的喜爱。投资者在具体运用技术图形进行实战操作时，应把握以下几点：

第一、要全面认识各类技术图形的特征，力求做到看准一个，做成一个。 这里要注意以下几个问题：

(1) 股市上的技术图形相似的并不在少数，如稍有疏忽就会搞错。因此投资者必须牢记各种技术图形的特征，搞清它们之间的区别和联系。另外，投资者在辨别技术图形时，应准备一把直尺，把股价上升的两个高点和两个低点分别用直线连起来，就比较容易看出是什么技术图形，这比单纯的用目光测试准确得多。

(2) 虽然熟悉技术图形的操盘高手在股市技术图形形态尚未完成之际，就能大致了解股市下一步运行方向，并采取行动，获得了成功。例如，有的高手在头肩顶尚处于雏形时，就抛空离场，保住了胜利成果，避免了以后暴跌带来的损失；有的高手在头肩底阶段，就看出了其中的奥妙，趁早吸货，等待日后股价飚升，获得超额收益。但是就大多数投资者而言，这样的操作方法并不可取。因为任何技术图形在其形态未完成时，即突破方向未明确前，它都可能发生变化，原来是 A 图形的可演变成 B 图形，是 B 图形的可演变成 C 图形。作为熟悉技术图形的操盘高手对此往往有一套应变措施，而中小散户投资者，尤其是对技术图形比较生疏的新手在这方面就很欠缺，如照搬股市高手的操作方法就很危险。因此，我们提倡初学者要学会多观察、多分析、多研究技术图形。但在技术图形还没有明确的突破方向之前，不要武断地推断它是什么技术图形，更不宜凭自己的主观愿望盲目地买进卖出。

(3) 任何技术图形的形成，都与成交量有着密切的关系。其要点是：无论什么形态的技术图形，股价往上突破，一般都需要大成交量的配合（除少数主力、庄家绝对控盘的个股外），否则，往上突破往往就是假突破。但是，股价往下突破，却不一定要放量，因为无量也可以形成跌势。以上两点，投资者必须有清醒的认识。

(4) 一个技术图形能否构造成功，潜力有多大，与其形成的时间长短有着很大的关系。在转势形态的技术图形中，构造时间越短的图形，失败的可能性越大。例如，构造双底的时间少于一个月，它的可信度就较差。又如：日 K 线中的头肩顶和周 K 线中的头肩顶，其转势信号的强度就大不一样，前者表明短期走势看淡，而后者表明中长期走势已转弱。在整理形态的技术图形中，情形正好相反，构造时间越长的图形，失败的可能性越大。例如，上升旗形整理时间超过 3 个星期，其图形性质往往会发生变化，本来期盼往上突破没有发生，结果反而往下滑落。因此，图形与时间的关系，投资者务必要重视。

第二、事前要作好周密安排，制定出一个进可攻退可守的投资计划。这里要注意的问题是：

(1) 任何技术图形，在它股价没有朝一个方向明显突破之前，不要采取大规模的买卖行动，如预感它可能会朝某一方向突破，可试探性地做多或做空，但一定要留有余地。

(2) 入市时间选择十分重要，过早或过晚加入，都会造成不必要的损失。一般来说，最佳买卖时间应选择在股价有效向上突破或股价明确向下突破时。

(3) 要重点关注技术图形构成于涨势中还是跌势中，且它朝什么方向突破。在涨势中，向上突破压力线时以做多为主；向下跌破支撑线时则退出为佳，另觅投资良机。在跌势中，向上突破压力线时可看多但不急于做多（不要盲目地重仓买进，以防向上假突破）；向下跌破支撑线时须痛下决心停损离场，准备东山再起。

（4）买进要谨慎，卖出要果断。通常股价在突破压力线后都有一个回抽动作。投资者在决定买进时，安全的做法应等股价冲破压力线后，回抽到压力线附近获得支撑，在股价重拾升势，再创新高时积极加入。而投资者在决定卖出时，却不能像买进时那样稳健，应当在股价向下突破压力线后立即卖出，不要等股价回抽支撑线时再卖出。因为不少个股形成跌势后就一发而不可收拾，有时在跌破支撑线后有一个微弱的回抽过程，或者干脆就没有，甚至跌停板，使等待反抽抛空的投资者连一个出逃机会都找不到。

（5）要及时修正错误。当对图形的突破方向判断出了差错后，要马上采取补救措施。买错了，要立即停损离场；卖错了，应马上把筹码抢回来。股市中犯错误不要紧，重要的是要知错即改，这样才能在股海中生存和发展下去。

第三、在运用技术图形时要考虑K线，以及其他技术指标的变化，如读者在操作时能将它们有机地结合在一起，这样买进卖出的把握就会更大些。至于具体如何操作，在后面几册书中我们将会陆续进行介绍，这里就不再展开了。

修订者絮语之十五

有人问：市场上介绍炒股知识与炒股技巧的股票书非常多，但绝大多数的股票书印数都未超过 1 万册。同样是介绍炒股知识与炒股技巧的《股市操练大全》却能连续重印 400 多次，印数超 350 万册。它们之间的差距为什么这么大呢？

我们认为，这主要是读者阅读后体验上的差异所造成的。从大量的读者信息反馈中得知，很多读者看《股市操练大全》的感受，与看其他股票书的感受是不一样的。有读者说，阅读《股市操练大全》仿佛又回到了学生时代参加高考复习班时的情景，旁边有老师在指导自己学习，边学边练，感觉很爽。比如，《股市操练大全》第一册的书中设计了大量 K 线练习题与测验题，读者既学习了 K 线知识，又得到了 K 线强化训练。这种学练并举，以练促学的学习方式，极大地提升了读者学习 K 线的兴趣与效率，得到了读者的普遍好评——学得进、记得住、用得上。而看其他 K 线股票书，读者就很少有这样的感受，原因是这些书中并没有什么 K 线训练的内容，即使有一些 K 线练习，也是数量少，质量不高，起不了多大作用。

网红经济中有这样一句话：现场体验火了，生意也就红了。《股市操练大全》带给读者的是全新体验。这或许是《股市操练大全》畅销不衰，深受读者青睐的一个重要原因。

答读者问

问：《股市操练大全》第一册编写的指导思想是什么？为什么说它是一本具有学习与练习双重用途的操盘工具书？

答：关于这个问题，《股市操练大全》第一册在初版的"前言"中，已对它作了解答。现将解答的内容摘录于下，供大家参考。

"参与股市的人都知道，股市如战场，输赢全在一瞬间。为了把握股市胜机，很多人忙着听股评，参加股市沙龙，钻研股票操作书，可谓乐此不疲。但是，令人遗憾的是，最终效果并不理想。一场股市风暴来临，大多数人仍然免不了被套的结局。那么，是什么原因造成这种状况呢？我们认为，其真正的原因是股民在学习股票操作技巧时缺少了"强化训练"这一环节。

从现代教学理论来说，人们要掌握一门知识和技巧，强化训练是必不可少的。譬如，要掌握开车技术，就首先要在练车场接受一套严格的驾驶技术的训练，只有在练车场过关后，才能正式到马路上开车；又如，学生参加高考，事先都要有针对性复习，做大量练习题，并进行反复多次的模拟考试训练，高考才能取得好成绩。但奇怪的是，这种在现代教育中屡试不爽的强化训练，一到股市就被人遗忘了，丢弃在一边。谓予不信，请看：有的人买卖股票只凭自己的感觉，有的人买卖股票完全依赖于股评，有的人买卖股票跟着市场消息转，等等。这里面不要说什么强化训练，恐怕连基本的操作原则都没有。虽然也有人买卖股票时，阅读了不少股票操作技巧方面的书，但那也只是理论上的学习，自己并没有做过大量有针对性的练习，因此，也就谈不上接受了股市操作的强化训练。于是乎，作为现代教育中最重要的强化训练，在股市中完全没有了踪影。正因为这个原因，许多人买卖股票时失去了方向，陷入了屡买屡套，屡战屡败的怪圈。可见，缺少股市操作强化训练，对投资者，尤其是对广大中小散户会造成多么严重的伤害。

股市操作强化训练的重要性这里不再多说了。那么，如何开展股市操作强化训练呢？首先要有这方面的参考书籍，否则一切就无从谈起。而迄今为止，图书市场上还没有这样的书出现。别看现在的股票书如汗牛充栋，多得令人目不暇接，但是，如果你想要找一本用于股市操练的书，踏破铁鞋无觅处。有鉴于此，我们在上海三联书店出版社的大力支持下，组织有关专家和股市操盘手按照现代教育强化训练的理论，并根据沪深股市实际情况，设计编写了一种与市场上所有的股票书，在内容以及形式上都有很大区别的，专门用于炒股强化训练的股票书，即《股市操练大全》第一册。该书的重点是"操练"。具体地说，它采用了"先易后难，循序渐进，反复比较，集中做题"的方式，对股民进行强化训练，以此来帮助投资者真正掌握K线操作技巧，从而达到熟能生巧、运用自如的目的。

我们在设计这本股市操作强化训练图书时，注意到很多投资者是入市不久的新股民，他们对K线操作技巧知之甚少。因此，本书编写的格调又有别于类似学生复习迎考习题集那种编写方式，在指导读者做习题的同时，兼顾了K线操作知识的介绍，并把它系统化、条理化。读者如果把书中习题与参考答案连起来阅读，它就成了一本浅近易懂，专门介绍K线操作技巧的科普读物。所以，本书实际上是一本兼有K线知识与技巧的学习，以及K线操作强化训练两方面用途的实用性操盘工具书。"

问：据悉，《股市操练大全》第一册出版并不顺利，差点"胎死腹中"，有这么一回事吗？后来又怎么打开市场的？

答：确实有这回事。《股市操练大全》第一册完稿后，送审时就遭到非议，有人提出现在股市形势不好（注：当时中国A股市场正处于一轮熊市的大跌阶段），市场上介绍K线类的股票书很多，但大多卖不动，再加上本书形式、内容都很另类，这样就更难受到市场欢迎。正是在众人的疑惑下，当时送审时，本书的选题差点遭到否定。后来经过作者与本书责任编辑的据理力争，本书选题才勉强获得通过。但是屋漏偏逢连夜雨，本书出版后又遇到重重阻力，先是在当年全国新书订货会上被冷遇，后图书上市后，又被一些新华书店放在仓库，没有上架，甚至拒收。

面对市场上的严峻形势？上海三联书店出版社召集本书的有关人员进行认真分析研究，作出积极对策，开展本书的全国路演活动。由本书的责任编辑与作者到全国各地进行巡回宣讲，向投资者介绍本书的特色与使用价值。这一举措取得了很好的效果，致使本书由冷转热，并逐渐演变成为一些书店的"香饽饽"。据当时媒体报道，本书上市第一年的销售就挤身到股市十大热门书的排行榜中，第二年更是一骑绝尘，将市场上一些畅销的股票书挤在后面，一举拿下全国股票书销售银牌的桂冠（注：金牌由《股市操练大全》第二册获得）。当时这个得奖情况，《新民晚报》2002年2月6日作了报道。

全文如下：

《股市操练大全》去年销量全国第一

由上海三联书店出版的《股市操练大全》姐妹篇，在去年全国证券图书销量排行榜中获金银牌，说明竞争激烈的证券图书市场已经形成了靠品牌打天下的局面，成功的品牌图书往往凭借其影响力吸引广大读者。

尽管2001年全国有257家出版社（注：超过全国出版社总数的一半），参与证券图书市场的竞争，但真正有影响力，能获得市场知名品牌的仅有广东经济出版社、四川人民出版社、上海三联书店等少数几家出版社。其中，最引人注目的是上海三联书店，由于推出了实用价值高，深受投资者青睐的《股市操练大全》，使其在证券类图书市场上的排名上升了22位，据《中国图书商报》近日刊登的全国2001年证券类图书排行榜，《股市操练大全》（第二册）以及《股市操练大全》（第一册）排名第一和第二名。蛇年岁末，上海三联书店又推出了《股市操练大全》第三册和习题集，首印3万册，不到一个月即订购一空，足见其独特的魅力。

在这之后的 10 多年中，虽然中国股市熊长牛短，一到熊市，股票书就无人问津，处于"冬眠"状态。但《股市操练大全》却显示了强大生命力，即使在熊市中也能不断地重印，销售屡创奇迹。截止 2020 年 6 月，《股市操练大全》第一册已连续重印 95 次，总印数接近 90 万册。而环顾市场上一些介绍 K 线的股票书，一般只能印上 1 次，几千册，能连续重印几次，印数在 1 万册以上的已很少，能重印 5、6 次，印数在 5 万册以上的更是凤毛麟角。可见，《股市操练大全》第一册无论重印次数、销售数量，都是其他介绍 K 线的股票书无法比拟的，它已成为很多读者心目中的至爱，是当今市场上名符其实的超级畅销书。

问：《股市操练大全》第一册中的图例出自何处？

答：本书选用的图例均来自中国 A 股市场，其中绝大部分选用的是沪深股市个股的日 K 线图，少数选用的是沪深股市的周 K 线图、月 K 线图，以及大盘指数的日 K 线图、月 K 线图。

问：《股市操练大全》第一册中，几乎所有的图例都没有注明其股票名称、价格、时间。这是为什么？

答：本书在选用沪深 K 线图走势时，将个股的名称、价位、时间作了删除（只有极少数图案中的个股名称、价位，因书中内容需要作了保留），这主要是为了避免因投资者对某些股票的偏爱和价位上的错觉，造成对 K 线技术图形上的买卖信号作出错误判断。比如，某只股票从 60 元跌至 30 元，有人觉得跌幅很大了。但当某只股票从 4 元多跌至 2 元多，同样是股价跌幅过半，因为后者是低价股，很多人觉得跌幅不大。出现这种错觉，操作上就会犯错误。为了避免这种现象，故而在选用 K 线图时，将图中个股的名称、价格作了删除。

问：有不少读者反映，《股市操练大全》第一册中 K 线练习数量总体上还是不多，深度不够。这个问题应该怎么解决呢？

答：读者提出的意见是对的。因为《股市操练大全》第一册既要介绍 K 线知识、技巧，又要进行 K 线方面的练习，再加上书的版面有限，总体上确实存在练习的数量不多、深度不够的问题。这次，我们在加紧修订《股市操练大全》第一册的同时，根据读者的要求，并结合市场的情况，特地为《股市操练大全》第一册编写了一本K线方面的配套练习书。该书于2019年11月，以"《股市操练大全》习题集②——完整版K线练兵试卷专辑"的名义对外正式出版发行。据测算，这本书中的K线练习面广量大，再加上《股市操练大全》第一册中的练习，可以较好地解决读者反映的K线练习数量少、深度不够的问题。

问："《股市操练大全》习题集②——完整版K线练兵试卷专辑"出版发行后，市场反应如何？

答：据了解，市场对这本书反应很积极，这点让我们感到十分欣慰。比如，该书出版当月，一些新闻媒体就作了及时报道。现摘录《新闻晨报》2019年11月26日的报道，以飨读者。

全文如下：

销量已破350万册的《股市操练大全》又出新习题集

晨报讯：已经连续重印400多次，总印数突破350万的《股市操练大全》又出新习题集了！《股市操练大全 习题集②》，围绕K线设计了一套完整版K线练兵试卷。

K线是股市中最重要的基础知识，也是股市中最实用的一种操作技巧。

初入股海的股市小白们总是想尽办法看懂它，上网查资料、书店买书、请教身边的股市大咖……折腾了半天，还是一头雾水，眼见着别人早已成为人生赢家，自己却只能跟着K线跌宕起伏。

爱学习的股民小伙伴们对上海三联书店出版的《股市操练大全》丛书一定不会陌生！自它问世以来，因题材新颖实用，盛销不衰，有人计算过，若将这些书一本一本叠起来，超过了8个珠穆朗玛峰的高度！

无数事实证明，光学不练，等于纸上谈兵。《股市操练大全》丛书包括五册基础知识系列、六册实战指导系列，以及习题集系列，是目前市场上不可多得的一套完整炒股工具书。

此次新出版的《股市操练大全》习题集②，总共有12张K线练兵试卷，100 多道测试题，涵盖了 K 线基础知识和 K 线实战运用，包括 K 线概念方面的测验练习、K 线图形识别方面的测验练习、K 线操作技巧方面的测验练习，以及 K 线难题解析方面的练习等。根据股市实战需要，既安排了如何识顶逃顶的题目，也安排了如何识底抄底的题目，既有怎样选股选时的题目，也有怎样鉴别主力洗盘或出货的题目。

问：现在很多地方都在办股市培训班，办得很红火。那么你们能不能也举办一些股市培训班开展 K 线练兵培训，帮助广大中小投资者提高操作水平，这样做不是更好吗？

答：有很多读者向我们反应过这方面的信息，提出过类似的建议。但经过我们慎重研究，这条路是走不通的，因为这件事情并不是大家想象的那样简单。这里我们作一些分析。

第一，现在市场上确实有很多地方在举办股市培训班。但大家只要仔细观察后就会发现，这些股市培训班的学费非常昂贵，少则一二万，多则要七八万（见下表）。它们是不适合广大中小投资者的。试想，一些小散户炒股的本金只有几万元，而参加一期股市培训班的学费就要几万元。这样的股市培训班散户能参加吗？显然肯定是不行的。那么，这些股市培训班究竟是为谁开的呢？有人嘲讽说，这是为少数有钱人开的贵族班，散户钱少根本进不去。

某股市培训班学费一览表（2019 年 4 月）

日期	导师	课程	学费
4 月 6 日～4 月 9 日	江 XX	期权实战秘籍	19800 元
4 月 7 日～4 月 10 日	戴 XX	屠龙战法班	25800 元
4 月 13 日～4 月 16 日	赵 XX	操盘手初级训练班	19800 元
4 月 20 日～4 月 23 日	周 XX	操盘手中级训练班	29800 元
4 月 27 日～5 月 10 日	戴 XX	屠龙精英班	88000 元
4 月 28 日～4 月 30 日	周 XX	做精主升浪班	39800 元

第二，现在市场上的股市培训班，学习时间都很短，一般只有几天时间（见上表）。在如此短的时间内要进行系统培训是不可能的，充其量只能是零打碎敲的碎片化的学习而已，其效果可想而知。众所周知，作为一个项目的培训，尤其是涉及高风险的股市操作培训，不进行系统化、全方位的实战培训是很难奏效的。而目前市场上举办股市培训班的机构，有不少是为赚快钱办学的，功利主义很强，几天时间就办一个班，一个月就要办上五六期，甚至更多期的股市培训班。试想，这样神速办班的学习效果会好吗？故而有人说，现在市场上的一些股市培训班的上课就像听股评报告会，讲课者各吹各的号，几个"大咖"轮流到台上吹一通，培训就结束了。

第三，据了解，现在市场上的股市培训班只"讲"不"练"是普遍现象。有的股市培训班，从头到尾都是老师在讲，学员在听，即使途中安排了一些实战练习，但练习内容、练习题目都很少，一般是点到为止，很难深入，起不到"以练促学"、"以练为战"的强化训练的效果。客观地说，这些培训班"培"而不"训"，更像是在举办短期讲座。

当然，我们这样分析，并不是在否定市场上所有的股市培训班，因为其中也有一些好的、全心意为投资者服务，性价比合理的炒股培训班，这些培训班通过股市实战培训，努力帮助投资者提高操作水平，在股市实战中发挥了重要作用。但不可否认的是，目前市场上优质优良的股市培训班为数很少，而一些拉大旗作虎皮，急功近利，想赚快钱，质次价高，受到大众诟病的股市培训班却不在少数。另外，即使优质优良、性价比合理的股市培训班，学费也不会很低，原因是当下办班的成本很高，比如，要用高薪才能揽到优质教师，此外借用教室、教学设备都要支付一大笔费用。这些费用如摊到每个学员身上，必然会加重学员的负担。所以我们认为，通过举办股市培训班这种形式，对《股市操练大全》几百万读者开展K线练兵培训是不适合的，这条路是走不通的。

另外，作为一家负责任的，一直在寻求如何更好地为《股市操练大全》广大读者服务的创作团队来说，我们在宣传、推广股市培训工作时，首先考虑的问题是，不能只为少数人服务，而一定要做到如何为大众服务，而且这个服务必须是实实在在的，确实能让广大读者感到实惠有利，这样的工作才有意义。正是基于这样的认识，我们才设计了一种不用老师的 K 线练兵培训项目，并把它写成书，奉献给《股市操练大全》的广大读者。我们认为，新出版的《股市操练大全》习题集②——完整版 K 线练兵试卷专辑的优点很多，它完全可以与当下股市培训班进行媲美。比如，参加自助型 K 线练兵培训，不用交高昂的学费、不受时间、场地限制，而且书中题目，有强烈针对性，系统完整，投资者做题后可以明显地提高驾驭 K 线操作的能力，等等。

其实，关于自助型 K 线练兵培训的优势与好处，不用我们多说，读者自己也能体会到。比如，一些已经买了《股市操练大全》习题集②的读者，在参与 K 线练兵活动后发表了一些感想。从这些感想中可以得知，大家觉得 K 线练兵不是可有可无，而是非常必要的，它对炒股帮助很大。下面我们摘录一些网上的书评，看看读者具体是怎么说的。

读者 A 说："新书到手后已迫不及待做试卷了，本以为 K 线还是比较熟的，前几张试卷得个及格分应该没问题，没想到还真有难度，但我还是坚持自己思考，结合温故《股市操练大全》第一册，加深对 K 线图形的认识。我认为这套 K 线试卷出得太好了，只有练好基本功，才能在股市中游刃有余。磨刀不误砍柴工，为成为股市高手而坚持不懈！"

读者 B 说："书买到了，我翻了一下，第一感觉是，仿佛又回到了年轻时参加高考时的情景。高考复习老师要求我们大量做题。老师说，题做得越多就越有感觉，那时候，我们就拼命找题目做。果然，大量做题后高考顺利过关了。想不到，现在炒股也要做大量练习题。也许正如书中所说，练则通，通则赢，股市高手是练出来的。这也是我人生参加的第二次高考，我希望考出一个好成绩，实现在股市中腾飞的梦想。"

读者 C 说："书里有如何识顶逃顶的题目，也安排了如何识底抄底的题目；既有怎样选股选时的题目，也有怎样鉴别主力洗盘或出货的题目。经过别开生面的K线实战演练，使我对K线的认识与理解有种质的飞跃，并对K线图形走势有一种'洞若观火，清澈明了'的感觉。"

读者D说："书印的质量很好。很喜欢黎航老师的书,《股市操练大全》全套都买了,通俗易懂,贴近实战。这本书是与第一册配套K线练习试卷,是要求我们多做练习题,检验自己对K线的把握程度。很赞成老师提倡的以练促学，成效倍增。"

读者E说："我买过很多股票书,最喜欢的就是《股市操练大全》这套书,因为它又能学又能练,记得住、用得上,在我炒股中发挥了重要作用,而其它股票书没有练习,看过后印象不深,发挥作用有限。这次我从媒体报道上看到股市《股市操练大全》又出新书——习题集之二,这本书我买了,书中都是K线实战训练题,数量很大,很有针对性,很实用,我要好好地练,更上一层楼。我认为,正如报纸中介绍的那样,《股市操练大全》已经重印400多次,销售的书一本本叠加起来高度超过了8个珠穆朗玛峰! 它已成为广大散户心中的宝书!"

读者F说："偶尔从上海新闻晨报报道中看到《股市操练大全》已重印了400多次,最近上海三联书店又出版了《股市操练大全》习题集之二,这样的好书自己以前都不知道。这次我买了《股市操练大全》习题集之二,试着做了一些习题,然后核对书中答案,错多对少,难怪自己炒股老犯错误,亏损也只能怪自己了。看了黎航老师这本习题集②,有相见恨晚之感。现在我下定决心把书中知识点吃透,好好做功课,把学到的知识转化到股市实战中去,相信赢面机会多多!"

读者G说："周边朋友做股票的,不止一位都在推荐这本书。听说《股市操练大全》刚出了新书,就买回来看了一下,果然很受启发! 书中介绍的实战操盘技巧,通过一张张精心编撰的卷子来引导大家,让人有豁然开朗的感觉。感谢作者和出版社! 没想到自己也跟朋友一样成为作者黎航老师的'黎粉'了"。

读者 H 说："一口气读完《股市操练大全》习题集②这本新书，虽然每一道股市习题都需要花时间去琢磨和领悟，但是这些案例却特别的生动，也非常实用。值得反复研读，温故而知新！为这本书的质量点赞，为京东的速度点赞。"

[购买 11 天后追评]

2018 年我亏损有 30% 以上，2019 年基本上也没赚到什么钱，痛定思痛，觉得还是要提升内功，所以买了这本书。正如这本书上所言，光学不练纸上谈兵，以练促学成效倍增。这本书针对性强，可读性强，操作性强，读完以后让我有拍案叫绝、茅塞顿开之感。"

上面摘录的这些读者评论，反映出广大中小投资者对我们以出版"完整版 K 线练兵试卷"的形式，来推广股市培训活动是积极支持的，他们也十分渴望通过这种特殊的股市实战培训来提升自己的炒股水平。除此之外，我们了解到一些业内人士对此事也大加赞赏。他们认为，上海三联书店推出的自助式 K 线练兵活动，为大规模对普通投资者进行股市实战培训开辟了一条新路。这样做能让广大中小散户几乎在不花钱（不用交学费）的情况下，享受到一场新颖、高质量的股市实战培训，确实难能可贵。

《股市操练大全》丛书特色简介

《股市操练大全》丛书是上海三联书店出版的重点品牌书。它全面系统、易学易用，是国内图书市场中首次将股市基本面分析、技术面分析、心理面分析融为一体，并兼有学习、练习双重用途的炒股实战工具书。作为学习，它全面地、详尽地介绍了炒股的各种知识、实用技巧，以及防范风险的各种方法；作为练习，它从实战出发，设计了一套有针对性，并具有指导性、启发性的训练题，引导投资者走上赢家之路。

《股市操练大全》丛书无论从风格与内容上都与其他股票书有很大的不同。因此，大凡阅读过此书的读者都有耳目一新之感。很多读者来信、来电称赞它通俗、实用，贴近实战。有的读者甚至说：他们看了几十本股票书都不管用，但自从看了《股市操练大全》丛书就被迷上了，天天在读，天天在练，现在已经反败为胜了。他们认为，《股市操练大全》丛书是目前图书市场上最有实用价值的股票书。其实，有这样感受的读者不是少数，而是相当多，这可以从全国各地读者寄给出版社的大量来信中得到证明。

也许正因为如此，沪深股市连连走熊时，证券图书市场也进入了"冬眠"状态，但《股市操练大全》丛书却一版再版，截至2019年12月，各册图书累计重印次数已超过400次，总印数突破了350万册（注：国内一般的股票书印数只有几千册，多的也只有几万册，印数超过5万册的已属凤毛麟角。目前，《股市操练大全》丛书印数已远远超过了其他股票书），创造了熊市中股票书旺销的奇迹。

《股市操练大全》丛书是市场上少见的一套完整的用于炒股学习和训练的工具书。迄今为止，《股市操练大全》丛书一共出版了13本专辑，每本专辑都有一个主题，另有一个是装帧精美的《股市操练大全》大礼包。

下面，我们对《股市操练大全》丛书的各个品种作简要介绍。

1. 《股市操练大全》第一册 —— K线、技术图形的识别和练习专辑

【内容简介】本书对股市中最重要的K线形态与技术图形作了全面、简洁、清晰的解析。书中首先对K线与技术图形的起源、作用、图形类别作了介绍，然后将常见的73种K线与K线组合，以及常见的23种技术图形的特征、技术意义与操作策略，用表格形式呈现给读者，便于读者学习、查阅。本书在介绍K线与技术图形的操作技巧时，采用了做练习题与正反形态对照的方式，结合案例，详细地解释了每一种K线形态与技术图形的技术意义、使用技巧，及其实用价值，这会给读者留下深刻印象。

此外，本书还设计了大量有关K线和技术图形识别与运用的综合练习，每章结束都安排了专项测验题，这对提高读者使用K线、技术图形技巧操作股票，将带来很大帮助。

2. 《股市操练大全》第二册 —— 主要技术指标的识别和运用练习专辑

【内容简介】本书特点：一是把股市中常用的几十种技术指标压缩到几种，并将最有实用价值的指标，如移动平均线、趋势线列为一类指标，独树一帜地加以分类，用表格化呈现，并作了深入剖析和详细的论述。书中设计了大量有针对性的练习题和自考题，对读者作由浅入深的强化训练。二是针对主力利用技术分析制造骗线的行为，书中各章都增加了"难题分解练习"一节。读者通过该节学习和训练，就能识别和抵御主力反技术操作中的诱多或诱空行为，从而达到有效保护自己的目的。三是用股市操作经验漫谈形式，将心理分析、技术分析、基本分析融为一体。以此来加深读者对技术指标的要点和难点的理解，真正做到印象深、记得住、用得上，学有所获。

3.《股市操练大全》第三册 —— 寻找最佳投资机会与选股练习专辑

【内容简介】本书设计了大量场景式的对话，把原本枯燥无味的选股理论学习，变成了生动有趣的知识讨论。读者可以通过边学习、边练习、边讨论的方式，来深入了解选股方面的知识与技巧。诸如，国家的经济政策、行业发展前景、上市公司的经营业绩，以及企业的成长性与选股究竟有什么内在联系等等。此外，书中还详细阐述了如何运用市场炒作题材、市场热点、股本结构、股东人数的变化等方面的选股要素，来寻找与把握市场的最佳投资机会，以及如何依据心理面、技术面、政策面、特殊板块等等来选股。

总之，本书是读者了解中国 A 股市场的选股知识与技巧的入门向导。读者通过该书的学习与练习，会真正知晓并掌握选股中的一些必备知识与技巧，这对做好股票与规避市场风险将起到很重要的作用。

4.《股市操练大全》第四册 —— 股市操作特别提醒专辑

【内容简介】本书针对投资者在股市操作中容易疏忽、容易出差错的问题，以及操作上的技术难点作了一次全方位、多层次、多角度的特别提醒。

全书共分10章，总计121条"特别提醒"。内容包括：关于投资理念问题的特别提醒、关于投资策略问题的特别提醒、关于识底与抄底问题的特别提醒、关于识顶与逃顶问题的特别提醒、关于选股问题的特别提醒、关于避免炒股深套问题的特别提醒、关于股市战术技巧问题的特别提醒等等，几乎涵盖了股市操作的各个方面。

5.《股市操练大全》第五册 —— 股市操作疑难问题解答专辑

【内容简介】本书是一本专门针对投资者心中疑团进行释疑解惑的股票书。书中将股民在炒股中碰到的最棘手的问题，从理论和实践结合的高度上进行了详尽的解剖。全书共分上下两篇。上篇为技术篇，重点解答了K线、均线、趋势线等运用中的疑难问题；下篇为综合篇，重点解答了选股、识底炒底、识顶逃顶中的疑难问题。本书在选择和解答疑难问题时，坚持三个原则：①一般问题不选；②不能给读者启发、没有悬念的问题不选；③缺乏实战意义，缺少操作性的问题不选。

6.《股市操练大全》第六册 —— 技术分析、基本分析主要技巧运用实战强化训练专辑

【内容简介】本书根据当前股市实战要求，设计了100多道新颖、具有挑战性的题目，这些题目均来自股市实战第一线，实用性很强。全书分为上、下两篇。上篇为技术篇，下设五章：第一章，K线主要技巧运用实战强化训练；第二章，技术图形主要技巧运用实战强化训练；第三章，均线主要技巧综合运用实战强化训练；第四章，其他技术、多项技术主要技巧运用实战强化训练；第五章，技术难点辨析技巧运用实战强化训练。下篇为综合篇，下设四章：第六章，大势分析主要技巧运用实战强化训练；第七章，选股主要技巧运用实战强化训练；第八章，投资理念主要技巧运用实战

强化训练；第九章，投资策略主要技巧运用实战强化训练。

7. 《股市操练大全》第七册 ── 识顶逃顶特别训练专辑

【内容简介】本书是一本具有学习、训练双重用途的识顶、逃顶专著。全书分为上、中、下三篇。上篇为战术篇，主要介绍盘口技巧中各种识顶、逃顶的方法（比如，如何运用 K 线、均线、技术图形技巧进行识顶、逃顶）；中篇为战役篇，主要揭示主力（庄家）忽悠中小散户，诱多出货、震荡出货的各种手段与阴谋；下篇为战略篇，主要介绍一些股市高手运用基本分析、技术分析、心理分析成功识顶、逃顶的各种经验。应读者要求，本书还增加了"主力震荡出货与震荡洗盘的鉴别及应对策略"的内容（见本书附录），它从八个方面详细解析了两者之间的区别和投资者操作时应该注意的事项。

8. 《股市操练大全》第八册 ── 图形识别技巧深度练习专辑

【内容简介】本书图形识别技巧深度练习不同于一般练习，它犹如对大案、要案的侦破。经验证明，经过对重点图形识别技巧的深度练习后，看盘能力与股市操作水平都会有显著提高。本书深度练习具有全新创意，其特点是：图形更典型，技巧性更强，训练方法更新颖，买点、卖点及操作注意事项一目了然。全书由"大阳线、巨阳线图形识别技巧深度练习"；"常见图形识别技巧深度练习"；"大势分析图形识别技巧深度练习"三部分内容组成。书中所有典型案例、难题解析，都来自股市实战第一线，读者翻阅本书一定会有耳目一新之感。

9. 《股市操练大全》第九册 ── 股市赢家自我测试总汇专辑

【内容简介】本书是一本全方位、高密度、大容量的股市实战强化训练题库。本书的出版，一方面是为了对《股市操练大全》

一至八册中有关图形知识进行一次总复习，读者通过本书的全面复习——自我考核，可以消化、巩固前面的学习成果，为日后的成功打下扎实的基础；另一方面，本书也为投资者搭建了一个全面检测自身炒股水平的平台，投资者通过这个平台的检测，可以发现自己在看图识图、逃顶抄底、选时选股上究竟存在什么问题，今后该怎么努力。

本书在编排时采用了由浅入深、循序渐进的方式，从最基础的K线图形识别开始，一直延伸到高端的股市实战演练，对股市实战训练中的重点、难点图形几乎进行了全覆盖。全书分为上、中、下三个部分。上篇是K线与技术图形的基础知识自我测试；中篇是K线与技术图形一般实战技巧的自我测试；下篇是K线与技术图形实战难点解析的自我测试。

10.《股市操练大全》第十册 —— 捕捉黑马关键技巧特别训练专辑

【内容简介】捕捉黑马是股市中难度最高的一种实战技巧。与其高收益相伴的是高风险，投资者如稍有闪失就会折戟沉沙。无数事实证明，当事人如事先缺乏严格的、有针对性的强化训练，在实战中就会处处受挫。为了普及捕捉黑马的知识与技巧，加强这方面的训练，作者精心编撰了这本贴近股市实战的捕捉黑马的特别训练专辑。全书分为上、中、下三篇。上篇为捕捉短线黑马关键技巧专题练习；中篇为捕捉中长线黑马关键技巧专题练习；下篇为捕捉黑马疑难问题解析专题练习。

本书在阐述捕捉黑马技巧时，摒弃了泛泛而谈的方式，只是对其中的关键技巧作深入剖析。比如，"双绳缚蛟龙"、"兜底擒马术"、"只差一点点"等是高手捕捉黑马的杀手锏，效果显著。本书对这样的技巧倾注全力，详细介绍了它们的特征、使用要点、注意事项，还列举了大量实例，力求给读者一个全面、科学的认识，真正做到知其然知其所以然。本书还介绍了"主力打压股价的心里底线"、"大阳线扎堆意味着什么"、"吉利数字背后隐藏什么秘密"等洞察主力（庄家）行踪的有效方法。这些核心技术将给投资者捕捉黑马时带来很大帮助。

11.《股市操练大全》特辑 —— 360^0 选股技巧深度练习

【内容简介】炒股什么最重要，选股最重要。选对股票，即使在熊市中也能赚钱，在牛市中能大赚；选错股票，即使在牛市，也会沦为"赚了指数贴了钱"的输家。

本书最大看点是：它通过《股市操练大全》的强大社会影响力与人脉关系，收集到了国内外各路股市高手的选股绝招、选股秘诀，然后按照A股市场实战需要，经过严格筛选后，挑选出一批安全系数高、胜算率高的选股方法，并通过其最擅长的主题训练方法，将它们设计成一道道生动、形象，富有悬念的选股练习题，让读者通过这些饶有兴趣并能给自己带来深刻启发的训练，将这些顶尖、实用的选股方法印刻在自己的脑海中。

全书共分为上、中、下三篇与命题考核四大部分。上篇是技术面选股技巧深度练习；中篇是基本面选股技巧深度练习；下篇是市场面、心理面选股技巧深度练习。上、中、下三篇，每篇都有数个不为外界所知的选股独门秘笈向大家展示，读者可通过阅读与练习，分享到股市大师、股市高手的选股经验与独门秘笈带来的超额投资收益。

12.《股市操练大全》习题集 ① —— 熟读炒股七字经，圆你股市赢家梦专辑

【内容简介】 全书分为四个单元：第一单元"熟读炒股七字经，圆你股市赢家梦"，将股市中的操作技巧，编成朗朗上口的顺口溜，读来令人印象深刻。第二单元"赢家操作示例"，汇

集了沪深股市、美国股市、香港股市、国际汇市赢家操作的成功范例，读者阅读这些示例题后可以大大开拓自己的投资思路。第三单元"赢家操作实战强化训练系列练习"，设计了一百多个练习题，读者通过这些练习，可以体会到遵守"股市交通规则"是投资者趋利避险的根本保证。第四单元"股市游艺会"，能让读者在轻松、愉快的股市游戏中学到许多股市知识和操作技巧。

13.《股市操练大全》习题集② —— 完整版 K 线练兵试卷专辑

【内容简介】K 线是股市中最重要的基础知识，也是股市中最实用的一种操作技巧。本书围绕 K 线设计了一套完整版 K 线练兵试卷，其中有形式各异的 100 多道测验题，它包括 K 线概念方面的测验练习、K 线图形识别方面的测验练习、K 线操作技巧方面的测验练习，以及 K 线难题解析方面的练习等。本书的 K 线测验练习，遵循由浅入深、由表及里的原则，全方位、多角度、多层次对投资者进行 K 线强化训练。全书安排了 12 张 K 线练兵试卷，每张试卷后面都附有一份试卷参考答案。

本书内容新颖、实用，很多测验练习题的形式与内容都是首次出现，市场上尚无同类品种与之相比。书中 K 线测验练习悬念多、密度高、针对性强，对投资者操作会带来很大的帮助，具有较高的参考价值。

14.《股市操练大全》大礼包

大礼包内容说明：①精美的《股市操练大全实战训练卡》全套。200 多张形式新颖、效果奇特的训练卡，让你从零起步，经过 N 次训练，练成一个视野开阔并具有丰富实战经验的股市高手。②特制的大号《股市操练大全悬念扑克》一副。54 张牌中有 52 个股市中的精彩故事、52 个发人深省的股市悬念。在扑克游戏中，每破解一个悬念，炒股技艺就会前进一大步。③《股市操练大全悬念扑克谜底解析》新书一本。纵览 20 多年的股市风云，对中国 A 股市场历次牛市的顶部与熊市底部的重要特征作了深入剖析，为投资者逃顶抄底，准确判断大盘趋势提供了很大帮助。

《股市操练大全》读者信息反馈表

姓　　名		性　　别		年　　龄	
入市时间		文化程度		年　　龄	
通信地址					
联系电话		邮　　编			
微信号		QQ 号			
你认为本书内容如何？（欢迎附文）					
你希望我们能为你提供哪方面的服务？					

　　读者如有信息反馈给我们，电子邮件请发至：53135330@qq.com，来信请寄：上海市漕溪北路 331 号中金广场 A 座 6 楼上海三联书店出版社。

《股市操练大全》丛书（价格）一览

基础知识系列

《股市操练大全》第一册（修订版）
　　——K 线、技术图形识别和练习专辑　　　定价 49.00 元
《股市操练大全》第二册
　　——主要技术指标的识别和运用练习专辑　　定价 32.80 元
《股市操练大全）第三册
　　——寻找最佳投资机会与选股练习专辑　　　定价 28.00 元
《股市操练大全》第四册
　　——股市操作特别提醒专辑　　　　　　　　定价 30.00 元
《股市操练大全》第五册
　　——股市操作疑难问题解答专辑　　　　　　定价 35.00 元

实战指导系列

《股市操练大全》第六册
　　——技术分析、基本分析主要技巧运用实战强化训练专辑
　　　　　　　　　　　　　　　　　　　　　　定价 35.00 元
《股市操练大全）第七册
　　——识顶逃顶特别训练专辑　　　　　　　　定价 39.00 元
《股市操练大全）第八册
　　——图形识别技巧深度练习专辑　　　　　　定价 45.00 元
《股市操练大全》第九册
　　——股市赢家自我测试总汇专辑　　　　　　定价 48.00 元
《股市操练大全》第十册
　　——捕捉黑马关键技巧特别训练专辑　　　　定价 48.00 元
《股市操练大全》特辑
　　——360°选股技巧深度练习专辑　　　　　　定价 68.80 元

习题集系列

《股市操练大全》习题集①
　　——熟读炒股七字经。圆你股市赢家梦专辑　定价 15.00 元
《股市操练大全》习题集②
　　——完整版K线练兵试卷专辑　　　　　　　定价 46.00 元

　　说明：以上图书全国各地新华书店与京东、当当网上书店有售。如书店缺货，读者可直接向上海三联书店出版社邮购（地址：上海市漕溪北路 331 号中金广场 A 座 6 楼，电话：021-22895545 联系人：陆小姐）。

图书在版编目（CIP）数据

股市操练大全. 第一册 / 黎航主编. —— 修订本. ——
上海：上海三联书店，2021.3 （2025.3 重印）
ISBN 978-7-5426-7346-6

Ⅰ. ①股… Ⅱ. ①黎… Ⅲ. ①股票投资—基本知识
Ⅳ. ①F830.91

中国版本图书馆CIP数据核字（2021）第033131号

《股市操练大全》第一册（修订版）
——K线、技术图形识别和练习专辑

主　　编 / 黎　航
策　　划 / 朱美娜

责任编辑 / 程　力
装帧设计 / 王文杰
监　　制 / 姚　军
责任校对 / 徐　天

出版发行 / 上海三联书店
　　　　　（200041）中国上海市静安区威海路755号30楼
联系电话 / 编辑部：021-22895517
　　　　　发行部：021-22895559
印　　刷 / 上海展强印刷有限公司

版　　次 / 2021年3月第2版
印　　次 / 2025年3月第5次印刷
开　　本 / 850mm×1168mm　1/32
字　　数 / 350千字
印　　张 / 12.625
印　　数 / 25001-28000
书　　号 / ISBN 978-7-5426-7346-6 / F·833
定　　价 / 49.00元

敬启读者，如发现本书有印装质量问题，请与印刷厂联系021-66366565
本书初版《股市操练大全》第一册已连续重印97次，总印数89.3万册